Adolph Hitler

Chronique de l'histoire

Adolph Hitler

Editions Chronique

« Chronique d'Adolph Hitler »

Rédacteur en chef : Christopher Dobson

Direction technique : Catherine Balouet
Informatique éditoriale : Sandrine Bautista
Fabrication : Claude Pedrono - CPE CONSEIL
Infographie : Olivier Barbut, Audrey Tröndle, Violaine Bariller
Index : Fabrice Lafitte

Directeur département : Jean-Christophe Delpierre

ISBN : 2205-05675-1

Dépôt légal : 4e trimestre 2004
Achevé d'imprimer en septembre 2004
sur les presses de Stige, San Mauro (Italie)

Editions Chronique
Dargaud s.a.
14, avenue Freycinet
24750 Trélissac

Tél.: 05 53 35 91 21
Fax: 05 53 35 14 06
e-mail : chronic@easynet.fr
www.editions-chronique.com

Des esprits chagrins pourront s'étonner que, dans une collection qui inscrit à son programme des figures aussi prestigieuses que celles de Kennedy, du général de Gaulle ou encore de Churchill, on puisse consacrer un volume au personnage d'Hitler. Outre que toute censure, ne serait-ce que par le silence ou l'abstention, va à l'encontre d'une saine conception de l'histoire, elle accroît le risque de voir se développer des légendes d'autant plus troubles que l'heure est actuellement, en bien des domaines, aux formes les plus variées du « révisionnisme ».

En un siècle qui fut pourtant fertile en régimes dictatoriaux de toute nature, Hitler aura été l'incarnation la plus outrée et la plus démoniaque du totalitarisme. C'est pourquoi ni l'indifférence ni le silence ne sont de mise. Les théories racistes qui furent au cœur de son action nous interpellent, et il est plus d'un enseignement à tirer d'un exposé rigoureux et sans complaisance d'une biographie qui se confond, pour l'essentiel, avec l'histoire du nazisme et de ses crimes innombrables.

Pour s'en tenir à des évidences de premier plan, on ne manquera pas rétrospectivement d'être frappé par le fait qu'Hitler fut un de ces rares politiciens à avoir toujours clairement annoncé ce qu'il ferait et à l'avoir fait, pour aussi aventureux ou monstrueux qu'aient été ses projets. Sa folie guerrière, sa théorie funeste de l'« espace vital » (*Lebensraum*), ses délires concernant la « race aryenne », son antisémitisme meurtrier et forcené sont ouvertement proclamés dès 1925 dans *Mein Kampf*. Si l'on considère maintenant les étapes progressives par lesquelles il s'est rendu maître absolu de l'Allemagne et a ensuite imposé sa volonté au reste du monde, on sera surpris par l'aveuglement et la lâcheté dont les démocraties occidentales ont fait preuve à son égard, cédant jour après jour à toutes ses injonctions. Pour s'en tenir à la politique de la France, on pourra s'étonner que celle-ci, dans un premier temps, se soit trop souvent résumée à « punir » l'Allemagne par le biais du traité de Versailles et qu'ensuite, face à la montée grandissante des périls, elle ait pu se cristalliser dans la formule bien connue : « Plutôt Hitler que le Front populaire ! », dans le temps même où elle sacrifiait sans vergogne la Tchécoslovaquie.

Ces quelques réflexions, parmi bien d'autres, ont accompagné l'équipe éditoriale tout au long de son travail et justifient amplement à elles seules la présence d'une telle biographie dans cette collection.

Robert Maillard
Ancien directeur éditorial

Hitler au miroir du cinéma

Nul homme politique du xxe siècle n'aura été autant présent au cinéma qu'Adolf Hitler, ce qui est peut-être la meilleure preuve de cet étrange mélange de répulsion et de fascination qu'il a inspiré. Il va sans dire qu'aucun des films où il est représenté n'est apologétique, ce qui n'a pas empêché le plus récent d'entre eux, *Der Untergang* (*La Chute*), d'être âprement controversé lors de sa sortie en Allemagne, en septembre 2004. Réalisé par le cinéaste allemand Olivier Hirschbiegel, déjà auteur d'un étonnant thriller psychologique, *L'Expérience*, ce film évoque les derniers jours d'Hitler dans son bunker de Berlin, en 1945. C'est le grand acteur Bruno Ganz qui incarne à l'écran le maître du IIIe Reich. L'historien Joachim Fest, auteur d'une monumentale biographie d'Hitler, devait déclarer au magazine *Der Spiegel* que lorsque Bruno Ganz apparaît sous sa défroque, « on a froid dans le dos »...

Charlie Chaplin dans Le Dictateur.

C'est Hollywood qui, avec l'appui implicite du Président Franklin D. Roosevelt, a ouvert les hostilités, et cela dès avant l'entrée en guerre des Etats-Unis contre l'Allemagne, en décembre 1941. Mais le but était de préparer l'opinion à cette éventualité, ce qui n'était pas acquis d'avance, tant était fort, outre-Atlantique, le courant isolationniste.

Le premier à dénoncer ouvertement Hitler et le nazisme était l'une des personnalités les plus célèbres du monde : Charlie Chaplin. Connu aussi pour ses convictions progressistes, Chaplin réalisa en 1940 un film devenu l'un des plus grands classiques du septième art : *Le Dictateur (The Great Dictator)*. Il y incarne un petit barbier juif qui, dans un pays qui ressemble fort à l'Allemagne nazie, est en butte aux persécutions raciales et qui, à la suite d'un étonnant quiproquo, est pris pour le Führer lui-même du fait de leur ressemblance, la moustache de Charlot ressemblant comme deux gouttes d'eau à celle d'Hitler ! Ce qui permet au héros de prononcer à la fin du film un discours qui commence par ces mots : « Je suis navré, mais je ne désire pas être un empereur. Ça n'est pas mon affaire. Je ne veux ni régenter ni conquérir qui que ce soit, etc ». Dans *Le Dictateur,* Chaplin va bien au-delà de la simple caricature et prononce un avertissement angoissé, pathétique même. Il y tient avec génie le double rôle du barbier (sous son apparence habituelle de Charlot) et celui d'Hitler, rebaptisé Hynkel pour la circonstance. L'Allemagne est devenue la Tomania et les croix gammées sont remplacées par des doubles croix, ce choix étant fondé sur un jeu de mots : en anglais, *double-cross* signifie trahison... La façon dont Chaplin imite Hitler est stupéfiante, et parmi les séquences d'anthologie, on peut rappeler celle, totalement burlesque, où Hynkel reçoit Napaloni (Jack Oakie), le Duce de la Bactérie, le fascisme italien en prenant ainsi également pour son grade.

Lors de sa sortie aux Etats-Unis, en octobre 1940, *Le Dictateur* avait provoqué une protestation de l'ambassade d'Allemagne à Washington. Chaplin répondit qu'il ne fallait pas inverser les rôles : c'est Hitler qui lui avait volé sa moustache, et non l'inverse !

Six mois avant la déclaration de guerre de l'Allemagne et de l'Italie aux Etats-Unis, un autre film américain antinazi était à l'affiche : *Chasse à l'homme (Man Hunt)*, sorti le 13 juin 1941 à New York. Ce film d'aventures rocambolesques était l'œuvre de l'un des plus fameux cinéastes allemands, Fritz Lang, l'auteur de *Metropolis* et de *M. le maudit*. Réfugié à Hollywood, Fritz Lang y raconte l'histoire d'un gentleman anglais (Walter Pidgeon) qui, lors d'une partie de chasse en Bavière avant la guerre, découvre la silhouette d'Hitler (Carl Ekberg) dans le collimateur de sa lunette de visée. Mais au moment où il ajuste son tir, après avoir chargé une balle dans le canon, il est capturé par la garde rapprochée du maître de l'Allemagne, et l'on ne saura qu'à la fin du film s'il avait réellement eu l'intention de l'abattre. Entre-temps se déroule une série de péripéties palpitantes et magnifiquement filmées où le héros, après s'être échappé, est pourchassé en Angleterre même par un réseau de redoutables agents secrets nazis... Jusqu'en 1933, en Allemagne même, Fritz Lang ne s'était guère senti concerné par le nazisme, bien que d'origine juive par sa mère, et sa prise de conscience fut à cet égard assez tardive (ce que d'autres réfugiés ne manqueront pas de lui reprocher à Hollywood). Mais il fera alors du combat contre le nazisme une priorité, ce que confirmeront des films tels que *Les bourreaux meurent aussi (Hangmen Also die,* 1943*)* et *Espions sur la Tamise (Ministry of Fear,* 1944*)*, où le personnage d'Hitler n'apparaît toutefois pas, sinon en effigie.

Lorsque, en mars 1942, *Jeux dangereux (To Be or Not to Be)* parut sur les écrans américains, la Seconde Guerre mondiale faisait rage, mais c'est avec ses armes habituelles, l'ironie féroce et la satire, qu'Ernst Lubitsch avait voulu stigmatiser les horreurs que l'Allemagne faisait subir à l'Europe occupée. L'action se passe en effet à Varsovie, où une troupe de comédiens aide un officier polonais parachuté par les Anglais à se débarrasser d'un agent de la Gestapo qui menace un réseau de résistants. Ils y réussiront au terme d'un imbroglio extraordinaire : pendant une représentation d'opéra à laquelle assiste le Führer en personne, ils s'enfuiront costumés en SS, l'un d'entre eux, Bronski (Tom Dugan), se déguisant même avec le plus grand succès en Hitler ! À sa sortie, cette comédie ne fut pas toujours bien comprise, et le grand cinéaste, accusé par une journaliste du *Philadelphia Inquirer* de s'être moqué des malheurs des Polonais, dut faire valoir son droit de réponse : « Ce que j'ai moqué dans ce film, ce sont les nazis et leur idéologie ridicule. J'ai aussi réalisé une satire de l'attitude des comédiens qui demeurent, malgré tout, des comédiens en dépit des dangers de la situation, ce qui, je pense, est une observation juste. Nulle part dans le film je ne dis quoi que ce soit de désobligeant au sujet de la Pologne ou des Polonais. Tout au contraire, je les ai dépeints comme un peuple valeureux qui ne vient pas pleurer sa misère sur l'épaule des autres, mais qui, même aux heures les plus sombres, ne perdit jamais son courage, son ingéniosité ou son sens de l'humour. » (cité par Herman G. Weinberg, *Ernst Lubitsch*, Ramsay, 1994)

On est encore dans un registre humoristique avec deux petits dessins animés de Walt Disney réalisés en 1943 pour la bonne cause, *Der Fuehrer's Face* et *Education for Death*. Il est vrai que le créateur de Mickey avait quelques faiblesses à se faire pardonner : avant la guerre, il avait manifesté une certaine sympathie pour le régime national-socialiste et, à Hollywood, il fut l'une des rares personnalités en vue à accueillir ostensiblement Leni Riefenstahl, la cinéaste élue par Adolf Hitler pour immortaliser les fastes du congrès de Nuremberg... Dans *Der Fuehrer's Face*, Donald rêve qu'il travaille dans une usine d'armement allemande et, qu'à chaque instant, il doit saluer le visage d'Hitler réincarné dans les obus qu'il doit produire. Mais au sortir de son cauchemar, il proclame son bonheur d'« être citoyen des Etats-Unis d'Amérique ». Plus ambitieux, *Education for Death* (« Éducation pour la mort ») s'en prend au système nazi lui-même, et l'on y voit Hitler, en chevalier wagnérien d'opérette, réveiller une Allemagne embourbée dans ses graisses !

En 1944, l'heure n'était plus à la parodie. La guerre n'était pas encore gagnée pour les Alliés, et le moral de l'« arrière » se devait d'être soigneusement entretenu. *Pourquoi nous combattons ?* Le titre de la célèbre série documentaire de Frank Capra aurait pu être celui d'un film réalisé cette année-là par John Farrow, *Hitler et sa clique (The Hitler Gang)*. En effet, le but de ce film était de montrer au public le visage le plus complet possible de l'ennemi à travers son histoire, depuis la fin de la Première Guerre mondiale : la création du mouvement nazi, le putsch manqué de Munich, la prise de pouvoir en 1933, l'épuration des SA avec la Nuit des longs couteaux, les persécutions antisémites, le déclenchement de la Seconde Guerre mondiale et la réaction des nations démocratiques pour l'écraser. Cette reconstitution nécessairement assez schématique, conçue à la manière d'un film de gangsters, n'en représente pas moins un réel effort, de la part de Hollywood, pour atteindre à un certain niveau de crédibilité. Celle-ci tient principalement à une ressemblance acceptable des acteurs et de leur personnage, avec Bobby Watson en tête, dans le rôle du Führer (rôle qu'il lui arrivera aussi de tenir dans des pièces de théâtre). Les producteurs d'*Hitler et sa clique* avaient eu la bonne idée de s'adresser à des comédiens relativement peu connus et, pour beaucoup d'entre eux, d'origine allemande, par exemple les excellents Alexander Granach (le général Ludendorff) et Reinhold Schünzel (le maréchal von Hindenburg), tous les deux contraints de fuir leur pays et de s'exiler à Hollywood.

Devant l'affiche de* Der Untergang, *le producteur Bernt Eichinger avec Bruno Ganz (Hitler) et Corinna Harfouch (l'épouse de Goebbels).

Une affiche française de* Jeux dangereux *d'Ernst Lubitsch. Le film n'est sorti en France qu'en 1947. C'est par erreur que « Jeux » est ici au singulier...

Après la fin de la Seconde Guerre mondiale, c'est un cinéaste allemand, et non des moindres, qui fera le premier revivre Hitler à l'écran, si l'on excepte *La Chute de Berlin* de Mikhail Tchiaourelli. Auteur de plusieurs chefs-d'œuvre du cinéma muet comme *La Rue sans joie* (*Die freudlose Gasse*, 1925) ou *Loulou* (*Die Büchse der Pandora*, 1929), puis, à l'avènement du parlant, d'admirables films marqués au sceau de la critique sociale et du pacifisme, tels *Quatre de l'infanterie* (*Westfront 1918*, 1930), *L'Opéra de quat'sous* (*Die Dreigroschenoper*, 1931) et *La Tragédie de la mine* (*Kameradschaft*, 1931), Georg Wilhelm Pabst avait poursuivi sa carrière en France. A l'avènement d'Hitler, sa présence n'était plus souhaitée en Allemagne… Pourtant, et ceci pour des raisons demeurées obscures, celui que les nazis appelaient « Pabst le rouge » revint dans son pays en pleine guerre, où il fit allégeance au régime en tournant trois films dont deux illustraient le nationalisme culturel prôné par les nazis, *Les Comédiens* (*Komödianten*, 1941) et *Paracelse* (*Paracelsus*, 1943). Pabst voulut-il se racheter ? Toujours est-il que, sans jamais retrouver le génie qui avait marqué ses grands films des années 1920 et 1930, il réalisa en 1955 deux bonnes reconstitutions historiques, *La Fin d'Hitler (Der letzte Akt)* et *C'est arrivé le 20 juillet (Es geschah am 20 Juli)*.

Couverture d'un magazine populaire allemand présentant* C'est arrivé le 20 juillet *de G.W. Pabst, avec Bernhardt Wicki dans le rôle de Stauffenberg.

Albin Skoda dans* La Fin d'Hitler, *également réalisé par Pabst.

Produit en Autriche et adapté d'un récit demeuré inédit du romancier antinazi Erich Maria Remarque (l'auteur d'*A l'ouest rien de nouveau*, qui donna lieu à une célèbre adaptation cinématographique par le cinéaste américain Lewis Milestone, en 1930), *La Fin d'Hitler* évoque, comme son titre l'indique, les derniers jours d'Hitler dans Berlin encerclé par l'armée soviétique, en 1945. Le rôle du Führer prématurément vieilli est assez brillamment assumé par Albin Skoda, une vedette du théâtre viennois, celui d'Eva Braun ayant été attribué à une actrice également viennoise, Lotte Tobisch, qui entretint des relations étroites avec le philosophe d'extrême gauche Theodor Adorno. Plus intéressant, et sans doute plus proche du meilleur Pabst, reste incontestablement *C'est arrivé le 20 juillet*, restitution scrupuleuse et convaincante du complot organisé en 1944 par des officiers supérieurs de la Wehrmacht pour renverser le régime, ainsi que de l'attentat manqué contre Hitler le 20 juillet 1944, dans son QG de Prusse-Orientale (*cf.* page 132). Si Hitler lui-même apparaît évidemment dans le film, sous les traits de Hans Fitz, le personnage central demeure le comte von Stauffenberg, l'homme qui déposa la bombe dans la salle des cartes de la « Tanière du loup ». Stauffenberg est fort remarquablement interprété par l'acteur et réalisateur allemand Bernhardt Wicki, qui signera quatre ans plus tard un beau film de guerre appelé à un grand succès d'estime, *Le Pont* (*Die Brücke*, 1959).

Aux Etats-Unis, la propagande avait changé de cible : dans d'innombrables films, l'ennemi communiste avait succédé à l'ennemi nazi, que ce soit à propos de la guerre de Corée ou de la guerre secrète que se livraient les espions des deux camps. Hitler n'en reviendra pas moins en 1962 sur les écrans américains avec une œuvre pour le moins surprenante du bon cinéaste Stuart Heisler, *La Vie privée d'Hitler (Hitler)*. Très influencé par la psychanalyse, alors en vogue à Hollywood, le film s'attache quasi exclusivement aux pathologies sexuelles et criminelles peut-être un peu trop généreusement prêtées au dictateur allemand, à travers différents épisodes de sa carrière : depuis la mort mystérieuse de Geli Raubal (*cf.* page 57) jusqu'à ses accès de colère hystérique dans son bunker berlinois. Discutable du strict point de vue de l'historien, *La Vie privée d'Hitler* est une curiosité que relèvent l'interprétation obsessionnelle de Richard Basehart, excellent comédien aujourd'hui quelque peu oublié et une distribution dominée par ailleurs par la ravissante actrice allemande Cordula Trantow (Geli Raubal), que l'on avait découverte deux ans auparavant dans *Le Passage du Rhin*, le beau film pacifiste d'André Cayatte, et par Maria Emo en Eva Braun.

Mais la veine satirique qui avait si bien réussi à Charlie Chaplin et Ernst Lubitsch n'était pas pour autant tarie, et on en eut la preuve en 1968 avec une œuvre ravageuse de l'humoriste juif new-yorkais Mel Brooks, *Les Producteurs (The Producers)*. C'est l'histoire d'un producteur de théâtre ruiné (Zero Mostel) qui, avec l'aide d'un comptable véreux (Gene Wilder), décide de monter un « four » pour réaliser une faillite frauduleuse. Ils choisissent la plus mauvaise pièce qu'ils puissent trouver, une comédie musicale intitulée *Springtime for Hitler*, écrite par un ancien nazi complètement névropathe, et confient le rôle du Führer à un drogué. Mais, contre toute espérance, la pièce est plébiscitée par le public, si bien que, pour mener leur escroquerie à terme, les complices tentent de faire sauter le théâtre... Ils se retrouveront en prison où ils trouveront le temps de préparer un nouveau coup. Si Mel Brooks œuvre dans un registre délibérément grossier et « hénaurme », le résultat n'en est pas moins irrésistible. La séquence où, sur la scène du théâtre, Hitler (Dick Shawn) et Eva Braun (Renee Taylor) chantent leurs amours est hilarante. C'est même alors une sorte de monument de dérision burlesque qui, dans l'esprit sinon dans la forme, n'est finalement pas si éloigné de Chaplin et de Lubitsch. Quant à Dick Shawn, force est de reconnaître qu'il crée sans conteste l'Adolf Hitler le moins conventionnel que l'on ait vu sur un écran de cinéma !

Gene Wilder et Zero Mostel dans **Les Producteurs,** *une farce de Mel Brooks où les amours d'Hitler et d'Eva Braun sont tournées en dérision.*

Alec Guinness dans Les Dix Derniers Jours d'Hitler, *une intéressante reconstitution due à Ennio De Concini.*

Évidemment beaucoup plus sérieux était le film italien d'Ennio De Concini, *Les Dix Derniers Jours d'Hitler (Gli ultimi dieci giorni di Hitler)*, tourné quatre ans après celui de Mel Brooks. Excellent scénariste et réalisateur des plus consciencieux, Ennio De Concini a su notamment relier l'ambiance irrespirable de l'entourage d'Hitler à l'évolution de la bataille de Berlin, encerclé par les armées soviétiques. Rien de bien original, sans doute, mais une vision historique irréprochable et fort intelligemment didactique. De plus, ce film bénéficie d'un atout maître en la personne de Sir Alec Guinness, qui donne une nouvelle preuve de son immense talent en réussissant à composer un Hitler hallucinant de ressemblance.

Gregory Peck incarne le sinistre docteur Joseph Mengele dans **Ces garçons qui venaient du Brésil** *de Franklin J. Schaffner.*

Le film le plus profond, mais aussi le plus difficile, qu'Hitler ait jamais inspiré, sera toutefois réalisé en Allemagne par un cinéaste d'avant-garde, Hans-Jürgen Syberberg. Ce film, *Hitler, un film d'Allemagne* (*Hitler, eine Film aus Deutschland*, 1978), dure plus de sept heures. On pourrait le définir comme un théâtre d'ombres qui emprunterait son style cinématographique aux films de Georges Méliès et sa technique dramatique aux pièces de Bertolt Brecht. Syberberg y opère une confrontation entre la figure d'Hitler, symbolisée le plus souvent par une marionnette, et la culture allemande, qu'il accuse le fondateur du IIIe Reich d'avoir compromise. C'est d'ailleurs là toute l'ambiguïté de cette œuvre d'introspection historique, d'une inventivité formelle éblouissante : Hitler est-il d'une certaine façon l'héritier direct de la culture allemande (on voit ainsi son spectre, dans un plan saisissant, sortir du tombeau de Wagner), ou l'a-t-il captieusement accaparée ? Si le cinéaste laisse la question pendante, il reste que sa critique fondamentale du nazisme est développée d'un point de vue national allemand, et non d'un point de vue marxiste ou libéral. Homme de tradition en dépit de son esthétique novatrice, Hans-Jürgen Syberberg reproche en effet à Hitler d'avoir, par ses crimes, infecté peut-être à jamais l'Allemagne de Bach, de Beethoven et de Wagner, cette Allemagne dont ses films revendiquent néanmoins hautement la filiation. C'est pourquoi, ni amnésique ni masochiste, *Hitler, un film d'Allemagne* s'est heurté à tant d'incompréhension et fut sifflé par une partie du public au Festival de Cannes, en 1978.

Avec *Ces garçons qui venaient du Brésil* (*The Boys from Brazil*, 1978), on passe de la métaphore philosophique à un genre beaucoup moins déroutant : la science-fiction. Ce film américain de Franklin J. Schaffner est servi par un scénario remarquable. L'histoire est la suivante : le docteur Joseph Mengele (Gregory Peck), le sinistre médecin d'Auschwitz, s'est installé au Paraguay après la guerre, ce qui est exact, en amenant avec lui, ce qui l'est moins, des cellules vivantes prélevées sur Hitler, avec lesquelles il produit 94 clones du Führer qui seront élevés dans des conditions optimales pour repartir à la conquête du monde… Un chasseur de nazis, en qui chacun reconnaîtra sans peine Simon Wiesenthal sous le nom d'Ezra Lieberman (Laurence Olivier), réussira à mettre Mengele hors d'état de nuire à l'humanité. Le film ne tient malheureusement pas toutes les promesses du scénario, et la réalisation académique de Franklin J. Schaffner, qui avait si bien réussi à rendre vraisemblable l'invraisemblable dans *La Planète des singes*, est ici bien moins convaincante. Il est vrai que personne n'avait réellement envie d'être convaincu !

SI HITLER AVAIT GAGNÉ LA GUERRE...

Miranda Richardson et Rutger Hauer dans Fatherland.

En 1944, les Allemands ont fait échec au débarquement allié en Normandie et les Américains se sont retirés de la guerre. Vingt ans après, Adolf Hitler règne sur la plus grande partie de l'Europe, unifiée au sein d'un vaste empire national-socialiste vivant en autarcie. Mais tandis que d'étranges règlements de comptes ont lieu entre la SS et la Gestapo, le Führer cherche à opérer un rapprochement avec les Etats-Unis dont le président n'est autre que le vieux Joseph Kennedy, le père de John F. Kennedy, qui eut dans les années trente des sympathies pour l'Allemagne nazie. Une visite d'Etat est donc organisée, et le Président américain (Jan Kohout) se rend à Berlin pour y rencontrer Hitler, à l'occasion de son 75e anniversaire. Mais tout ne va pas pour le mieux dans l'entourage du Führer, et c'est ainsi qu'une journaliste américaine (Miranda Richardson) et un officier général SS (Rutger Hauer) joindront leurs efforts pour faire échec au rapprochement germano-américain en révélant au monde le secret le mieux gardé de l'histoire: l'extermination des Juifs...

Tiré du roman homonyme de Robert Harris, *Fatherland* est un téléfilm américain réalisé en 1994 par Christopher Menaul, et c'est incontestablement l'une des uchronies les plus réussies du petit écran (il a été commercialisé en France sous le titre de *Le Crépuscule des aigles*). S'inspirant intelligemment de l'ambiance qu'offraient les pays de l'Est dans les années soixante, le réalisateur a offert un tableau tout à fait crédible de ce qu'aurait pu être une Allemagne restée nazie à la même époque, à savoir un mélange sinistre de grisaille et de modernité. Le téléfilm va même jusqu'à imaginer comment la coupe des uniformes aurait pu évoluer, et quelles cibles aurait visées la propagande du régime: on voit ainsi, sur un mur, une grande affiche condamnant les Beatles! Mais le plus impressionnant reste la vision de Berlin, transformé par Albert Speer conformément aux vues architecturales d'Hitler et restitué par Christopher Menaul grâce à des trucages remarquables. Quant à Hitler lui-même, vieillard accroché au pouvoir, il n'est guère qu'une silhouette dans *Fatherland*, mais une silhouette à laquelle l'acteur Rudolph Fleischer confère une présence inquiétante.

L'équipe de Moloch *au Festival de Cannes, en 1999, où le film à obtenu le prix du meilleur scénario. De gauche à droite: Leonid Mosgovoi (Hitler), le réalisateur Alexandre Sokourov et Elena Rufanova (Eva Braun).*

Après le film de Syberberg, c'est probablement au cinéaste russe Alexandre Sokourov que l'on doit l'œuvre la plus troublante et, cinématographiquement, la plus originale. Dans *Moloch* (1999), Sokourov retrace une journée ordinaire d'Adolf Hitler (Leonid Mosgovoi) dans sa résidence bavaroise du Berghof, au-dessus de Berchtesgaden, en compagnie d'Eva Braun (Elena Rufanova), de Martin Bormann (Vladimir Bogdanov), de Joseph Goebbels (Leonid Sokol) et de son épouse Magda (Elena Spiridinova). En apparence, des petits riens, un tissu d'événements quotidiens d'une effroyable trivialité, de bavardages bourgeois, de rivalités mesquines entre Bormann et Goebbels. En fait, le film raconte tout autre chose, à savoir la solitude d'Eva Braun, filmée avec une rare sensualité par Sokourov dans un décor grandiose et glacial, presque abstrait, sa frustration sentimentale et sexuelle face à un Hitler d'où a disparu toute trace d'humanité, même dans son expression la plus élémentaire, que le désir a déserté. Du coup, le Berghof devient une sorte de temple morbide où le corps nu d'Eva Braun, le seul en qui palpite la vie, semble promis à la gueule du dieu cruel et asexué qui donne son nom au titre du film, dieu auquel les enfants étaient sacrifiés dans la fournaise... Dépouillé et stylisé à l'extrême, *Moloch* constitue en définitive, par-delà la personne réelle d'un Hitler transfiguré en allégorie de la mort, une parabole terrifiante du totalitarisme et du pouvoir absolu.

Les rescapés de l'apocalypse

Wernher von Braun en 1965, à la Nasa.

Wernher von Braun

Disciple du pionnier de l'astronautique Hermann Oberth, Wernher von Braun est né le 23 mars 1912 à Wirsitz (aujourd'hui Wyrzysk, en Pologne). Après avoir mis au point la fusée V2 au centre de Peenemünde, il étudia des modèles plus puissants dont l'A12 à trois étages, susceptible d'emporter un homme dans l'espace. Soupçonné dès 1944 par Himmler de s'intéresser plus à la conquête spatiale qu'à la victoire de l'Allemagne, à laquelle il ne croyait plus, il prit ses dispositions en avril 1945 pour que son équipe et son matériel le plus précieux soient transférés dans les Alpes bavaroises afin de tomber entre les mains des Américains plutôt que des Russes, ce qui eut lieu le 2 mai 1945. Bien qu'ayant travaillé sous l'autorité de la SS et que les V2 fussent construites par des déportés, von Braun fut récupéré sans état d'âme par les Américains qui le chargèrent de former leurs ingénieurs et de concevoir leurs premiers engins balistiques, au centre de White Sands. Von Braun mit ensuite au point les fusées Redstone et Jupiter, puis, de 1960 à 1970, dirigea le Marshall Space Flight Center de la Nasa, où il développa la fusée Saturne V, directement dérivée du projet de l'A12. Devenu citoyen américain, il est décédé le 16 juin 1977 à Alexandria (Virginie). Dès 1960, un film à sa gloire avait été réalisé à Hollywood, *L'Homme des fusées secrètes* de Jack Lee-Thompson, avec Curd Jurgens dans son rôle.

Arno Breker a exposé à Paris, en 1942, à l'Orangerie des Tuileries.

Arno Breker

Né le 19 juillet 1900 à Elberfeld, en Rhénanie, Arno Breker fut le sculpteur le plus célèbre du IIIe Reich. D'abord influencé par la statuaire française, il eut le soutien d'Hitler dès 1933 et reçut d'importantes commandes monumentales, notamment pour la chancellerie et le stade olympique de Berlin. Si son œuvre contribua incontestablement à forger l'image héroïque que voulait se donner le régime national-socialiste, Breker ne fut paradoxalement guère engagé politiquement et usa de son influence pour aider des artistes français sous l'Occupation, ce qui lui permit, après la guerre, de n'être condamné qu'à 100 marks d'amende dans le cadre de la dénazification. La plus grande partie de son œuvre fut cependant détruite en 1945. Il exécuta ensuite de nombreux portraits, genre dans lequel il excellait, avec des bustes de personnalités aussi diverses que Jean Cocteau, le roi Mohammed V du Maroc, Salvador Dali ou le chancelier Ludwig Erhard. Il est mort le 14 février 1991 à Düsseldorf.

Karl Dönitz

Né le 19 septembre 1891 à Grünau, près de Berlin, le grand amiral Karl Dönitz a été condamné à Nuremberg à 10 ans d'emprisonnement pour crimes de guerre. Successeur de Raeder à la tête de la Kriegsmarine, il était accusé d'avoir laissé couler des navires marchands alliés sans en avoir au préalable fait évacuer les équipages. Pour sa défense, Dönitz avait fait valoir que lorsque ces navires naviguaient tous feux éteints, il était impossible de les distinguer des bâtiments de guerre. Il avait invoqué le témoignage de l'amiral américain Chester Nimitz, lequel avait reconnu que l'US Navy s'était retrouvée dans la même situation, avec les mêmes conséquences dramatiques. Il purgera sa peine, augmentée d'un an et quatre mois de prison préventive, et sera libéré le 1er octobre 1956. Il rédigera des Mémoires (parus en 1958 en Allemagne), et mourra le 24 décembre 1980 à Aumühle, près de Munich, entouré d'un certain respect de la part de ses anciens adversaires.

Heinz Guderian

Né le 17 juin 1888 à Kulm (aujourd'hui Chelmno), en Prusse-Orientale, le général Heinz Guderian, théoricien et créateur de l'arme blindée allemande, fut arrêté par les Américains le 10 mai 1945. Aucune charge n'ayant été retenue contre lui, il ne fut pas jugé à Nuremberg. Il demeurera néanmoins emprisonné jusqu'au 6 juin 1948, successivement à Allendorf et à Neustadt. Après sa libération, il publiera des études remarquées sur la défense de l'Europe occidentale (1950) et sur les conditions d'un réarmement de l'Allemagne (1951). Également auteur de Mémoires, parus en 1950 sous le titre de *Erinnerungen eines Soldaten* (« Souvenirs d'un soldat »), Guderian a trouvé la mort le 14 mai 1954 à Schwangau, en Bavière.

Rudof Hess

Né le 26 avril 1894 à Alexandrie, en Egypte, Rudolf Hess a échappé à la mort au procès de Nuremberg en raison de son état de santé mentale jugé déficient et aussi, sans doute, des ambiguïtés qui avaient entouré sa folle équipée en Grande-Bretagne, en 1941 (voir page 115). Condamné à l'emprisonnement à vie, il purgera sa peine à la prison de Spandau, à Berlin, jusqu'à sa mort le 17 août 1987. La version officielle du suicide par pendaison sera combattue par son fils Wolf Rüdiger Hess, qui défendra la thèse selon laquelle son père aurait été assassiné par ses gardiens, sans toutefois fournir d'arguments sérieux. Le tombeau de Rudolf Hess à Wunsiedel, en Bavière, a été à plusieurs reprises le lieu de rassemblement de divers mouvements néonazis européens.

Albert Kesselring

Originaire de Franconie où il est né le 20 novembre 1885, à Markstedt, le maréchal Albert Kesselring fut fait prisonnier le 6 mai 1945 et condamné à mort le 6 mai 1946 pour crimes de guerre, et notamment pour avoir fait exécuter 320 prisonniers italiens. Ce verdict ayant été controversé, sa peine fut commuée en prison à perpétuité, et Kesselring fut finalement libéré en 1952 pour raisons de santé. Auteur de Mémoires parus en 1953, il fut appelé la même année à la présidence d'honneur des Casques d'acier. Cette association d'anciens combattants nationalistes avait été dissoute par Hitler en 1935 et reconstituée en 1951. Le maréchal Kesselring est mort le 16 juillet 1960 à Bad Nauheim, près de Francfort.

hitlérienne

Konstantin von Neurath

Né le 2 février 1873 à Kleinglattbach (Wurtemberg), le baron Konstantin von Neurath fut ministre des Affaires étrangères jusqu'en mars 1938, date à laquelle il fut remplacé par Ribbentrop. Bien que très réservé sur la politique expansionniste d'Hitler, il accepta en 1939 la charge de protecteur de Bohême-Moravie. Jugé trop peu pugnace face à la résistance tchèque, il dut céder la place à Reinhard Heydrich en septembre 1941. Il n'en fut pas moins condamné à 15 ans de prison à Nuremberg, principalement pour avoir fait exécuter neuf étudiants tchèques, ce qu'il contestait, et fermé les universités du « protectorat ». Libéré pour raisons de santé en 1954, Konstantin von Neurath est mort le 14 août 1956 à Vaihingen an der Enz (Wurtemberg).

Franz von Papen

Ancien chancelier du Reich, Franz von Papen est né le 29 octobre 1879 à Werl, en Westphalie. Quoique ayant pris ses distances avec le nazisme (voir page 69), il fut de 1934 à 1939 ambassadeur d'Allemagne à Vienne, où il contribua à la préparation de l'Anschluss, puis, de 1939 à 1944, à Ankara où il œuvra au maintien de la Turquie dans sa neutralité. On notera que Franz von Papen apparaît à ce titre dans un célèbre film d'espionnage de Joseph L. Mankiewicz, *L'Affaire Cicéron* (1952), sous les traits de John Wengraf. Arrêté le 10 avril 1945, il fut acquitté à Nuremberg, mais condamné à huit ans d'emprisonnement par un tribunal allemand. Libéré dès 1949, il put recouvrer ses biens, mais vit sa pension supprimée ainsi que son... permis de conduire! Il a publié des Mémoires sous les titres de *Der Wahreit eine Gasse* (1952) et *Vom Scheitern einer Demokratie* (1968), et est mort le 2 mai 1969 à Obersasbach.

Friedrich Paulus

Le cas du maréchal Friedrich Paulus, né le 23 septembre 1890 à Breitenau (Hesse), est très particulier. Fait prisonnier par les Russes à Stalingrad (voir page 124), il se retourna ouvertement contre Hitler après l'échec du complot du 20 juillet 1944 (voir page 130) et appela les officiers allemands à la désobéissance et à la désertion. En représailles, sa famille fut emprisonnée. Au procès de Nuremberg, il reconnut sa responsabilité dans la Seconde Guerre mondiale, mais refusa de charger Keitel et Jodl. Après sa libération par les Russes en 1953, Paulus, rallié au communisme, s'installa en République démocratique allemande (RDA) où il fut nommé inspecteur de la Volkspolizei (« police du peuple »). Il est mort le 1er février 1957 à Dresde, des suites d'un cancer.

Hanna Reitsch

Première femme au monde à franchir les Alpes en planeur, en 1937, et pilote d'essai particulièrement audacieux, Hanna Reitsch (née le 29 mars 1912 à Hirschberg) fut l'une des personnalités les plus médiatisées du régime nazi (voir pages 115 et 137). Elle poursuivit sa carrière d'aviatrice à partir de 1947, après avoir été détenue pendant 15 mois par les Américains et renié son admiration pour Hitler. Titulaire de nombreux records, elle se classa troisième aux Championnats du monde de vol à voile, en 1952, avant de résider au Ghana de 1962 à 1966, à l'invitation du président Kwame Nkrumah. Hanna Reitsch se distingua ensuite en accomplissant des missions humanitaires pendant la guerre du Biafra (1967-1970). Son célèbre et périlleux vol d'essai d'un V1 doté d'une cabine de pilotage a été reconstitué dans un film de Michael Anderson, *Opération Crossbow* (1965), où son rôle est tenu par Barbara Rütting. Elle est décédée le 24 août 1979 à Francfort.

Franz von Papen, acquitté à Nuremberg, mais condamné par un tribunal allemand.

LE FEUILLETON DE LA DISPARITION DE MARTIN BORMANN

Disparu le 2 mai 1945 dans les décombres de Berlin (voir page 139), Martin Bormann a été condamné à mort par contumace à Nuremberg. Le fait que son corps n'ait pas été alors retrouvé a donné lieu à de multiples spéculations. La plus répandue était la suivante: Bormann aurait gagné l'Argentine à bord du sous-marin U-997 commandé par le capitaine Heinz Schaeffer, d'où il aurait gagné une base secrète allemande installée en Patagonie... Autre hypothèse: il aurait fui l'Europe pour l'Amérique du Sud avec l'aide du Vatican ou du fameux réseau Odessa, monté pour favoriser l'exfiltration de dignitaires nazis... Mieux encore: selon les déclarations d'un ancien agent du KGB en 1994, Bormann aurait été en réalité un agent soviétique qui aurait trouvé refuge en URSS où il se serait remarié et aurait eu deux enfants... Aucun élément matériel sérieux ne venant étayer ces affirmations, il était loisible à des journalistes en mal de sensations de broder à partir d'un point d'interrogation. Même Simon Wiesenthal était convaincu que l'ancien Reichsleiter était caché au Brésil! Mais ces hypothèses devinrent plus difficiles à soutenir lorsque furent authentifiés comme provenant du corps de Bormann des ossements retrouvés en 1972 près de l'ancienne Chancellerie, ce qui détermina le gouvernement allemand à le déclarer l'année suivante officiellement mort le 2 mai 1945. L'authentification fut confirmée en 1998 par une recherche d'ADN effectuée à Francfort à la demande des enfants de Bormann. Seul fait curieux, sinon troublant, relaté dans le *New York Times* du 13 novembre 1991 par Gerald L. Posner: ce journaliste, qui enquêtait alors à Buenos Aires sur les criminels de guerre allemands réfugiés en Argentine, aurait découvert qu'il existait dans les archives de la police un dossier « Martin Bormann », mais il n'aurait pas été autorisé à le consulter, ce qui ne prouve d'ailleurs strictement rien... Le 28 août 1999, Hildegard Becker-Toussaint, fonctionnaire de la police de Francfort chargée d'instruire le cas Bormann, annonçait que ses cendres avaient été dispersées en haute mer trois semaines plus tôt. Les amateurs d'histoire secrète pourront toujours se consoler en retrouvant leur personnage préféré dans la littérature de fiction, comme *Les Chaînes d'Eymerich* de Valerio Evangelisti (Payot Rivages, 1998) ou *Fausses Nouvelles* de Lindgren Torgny (Actes Sud, 2003)!

Leni Riefenstahl en Afrique de l'Est dans les années 1970.

Albert Speer à la fin de sa vie.

LENI RIEFENSTAHL

Danseuse, actrice, réalisatrice et photographe, mais aussi sportive émérite, Helene « Leni » Amalia Riefenstahl est née le 22 août 1902 à Berlin. Auteur d'un premier film d'inspiration romantique, *La Lumière bleue* (1932), elle fut choisie par Hitler pour tourner un documentaire apologétique sur le congrès de Nuremberg de 1934 (voir page 73), *Le Triomphe de la volonté*, puis sur les Jeux olympiques de Berlin de 1936, *Les Dieux du stade*. Elle se heurta toutefois à l'inimitié de Goebbels et ne put achever la réalisation de *Tiefland* avant la fin de la guerre. Après avoir été successivement arrêtée par les Américains et les Français, puis libérée sur ordre du général Béthouart, elle put difficilement achever en 1954 le montage de *Tiefland*, que Jean Cocteau tentera en vain de faire distribuer en France. Dans l'impossibilité de mener à bien d'autres projets cinématographiques, Leni Riefenstahl se consacra alors à la photographie et publia avec succès plusieurs albums consacrés à l'Afrique noire et aux fonds sous-marins, pratiquant encore la plongée en mer Rouge quelques années avant sa mort, survenue le 8 septembre 2003 à Pöcking, en Bavière, à l'âge de 101 ans ! Elle se défendit sans convaincre d'avoir été nazie, notamment dans ses *Mémoires* (parus en France en 1997). En revanche, elle s'est plus aisément disculpée de l'accusation selon laquelle elle aurait été la maîtresse d'Hitler.

GERD VON RUNSTEDT

Né le 12 décembre 1875, le maréchal Gerd von Runstedt fut certainement l'un des chefs militaires les plus capables et les plus avisés du IIIe Reich. Bien que souvent opposé à Hitler dans la conduite de la guerre, il refusa de participer au complot de juillet 1944 et accepta même de présider, avec Keitel et Guderian, une cour d'honneur chargée de purger l'armée des officiers soupçonnés d'avoir trahi leur serment de fidélité envers le Führer. Capturé le 1er mai 1945, il fut victime d'une crise cardiaque pendant un interrogatoire, puis transporté en Grande-Bretagne où il fut soigné et libéré en juillet 1948. Pendant sa captivité, il eut d'importants entretiens avec le grand théoricien militaire britannique Basil Liddle Hart. Il s'installa à Hanovre où il mourut le 24 février 1953.

HJALMAR SCHACHT

Né le 22 janvier 1877 à Tingleff (Schleswig) et considéré comme l'un des meilleurs financiers de son temps, cet ancien ministre de l'Economie et président de la Reichsbank avait permis à Hitler de sortir l'Allemagne de la dépression en appliquant des méthodes dirigistes inspirées de Keynes et du New Deal de Roosevelt. Démissionnaire en 1937 (voir page 85) et proche des conjurés de juillet 1944, il ne prit toutefois pas part au complot. Il n'en fut pas moins emprisonné à Dachau. Libéré par les Américains, il fut à nouveau interné par les Alliés et jugé à Nuremberg, où il fut acquitté. Ayant recouvré sa liberté le 2 septembre 1948, il fonda une banque à Düsseldorf et conseilla plusieurs chefs d'état du tiers-monde, dont Gamal Abdel Nasser. Il expliqua sa politique dans ses *Mémoires d'un magicien* (parus en France en 1954) et influença certains hommes politiques gaullistes comme Alexandre Sanguinetti. Hjalmar Schacht est mort le 4 juin 1970 à Munich.

BALDUR VON SCHIRACH

Descendant par sa mère de deux signataires de la Déclaration d'indépendance des Etats-Unis, Baldur von Schirach est né le 9 mars 1907 à Berlin. Ancien chef des Jeunesses hitlériennes (voir page 61) et Gauleiter de Vienne de 1940 à la fin de la guerre, il fut arrêté par l'armée soviétique le 13 avril 1945. Seul au procès de Nuremberg, avec Albert Speer, à faire son autocritique, ce qui lui valut la clémence du tribunal, il put en outre fournir la preuve qu'il avait dénoncé auprès de Martin Bormann le traitement inhumain infligé aux Juifs, tout en déclarant avoir ignoré l'existence des camps d'extermination. Condamné à 20 ans de prison, Baldur von Schirach fut libéré le 30 septembre 1966 après avoir purgé l'intégralité de sa peine. Ses Mémoires en forme de plaidoyer, parus en France sous le titre *J'ai cru en Hitler* (1968), ne constituent pas une contribution importante à l'histoire du IIIe Reich. Il est mort le 8 août 1974 à Kröv an der Mosel.

ALBERT SPEER

Né le 19 mars 1905 à Mannheim, Albert Speer fut l'architecte choisi par Hitler pour réaliser ses rêves monumentaux et urbanistiques, puis un très efficace ministre de l'Armement (voir index). Reconnaissant sa culpabilité à Nuremberg, il fut condamné à 20 ans de prison, peine qu'il purgea à Spandau jusqu'à sa libération, le 1er octobre 1966. Il fonda alors un cabinet de conseil en organisation industrielle et publia plusieurs ouvrages de Mémoires justificatifs. Le plus important, publié en France sous le titre de *Au cœur du IIIe Reich* (1969), fut un succès de librairie international. Il fourmille de renseignements dont beaucoup doivent être cependant examinés avec la plus extrême prudence, et révèle une personnalité très ambiguë, mélange de naïveté et de cynisme. Décédé le 1er septembre 1981 dans un hôpital londonien, Albert Speer constitue aujourd'hui un sujet de choix pour les historiens et les psychologues. Une pièce de théâtre lui a même été consacrée en 2000 à Londres, *Albert Speer : His Battle with Truth*, avec Alex Jennings dans le rôle-titre et Roger Allam dans celui d'Hitler.

WINIFRED WAGNER

D'origine anglaise, née le 23 juin 1897 à Hastings, Winifred Williams avait épousé en 1915 le compositeur allemand Siegfried Wagner, fils de Richard Wagner. Admiratrice fanatique d'Hitler dès l'époque du putsch de Munich (voir pages 39-41), elle fournit même le papier sur lequel fut rédigé *Mein Kampf* pendant la captivité du Führer. À la mort de son mari, le 4 août 1930, elle prit la direction du Festival de Bayreuth, qu'elle assuma jusqu'en 1945. On parla même alors d'un possible mariage entre elle et Hitler, mais ce bruit était sans fondement. Contrainte, après la défaite de l'Allemagne, de céder la direction de Bayreuth à ses fils Wieland et Wolfgang, Winifred Wagner se réfugia dans une solitude hautaine. Dans l'étonnant entretien accordé au cinéaste Hans-Jürgen Syberberg pour son film *Winifred Wagner et l'histoire de la maison Wahnfried* (1975), elle réaffirmait sans complexe ses convictions nazies et ne reniait en rien l'amitié qui l'avait unie à Hitler. Elle est morte le 5 mars 1980 à Überlingen, sur les bords du lac de Constance.

L'impossible dénazification

A quelques jours de la capitulation allemande, le Président américain Harry S. Truman, qui vient de succéder à Franklin D. Roosevelt, promulgue, le 26 avril 1945, la directive JCS 1067. Elle est adressée au général Dwight D. Eisenhower, commandant suprême des forces américaines, et fixe les objectifs et les règles qui doivent guider les troupes d'occupation américaines en Allemagne. La dénazification y est justifiée par une double nécessité : « convaincre le peuple allemand qu'il [...] ne peut se dérober aux conséquences d'actes dont il est responsable » et « empêcher l'Allemagne de redevenir un jour une menace pour la paix du monde ».

En juillet suivant, un conseil de contrôle commun aux quatre puissances occupantes de l'Allemagne vaincue (États-Unis, Union soviétique, Grande-Bretagne, France) est mis en place à Berlin. Il avalise et précise les conditions de la dénazification, qui seront réaffirmées lors de la conférence de Potsdam en août 1945.

La quasi-totalité de la population allemande est visée et cinq cas de figure sont envisagés. Les Allemands seront répartis en cinq catégories : les principaux coupables *(Hauptschudige)*, les compromis *(Belastete)*, les compromis mineurs *(Minderbelastete)*, les suivistes *(Mitlafer)* et les non-coupables *(Entlastete)*. Les suspects exerçant des responsabilités devront être destitués et internés dans l'attente de leur jugement. Fin août 1945, en Bavière, 100 000 fonctionnaires ont déjà été ainsi révoqués.

Il apparaît très vite que cette épuration, basée sur la notion de responsabilité collective, est matériellement impossible. Plus encore : elle entrave la reconstruction du pays. Fin 1945, les Alliés décident de procéder à des enquêtes individuelles. Un questionnaire *(Fragebogen)* en 131 points est élaboré. Les postulants à des emplois publics doivent s'y soumettre. Il leur appartient de justifier, sur l'honneur, qu'ils n'ont pas appartenu au NSDAP, le parti nazi, ni à aucune de ses organisations satellites – ce qui n'a pas grande signification dans la mesure où l'appartenance à tel ou tel de ces mouvements était obligatoire. Une enquête permet de vérifier leurs dires et de leur délivrer un certificat de bonne conduite, sésame pour obtenir un emploi.

Selon les zones d'occupation, les méthodes diffèrent. Les Soviétiques, qui ont pour but d'instaurer un régime socialiste, procèdent à une épuration de classe. Les membres des classes moyennes et inférieures qui sont prêts à collaborer avec le nouveau régime, aussi compromis fussent-ils, sont recyclés. Les Américains sont les plus sourcilleux – sauf à l'égard des scientifiques de haut niveau dont les compétences leur sont utiles. Mais leurs moyens humains sont limités.

En janvier 1946, l'Omgus (Office of Military Government, United States), le bureau américain du gouvernement militaire en Allemagne, décide de confier la charge de la dénazification aux Allemands – ce à quoi les Français ont déjà procédé dès octobre 1945. Le 5 mars 1946, le Länderrat (le Parlement provisoire) adopte en conséquence la « Loi pour la libération du national-socialisme et du militarisme ». Elle fixe les modalités d'arrestation et de jugement de tous les « nazis » et « militaristes » n'ayant pas été traduits devant le tribunal de Nuremberg. Le champ d'application du questionnaire est étendu : tous les Allemands de sexe masculin, âgés de 18 ans et plus, doivent s'y soumettre, soit 13 millions de personnes. Cinq cent quarante-cinq tribunaux spéciaux *(Spruchkammern)* sont constitués.

Mais pas plus que les Américains n'y étaient parvenus, les Allemands ne vont réussir à mener à bien cette entreprise gigantesque. En août 1947, James Forrestal, secrétaire d'État américain à la Défense, ordonne d'ailleurs de mettre fin aux procédures en zone américaine, ce qui sera chose faite en mars 1948. La fin officielle de la dénazification dans toute la République fédérale d'Allemagne sera prononcée le 22 janvier 1952. Avec un bilan bien mince.

Le nombre de dossiers effectivement traités – hors zone sous contrôle soviétique, où les chiffres demeurent inconnus – n'a pas dépassé les 600 000. La plupart concernaient des petits fonctionnaires, ceux dont le maintien en fonctions était indispensable à la bonne marche du pays, tandis que les dossiers des hauts fonctionnaires ou cadres d'industrie restaient en souffrance.

Plusieurs procédures visant des intellectuels furent néanmoins instruites. L'écrivain Ernst Jünger fut interdit de publication durant deux ans. Le chef d'orchestre Herbert von Karajan, qui s'était réfugié en Autriche, fut interdit de toute activité jusqu'en 1947. Wilhelm Furtwängler, qui avait dirigé un temps l'orchestre de l'Opéra de Berlin avant de prendre ses distances avec le régime hitlérien, fut lui aussi poursuivi mais blanchi.

En 1951, Ernst von Salomon, l'auteur des *Réprouvés*, tira de son expérience un roman, *Le Questionnaire*, dont le succès révéla que le traumatisme que les Allemands avaient subi était profond. Car une question n'avait jamais été tranchée : que leur reprochait-on ? Des actes ou un délit d'opinion ?

Interrogé en 1955 sur la dénazification, le général Lucius D. Clay, qui dirigea l'Omgus de 1945 à 1947, répondit par ces seuls mots : « Je vous en prie, soyez charitable et ne me parlez pas de cette terrible erreur. »

Adapté d'une pièce de Ronald Harwood,* Taking Sides, Le Cas Furtwängler, *réalisé par Istvan Szabo (2001), retrace le procès en dénazification du grand chef d'orchestre interprété par Stellan Skarsgard. Le major américain Steve Arnold, chargé d'instruire son dossier, est incarné par Harvey Keitel.

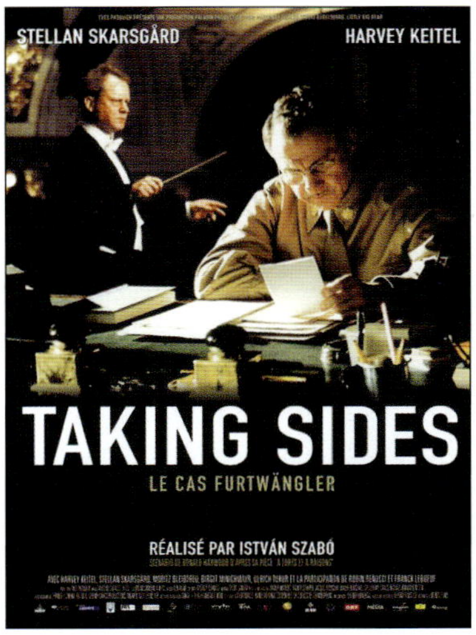

1889 → 1890

De 0 à 1 an

30 janvier 1889. L'archiduc Rodolphe, prince héritier libéral de l'Empire d'Autriche, et sa maîtresse Marie Vetsera se suicident à Mayerling.

31 janvier 1889. L'archiduc François-Ferdinand, neveu de l'empereur, devient héritier du trône autrichien.

Mai 1889. Désaccord entre Bismarck et le kaiser Guillaume au sujet d'une grève des mineurs. Le kaiser veut un compromis, mais le chancelier préfère que l'armée intervienne.

22 juin 1889. Le Reichstag vote un projet de loi sur les retraites et l'assurance maladie qui complète le programme social du chancelier Bismarck.

21 juillet 1889. A Paris, à l'initiative du parti social-démocrate allemand de Karl Liebknecht, fondation de la IIe Internationale.

27 mars 1890. L'Allemagne laisse son traité de réassurance avec la Russie tomber en désuétude. Les deux pays devaient rester neutres sauf en cas de conflit austro-russe ou franco-allemand.

1er mai 1890. Première fête du Travail en Allemagne.

17 août 1890. Echec de la rencontre à Narva, en Estonie. Le tsar Alexandre III ne réussit pas à convaincre Guillaume II de signer un pacte d'entente.

30 septembre 1890. Les lois antisocialistes allemandes de 1878 sont levées. Les syndicats constituent la Commission générale des syndicats.

Décembre 1890. L'Allemagne est le troisième producteur de charbon et d'acier, derrière l'Angleterre et les Etats-Unis.

Aloïs décide d'appeler son fils Adolf

Braunau-sur-Inn, 20 avril 1889
Klara Hitler, l'épouse du douanier autrichien Aloïs Hitler, vient de donner naissance à un garçon. Le bébé est né à l'auberge Pommer, dans la jolie petite ville de Braunau, située sur la rivière Inn qui marque la frontière entre l'Autriche et la Bavière. L'enfant, qui va bientôt être baptisé Adolf, n'est pas en très bonne santé. Sa mère est inquiète car elle a déjà perdu trois enfants, Gustav, Otto et Ida. C'est le premier mariage de Klara, mais Aloïs, qui a 23 ans de plus qu'elle, en est à ses troisièmes noces. Fils illégitime, il s'est appelé Schicklgruber jusqu'à ce que la famille de son père décide de le reconnaître après la mort de ce dernier. Aloïs est très fier de son statut de fonctionnaire en uniforme.

Klara Hitler, la troisième épouse.

Aloïs Hitler, un douanier autrichien.

La très étrange histoire de la famille Hitler

Braunau-sur-Inn, 20 avril 1889
Les deux côtés de la famille Hitler, dont le nom peut s'écrire Hiedler, Huttler ou Hitler, sont originaires du Waldviertel, une région située à moins de cent kilomètres de Vienne. Les origines d'Aloïs sont complexes. Maria Schicklgruber devient fille mère le 7 juin 1837. Le 6 juin 1875, Georg Hitler décide de reconnaître l'enfant. La rumeur dit qu'il le fait parce qu'il n'a que des filles et ne souhaite pas que le nom disparaisse. Frankenburgen, un Juif qui emploie Maria, serait le père. En 1864, Aloïs épouse Anna Glasll, la fille adoptive d'un douanier. De 14 ans son aînée, elle ne peut avoir d'enfant. Aloïs prend alors chez lui la petite Klara Pölzl, fille d'une cousine. En 1880, Franziska Matzelberger devient sa maîtresse et lui donne un fils, Aloïs, le 13 janvier 1882. Après la mort d'Anna, le 6 avril 1883, Aloïs épouse Franziska qui lui donne une fille Angela avant d'être emportée par la tuberculose le 10 août 1884. Début 1885, Aloïs épouse Klara Pöllz qui est déjà enceinte de son fils Gustav. Une dispense épiscopale leur a été accordée à cause du lien de parenté. Klara l'appelle « oncle Aloïs ».

L'auberge Pommer dans le village de Braunau où est né Adolf Hitler.

Berlin fait la loi et l'Autriche s'amuse

Berlin, 30 avril 1889
L'Allemagne, Etat unifié grâce aux efforts du très autoritaire Otto von Bismarck, est peu à peu devenue la locomotive de l'Europe. L'empire que les troupes de Bismarck ont créé pour Guillaume II en battant les forces danoises, autrichiennes et françaises est un géant économique. Les aciéries de Krupp et un réseau ferroviaire stratégique demeurent les principaux atouts du pays face à la concurrence industrielle anglaise. Les Allemands sont confiants, bien organisés et disciplinés. Ils ont de vastes territoires en Afrique. Leur kaiser, Guillaume II, est jaloux de l'empire contrôlé par ses cousins d'outre-Manche. A côté, le royaume austro-hongrois semble vivre dans l'illusion. Vienne, avec ses fastueux bâtiments, ses fêtes grandioses et sa vie culturelle, est un centre financier très important. Toutefois, sous ces apparences de gaieté et de luxe, des tensions apparaissent au sein de cet empire. Les nombreuses ethnies qui le composent réclament l'égalité des droits avec les Autrichiens. Il y a juste trois mois, la monarchie a été ébranlée par le suicide, à Mayerling, du prince héritier Rodolphe et de sa maîtresse Marie Vetsera. Si Vienne danse la valse sans trop se soucier de ce que sera l'avenir, Berlin ne cesse de travailler d'arrache-pied.

Les Hitler s'installent en Basse-Autriche

A 1 an, le fils du « Herr Oberoffizial » Hitler déménage avec ses parents.

Gross-Schonau, été 1890
Le douanier Aloïs Hitler a pris du galon, mais il est affecté dans un petit coin perdu, à Gross-Schonau, en Basse-Autriche. Il est fort peu probable qu'un fonctionnaire muni d'une éducation aussi restreinte soit encore élevé en grade. Aloïs est fier de sa promotion. A 53 ans, il exige d'être appelé *Herr Oberoffizial*. Il est autoritaire et s'emporte facilement. Aigri par une querelle de famille à propos d'un héritage, c'est un mari et un père exigeant au point que ses proches le craignent plus qu'ils ne l'aiment.

Guillaume II limoge le chancelier Bismarck

Berlin, 19 mars 1890
Guillaume II a écarté l'homme qui a créé le Reich, le prince Otto von Bismarck. Le jeune kaiser souhaitait évincer le vieux chancelier depuis longtemps. Il avait d'ailleurs déclaré à un de ses amis en juin 1888, alors qu'il accédait au trône : « Je laisserai le vieillard continuer pendant six mois, puis je prendrai le pouvoir en main. » La politique autoritaire et l'attitude antisocialiste de Bismarck créaient des tensions entre eux. Les élections du 20 février dernier ont vu la défaite du cartel de la droite au profit des sociaux-démocrates. Le chancelier a perdu des partisans au Reichstag et a même tenté de convaincre le kaiser de gouverner sans élus. Guillaume II a décidé de limoger Bismarck le jour où il est allé à la chancellerie pour avoir un entretien avec lui et l'a trouvé au lit. Le comte Leo von Caprivi, chef de l'amirauté depuis 1883, a été appelé à le remplacer. Il doit appliquer une politique plus sociale. A Londres, la revue satirique *Punch* rend compte de cette crise en publiant un dessin accompagné de la légende : « On se débarrasse du pilote. »

1891 → 1899

De 1 à 10 ans

16 septembre 1891. Naissance de Karl Dönitz à Grunau, près de Berlin, d'un père ingénieur.

21 octobre 1891. Les sociaux-démocrates allemands adoptent la doctrine de lutte des classes.

12 janvier 1893. Naissance d'Alfred Rosenberg en Estonie. Son père est cordonnier.

12 janvier 1893. A Rosenheim, en Bavière, naissance d'Hermann Goering. Son père est ancien gouverneur de l'Afrique du Sud-Ouest.

30 avril 1893. Naissance à Wesel, sur le Rhin, de Joachim von Ribbentrop. Il est le fils d'un officier.

26 avril 1894. Naissance de Walther Richard Rudolf Hess à Alexandrie, en Egypte. Son père est un riche commercant.

26 octobre 1894. Le kaiser remplace le chancelier Leo von Caprivi par le prince Chlodwig von Hohenlohe-Schillingsfurst.

29 octobre 1897. A Rheydt, en Rhénanie, naissance de Paul Joseph Goebbels au sein d'une famille ouvrière très catholique.

14 novembre 1897. Après le meurtre de deux missionnaires allemands, les forces du Reich occupent la baie de Kiaochow en Chine.

28 novembre 1897. Von Badeni, le chancelier autrichien, doit démissionner après avoir accordé aux langues tchèque et morave l'égalité avec l'allemand.

28 mars 1898. Loi prévoyant un renforcement important de la marine de guerre allemande.

19 avril 1899. Rosa Luxemburg lance un appel à la révolution en Allemagne.

Nietzsche vante la théorie du surhomme

Friedrich Nietzsche, un philosophe qui croit au surhomme mais pas en Dieu.

Berlin, été 1891
La dernière partie d'*Ainsi parlait Zarathoustra*, l'œuvre du philosophe allemand Friedrich Nietzsche, vient d'être publiée. Il expose dans cet ouvrage la théorie de l'*Ubermensch*, ou surhomme, qui doit imposer sa volonté aux autres. Nietzsche pense que Dieu est mort. Il propose une idéologie agressive d'une personne, ou d'un groupe, qui saura affirmer sa supériorité naturelle sur les plus faibles. L'auteur, fils et petit-fils de pasteurs, défend l'idée d'une race de surhommes qui seraient au-dessus du bien et du mal. Le philosophe glorifie la supériorité de l'énergie créatrice sur les valeurs abstraites. Ses thèses trouvent un large écho parmi le public allemand.

« Les Allemands, maîtres du monde »

Berlin, avril 1891
Ernst Hasse, un fervent nationaliste allemand, vient de créer la Ligue pangermanique, mouvement qui a pour but d'unifier la race allemande au sein d'un Etat pangermanique. Le cœur d'un tel Etat serait la « Grande Allemagne », comprenant la Pologne, la Belgique, la Serbie, l'Empire austro-hongrois, la Suisse, le Luxembourg et la Roumanie. A terme, un tel super-Etat serait en mesure de contrôler la planète. « Le monde appartient aux Allemands », proclame la Ligue, alors que Hasse souligne : « Nous voulons des terres, même si elles appartiennent à des étrangers, afin que nous puissions y forger l'avenir de notre peuple selon nos propres besoins. »

Schlieffen prépare une vaste offensive

Berlin, été 1892
Le comte Alfred von Schlieffen, chef de l'état-major allemand, a conçu un plan d'attaque. Fondé sur le principe qu'un prochain conflit opposera son pays à la France et la Russie, son plan prévoit d'abord que les forces allemandes réussiront à battre les armées françaises avant de se retourner vers la Russie, à l'est. Mais le problème est que la France a sensiblement renforcé ses frontières avec l'Allemagne depuis sa défaite en 1870. Von Schlieffen a décidé de contourner les défenses françaises en passant par la Belgique, un pays neutre. Il espère néanmoins que la Grande-Bretagne, qui est l'alliée de Bruxelles, ne se portera pas au secours des Belges.

Encore un fils pour la famille Hitler

Passau, 24 mars 1894
Klara Hitler vient d'avoir un autre enfant, un garçon qui s'appellera Edmond. Le bébé, comme d'ailleurs les autres enfants des Hitler, n'est guère en bonne santé, et ses parents redoutent qu'une maladie ne lui soit fatale. Klara est une mère dévouée qui aime ses enfants. Adolf, qui aura bientôt 5 ans et qui a survécu à une série de maladies, est un enfant vif et espiègle. Il apprend déjà à lire et à écrire afin de préparer son entrée à l'école. Son père, qui a fêté la naissance d'Edmond avec des amis dans une auberge du village, a d'ores et déjà décidé que le jeune Adolf suivrait une formation pour devenir aussi un fonctionnaire.

Wagner, un maître de musique raciste

Bayreuth, 1891
La croissance du nationalisme en Allemagne est nourrie par les œuvres du compositeur Richard Wagner, mort à Venise il y a huit ans. Le maître de Bayreuth, petite ville du nord de la Bavière où a été édifié le théâtre Richard-Wagner en 1876, chante, dans son œuvre *Der Ring des Nibelungen*, la gloire des héros teutons. Cela plaît beaucoup aux militaristes allemands. Wagner, qui a écrit que les Juifs corrompent la « pureté de la race aryenne », est aussi très apprécié dans les milieux antisémites de Berlin.

Wagner, chantre de la race aryenne.

Aloïs Hitler part en retraite anticipée et achète une petite ferme

Lambach, été 1895
Aloïs Hitler, l'ancien paysan devenu douanier, a retrouvé ses racines. A l'âge de 58 ans et après avoir été promu *Zolloberamstoffiziell*, il a pris sa retraite. Peu avant, il avait trouvé une ferme de quatre hectares dans le petit village de Fischlham, près de Lambach en Haute-Autriche. Klara et les enfants vivent bien, grâce à sa retraite. Adolf a 6 ans. Enfant de chœur, il sert régulièrement la messe dans le monastère bénédictin et va à l'école du village où il est réputé être intelligent mais paresseux et têtu. Il aime surtout le dessin et jouer à la guerre avec ses copains sur la place du village. Adolf est plus proche de sa mère que de son père, qui semble avoir bien du mal à se réadapter à la vie de la campagne.

Lambach : la famille Hitler occupe un appartement dans la maison de droite.

Klara met au monde une fille, Paula

Lambach, 21 janvier 1896
Klara Hitler, qui a toujours voulu avoir une fille, vient de mettre au monde une ravissante petite brune. Elle s'appellera Paula, et le bébé semble être en parfaite santé. Aloïs et Klara ont désormais trois enfants : Adolf, 7 ans, Edmond, un garçon de 2 ans à la santé fragile, et Paula. La brave Klara s'occupe aussi d'Aloïs, âgé de 13 ans, et d'Angela, 12 ans, les enfants issus du second mariage de son mari. Ses voisins admirent la façon dont cette femme de 36 ans élève les cinq enfants en dépit des difficultés liées aux déménagements successifs. Elle doit aussi supporter l'autoritarisme de son mari. Klara est une véritable *Hausfrau*.

Aloïs vend sa ferme et se fait apiculteur

Leonding, automne 1897
Le travail était trop pénible, Aloïs Hitler a vendu sa ferme. La famille a déménagé une fois de plus et s'est installée dans le village de Leonding, non loin de Linz où elle occupe une maison avec un petit jardin. Aloïs a installé des ruches dans son jardin et est devenu apiculteur, métier qu'il voulait pratiquer depuis longtemps. Sa retraite leur permet de vivre et il est un membre respecté de la petite communauté locale. Fonctionnaire à la retraite, ses propos sont mieux écoutés à l'auberge que par son fils Adolf avec lequel il s'entend mal.

Enfant paresseux, Adolf devient élève au monastère bénédictin

Lambach, automne 1897
Furieux de voir son fils ramener de mauvaises notes de l'école, Aloïs a inscrit Adolf au célèbre monastère bénédictin de Lambach. Il espère que la sévérité des moines aura un effet bénéfique sur ce garnement paresseux. Il s'agit d'un problème de discipline plutôt que d'un manque d'intelligence, car lorsque Adolf est intéressé par un sujet il n'hésite pas à le travailler très correctement. Le jeune homme a aussi dit à son père qu'il ne veut pas être fonctionnaire. Vexé, Aloïs a perçu cette déclaration comme un défi à son autorité. Un tel camouflet n'a pas vraiment arrangé les rapports entre eux.

Le magnifique monastère bénédictin de Lambach où Adolf fait ses études.

Marqué par la pompe des fêtes religieuses

Adolf le choriste est un acolyte.

Lambach, 1897
Devenu enfant de chœur et acolyte au monastère bénédictin où il fait ses études, Adolf ne manque pas une cérémonie. Il a une bonne voix et suit assidûment ses cours de chant et de solfège. Le jeune garçon semble aussi être très impressionné par la splendeur des fêtes religieuses qui sont régulièrement célébrées dans la chapelle du monastère. Il passe des heures à admirer les moines célébrer la messe et il apprécie le caractère mystique des rites. Certains de ses enseignants nourrissent l'espoir de voir Adolf Hitler décider un jour de devenir prêtre.

Sur cette photo de classe, le jeune Adolf est au centre de la rangée du haut.

1900 → 1905

De 10 à 16 ans

17 juin 1900. Naissance, à Halberstedt, de Martin Bormann.

17 juin 1900. L'Allemagne, la France, l'Angleterre, la Russie, les Etats-Unis, l'Autriche, l'Italie et le Japon s'associent pour protéger leurs intérêts en Chine, menacés par les Boxers.

2 juillet 1900. Premier vol du dirigeable construit par le comte Ferdinand von Zeppelin au-dessus du lac de Constance.

30 juillet 1900. Assassinat d'Umberto Ier d'Italie à Monza.

25 août 1900. Friedrich Nietzsche meurt à 56 ans.

7 octobre 1900. Naissance de Heinrich Himmler à Munich au sein d'une famille catholique. Son père est enseignant.

14 octobre 1900. Sigmund Freud publie *l'Interprétation des rêves.*

22 novembre 1902. Mort du magnat de l'acier Friedrich Krupp.

7 mars 1904. Naissance de Reinhard Heydrich à Halle an der Salle, de parents musiciens.

8 avril 1904. La France et l'Angleterre signent le traité d'Entente cordiale.

19 mars 1905. Naissance d'Albert Speer à Mannheim. Son père est un riche architecte.

31 mars 1905. Le kaiser se rend au Maroc et soutient l'indépendance du pays.

9 décembre 1905. Première à Dresde de l'opéra de Richard Strauss *Salomé*, tiré de la pièce du Britannique Oscar Wilde. Les villes de Berlin et de Vienne avaient auparavant censuré l'opéra, le jugeant sacrilège.

Artiste mais surtout pas fonctionnaire

Leonding, printemps 1900
Rien ne va plus entre Aloïs Hitler et son fils. A 11 ans, Adolf est têtu et buté. Il vient d'avoir une sérieuse dispute avec son père au sujet de son avenir. Aloïs tient à ce que le garçon suive ses traces et devienne aussi un fonctionnaire. Mais Adolf, qui ne se sent pas de vocation pour la prêtrise, a choisi le dessin, le seul sujet qui l'intéresse à l'école. Il veut devenir artiste. Quand son fils lui a annoncé son intention, Aloïs a explosé et s'est écrié : « Comment ? Tu veux devenir un artiste ? Jamais ! Pas tant que je serai vivant ! » Leur discussion a vite dégénéré car Adolf, qui devenait de plus en plus violent, a rejeté tous les arguments avancés par son père.

Une nouvelle école pour le jeune Adolf

Linz, septembre 1900
Aloïs Hitler vient d'envoyer son fils récalcitrant à la Realschule, l'école secondaire de Linz, en espérant que cela entraînera une amélioration de ses résultats scolaires. La famille Hitler a du mal à payer la scolarité du garçon, qui ne semble pas vouloir profiter de sa nouvelle école. Adolf ne prend au sérieux que les sujets qui peuvent être utiles à un artiste, apparemment dans l'espoir que son père se rendra enfin à l'évidence et l'autorisera à quitter l'école pour se consacrer à plein temps à la peinture et au dessin.

L'esprit allemand anime les étudiants

Linz, automne 1900
Le nationalisme féroce qui anime les Allemands installés dans l'Empire austro-hongrois s'est aussi emparé d'Adolf Hitler. Le jeune homme et ses camarades de classe se saluent en disant *Heil.* Malgré les menaces, ils chantent le *Deutschland über Alles* au lieu de l'hymne autrichien. Ils portent à la boutonnière les fleurs bleues de la Ligue pangermanique, ainsi que les couleurs rouge, noir et or, symboles de l'Empire allemand. Les discussions avec les étudiants étrangers finissent en bagarres.

Le kaiser renforce son dispositif de guerre

Le kaiser Guillaume II adopte sa pose préférée, celle d'un chef de guerre.

Berlin, 12 juin 1900
Guillaume II veut donner à son pays une place prédominante sur la scène mondiale. L'empereur lance un défi à la légendaire suprématie navale de la Grande-Bretagne. Il a annoncé un ambitieux projet de construction de navires de guerre qui doit doter sa marine, d'ici à 1916, de 38 cuirassés modernes, de 96 destroyers rapides et de 48 croiseurs, dont 14 lourds. L'amiral Alfred von Tirpitz, secrétaire d'Etat allemand à la Marine, estime qu'une telle force déployée en mer du Nord n'aurait aucun mal à l'emporter sur la fameuse Royal Navy, trop occupée à défendre ses colonies. Le chancelier allemand, Bernhard von Bulow, a déclaré que, « dans le siècle qui commence, les Allemands seront soit le marteau, soit l'enclume ».

Un nouvel atout pour les forces allemandes : des députés du Reichstag et des diplomates assistent au lancement d'un dirigeable du comte von Zeppelin.

Une tragédie frappe la famille Hitler

Leonding, 29 juin 1900
Klara Hitler est bouleversée : son fils Edmond est mort à l'âge de 6 ans. Klara, qui a déjà perdu trois enfants, Gustav, Otto et Ida, espérait sauver son petit Edmond, qui a accumulé toutes les maladies infantiles depuis sa naissance. Il ne lui reste plus que deux enfants, Adolf, 11 ans, et Paula, 4 ans. Certains disent que le décès des enfants Hitler est dû au fait que Klara et Aloïs sont cousins germains. Toutefois, Paula se porte à merveille, et son frère aîné, Adolf, bien que maigre, est vaillant et plein d'énergie. Il souffre surtout de sautes d'humeur. Brusquement, il passe d'un état de surexcitation à des moments de grande dépression.

Envoûté par la musique de Wagner

Linz, septembre 1904
Fort de son expérience de choriste au monastère de Lambach, Adolf est devenu un mélomane passionné. Il va à l'Opéra de Linz aussi souvent qu'il le peut. Là, il s'adosse à une colonne en fond de salle car il ne peut payer le prix des places assises. Il a une préférence marquée pour les œuvres de Richard Wagner. Adolf apprécie les envolées lyriques et le côté grandiose de la mise en scène tirée des légendes germaniques. Il est véritablement envoûté et oublie pendant ces instants sa vie de jeune bourgeois de province.

Il rêve de l'épopée du Far West

Linz, septembre 1904
S'il n'aime pas assister aux cours, Adolf Hitler est devenu un lecteur assidu de romans sur l'histoire du Far West américain. Il dévore les livres d'aventures de Karl May qui racontent les faits d'armes de ces guerriers indiens tels que Winnetou ou Main brisée. Leurs épopées ont sur son esprit le même effet que la musique de Richard Wagner. Elles transportent le jeune homme dans un univers où des guerriers risquent leur vie en combattant les étrangers qui menacent leur tribu.

Son père est mort à l'auberge du village

Leonding, 3 janvier 1903
Comme à son habitude, Aloïs Hitler s'est rendu tôt ce matin à l'auberge du village de Leonding, saluant au passage amis et voisins. Ce fut sa toute dernière promenade matinale. A peine installé dans son fauteuil habituel, il s'est effondré en buvant une première gorgée de vin. Il est mort peu après dans les bras d'un voisin venu le secourir. Aloïs avait 65 ans. Lorsqu'Adolf a vu le corps de son père, il a éclaté en sanglots. Si Aloïs était souvent autoritaire et suffisant, il avait aussi des qualités et se souciait du bien-être des siens. Le quotidien local fait l'éloge de son sens civique et de sa grande sobriété, ajoutant que le défunt était ausssi un grand ami de la musique.

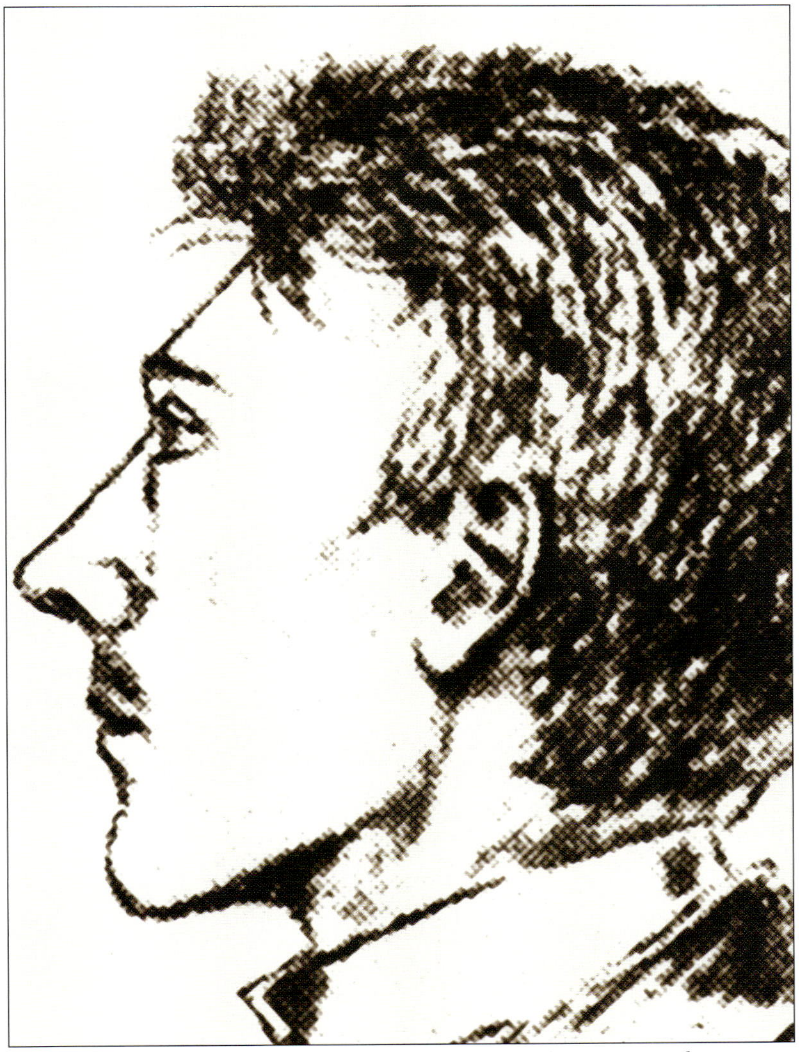

Adolf adolescent. Un portrait du fils Hitler à l'âge de 16 ans réalisé par un camarade de classe. Le jeune homme pâle et maigre a les yeux de sa mère.

Adolf Hitler tombe malade et amoureux

Linz, septembre 1905
Adolf souffre d'une infection aux poumons. Cloué au lit, il a pris sa maladie comme prétexte pour tenter de convaincre sa mère de l'autoriser à quitter l'école sans achever ses études. Le jeune homme souhaite maintenant s'inscrire à l'académie des Beaux-Arts de Vienne. Mais il est aussi tombé très amoureux d'une ravissante jeune fille, une certaine Stéphanie. Il l'a rencontrée pour la première fois il y a quelques mois alors qu'elle se promenait dans la Landstrasse, une des belles artères de Linz. Ce fut le coup de foudre, même s'ils ne se sont pas parlé. Son ami August Kubizek lui donne des nouvelles de Stéphanie, qu'il espère revoir bientôt.

Le collège de Linz ne veut plus de lui

Linz, septembre 1904
Le jeune Hitler, dont les notes sont nettement insuffisantes, est prié de quitter la Realschule de Linz. Ses enseignants sont unanimes : Adolf est intelligent mais trop paresseux. Son professeur d'histoire, Leopold Poetsch, partisan de l'Allemagne, est le seul qui a pu communiquer avec le jeune homme. Ses cours ont passionné Adolf. Sa mère, qui s'est installée dans un petit appartement à Urfahr, dans la banlieue de Linz, a inscrit, en désespoir de cause, son fils comme pensionnaire à l'école de Steyr. Mais cette démarche a peu de chance d'aboutir car Adolf est bien déterminé à se consacrer au dessin et ne veut pas aller travailler.

Sans aucun doute doué pour le dessin

Steyr, septembre 1905
Adolf a eu d'excellentes notes en dessin à main levée. C'est le seul bon point car il atteint difficilement la moyenne dans les autres branches. Hitler réalise de talentueux dessins de bâtiments et il a planché sur une rénovation de certains quartiers de la ville de Linz. Il a imaginé un nouveau théâtre et un pont sur le Danube. Curieusement, il ne dessine jamais de personnages. Trouvant cet art trop difficile, il a choisi de s'en tenir aux natures mortes. Sa timidité doit aussi l'empêcher de proposer à des modèles de poser.

Le jeune solitaire a enfin trouvé un ami

Linz, août 1905
Adolf Hitler a toujours eu beaucoup de mal à se faire des amis, mais il en a trouvé un avec August Kubizek, un jeune apprenti tapissier qui a des ambitions musicales. C'est à l'Opéra de Linz qu'ils se sont rencontrés, il y a un an. Depuis, ils passent le plus de temps possible ensemble. Hitler, de neuf mois le cadet de Kubizek, dirige leurs discussions politiques ou artistiques. Il est heureux que l'ami d'Adolf soit un jeune homme très patient qui partage ses opinions et aime l'écouter parler.

1906 → 1910

De 16 à 21 ans

14 décembre 1906. Entrée en service du premier sous-marin (U-Boot) allemand, le U1.

8 janvier 1907. Une commission présidée par Gustav von Schmoller réclame davantage de colonies allemandes.

9 mars 1907. Naissance à Berlin de Baldur von Schirach, le fils d'un aristocrate allemand et d'une Américaine.

15 mai 1907. Les socialistes gagnent des sièges aux premières élections au suffrage universel en Autriche.

18 août 1907. A Stuttgart, le Congrès des femmes socialistes dénonce le militarisme et l'expansionnisme allemands.

3 novembre 1907. Visite d'Etat de Guillaume II en Angleterre.

24 novembre 1907. Projet de loi du chancelier von Bulow sur l'expropriation de terres appartenant à des Polonais vivant sous juridiction allemande.

7 mars 1908. Le Reich lance le cuirassé *Nussau*, similaire au *Dreadnought* de la Royal Navy.

11 août 1908. Edouard VII, qui souhaite atténuer les tensions avec l'Allemagne, rencontre son cousin, l'empereur Guillaume II, à Kronberg.

21 mars 1909. Les députés britanniques sont scandalisés d'apprendre que la puissance navale allemande pourrait bientôt dépasser celle du Royaume-Uni.

6 mai 1910. Edouard VII meurt. George V lui succède.

11 septembre 1910. Le Congrès sioniste réunit 100 000 marks pour financer la création d'une patrie juive en Palestine.

Adolf Hitler envisage de se suicider par amour pour Stéphanie

Linz, mai 1906
Il souffre. Il est très malheureux car l'élue de son cœur l'ignore. Elle ne lui sourit même plus lorsqu'ils se croisent à l'heure de la promenade sur les rives du Danube. Et dire qu'il n'y a pas si longtemps Stéphanie lui avait lancé une fleur. C'était quand Adolf et son ami August sortaient ensemble presque chaque jour, dans l'espoir de rencontrer la jolie blonde en compagnie de sa vieille mère, et parfois de fringants officiers. Elle avait consenti à lui sourire, mais le jeune Hitler n'a encore jamais osé l'aborder, ni même se présenter à sa mère. La présence des officiers à ses côtés le rendait malade de jalousie. Mais, depuis quelque temps, la belle Stéphanie évite son regard, semble le fuir. Cela n'empêche pas Adolf de déjà rêver de l'épouser. Il a même dessiné les plans de la maison où ils habiteraient, près de l'Allemagne. Il passe des heures dans sa chambre à tenir tendrement dans ses mains la fleur que Stéphanie lui a lancée. Sa douleur est telle qu'il envisage de se suicider en se jetant dans le Danube. Mais il tient à ce que la jeune femme s'élance avec lui. Stéphanie ignore tout des projets de son admirateur, qu'elle a simplement regardé un jour. Pour elle, ce n'est qu'un jeune homme à qui elle a souri et lancé une fleur sans penser à rien d'autre.

Stéphanie, la belle jeune fille autrichienne qui rend Adolf malade de jalousie.

Pas assez sérieux pour les Beaux-Arts

Vienne, octobre 1907
Hitler a échoué dans sa tentative d'entrer à l'académie des Beaux-Arts de Vienne. C'est sa mère qui lui avait suggéré de tenter sa chance à Vienne, lassée de l'avoir vu ne rien faire pendant deux ans, si ce n'est que de rêver à Stéphanie. Klara, qui est normalement indulgente envers son fils, a décidé d'agir lorsqu'elle a appris qu'elle souffrait d'un cancer. Klara sait qu'il n'a pas la moindre intention de rechercher un emploi stable. Elle a donc accepté l'idée de le voir devenir artiste. Bien trop sûr de lui, Adolf n'a pas assez préparé son examen d'entrée. Le verdict est tombé sans appel : travail médiocre, très peu convaincant. Il n'a pas osé annoncer la mauvaise nouvelle à sa mère et a décidé de rester à Vienne en lui faisant croire qu'il étudiait.

Un cancer du sein emporte sa mère

Linz, 23 décembre 1907
Klara Hitler est morte et Adolf est en état de choc. Elle était son point de repère alors que son existence devient de plus en plus bohème. Il a regagné Linz dès qu'il a su que sa mère était gravement malade et il s'est occupé d'elle jusqu'au tout dernier moment. Il ne regrette pas d'avoir quitté Vienne, où il menait une vie d'étudiant sans argent et sans perspectives d'avenir. Mais, maintenant, Adolf se demande ce qu'il va devenir. Sa sœur Paula, âgée de 11 ans, ira habiter chez sa demi-sœur, Angela Raubal, mais Adolf ne s'entend pas avec le couple Raubal. Il ne veut pas passer les fêtes de Noël chez les Kubizek et a dit à son ami August qu'il ira peut-être voir Stéphanie, mais cela n'est qu'un rêve. En réalité, il ne sait où aller.

Les deux amis se retrouvent à Vienne

Vienne, février 1908
Il a réussi à convaincre les parents d'August d'autoriser leur fils à aller étudier la musique à Vienne. Les deux jeunes gens ont loué une petite chambre où ils ont installé un piano à queue. August s'est fait admettre au Conservatoire de Vienne, alors que son ami Adolf, qui ne lui a pas avoué son échec à l'examen d'entrée de l'académie des Beaux-Arts, fait semblant d'y suivre des cours. En réalité, il passe le plus clair de son temps à flâner dans les rues de la ville, admirant les monuments. Ils ont peu de moyens pour vivre, bien qu'August reçoive un peu d'argent de poche et qu'Adolf bénéficie de sa pension d'orphelin. La vie est dure et les fureurs d'Hitler, qui sont aussi soudaines que violentes, inquiètent de plus en plus son ami.

Rejeté une nouvelle fois aux Beaux-Arts

Vienne, septembre 1908
Pour la seconde fois, Adolf Hitler s'est vu refuser l'entrée aux Beaux-Arts de la capitale autrichienne. Pire encore : le jury n'a même pas accepté qu'il présente ses œuvres à l'épreuve pratique de l'examen. Effondré, le jeune artiste n'ose plus regarder ses amis. Il envoie des cartes postales à August, qui a passé l'été chez ses parents. Adolf a quitté la chambre qu'ils partageaient sans rien dire à son ami et sans lui laisser d'adresse. Il ne rend plus visite à sa demi-sœur Angela, qui vit à Vienne. Hitler s'en prend au système et aux professeurs qui sont incapables de reconnaître son génie. Car il est convaincu de son talent d'artiste.

Il partage la vie des clochards de Vienne

Vienne, novembre 1908
August a regagné Vienne et a été étonné de constater la disparition de son ami. Il l'a bien recherché, mais Adolf est introuvable. Ce dernier vit en effet parmi les clochards de la capitale avec les quelques sous qui lui restent. Il dort à la belle étoile dans les parcs de la ville. Les rares fois qu'il peut se le permettre, il va à l'Opéra. Hitler profite de la soupe populaire et est devenu encore plus maigre. Il essaye toutefois de sauver les apparences car ce qui l'inquiète est de verser dans le sous-prolétariat et de ne plus pouvoir prétendre être un jeune artiste incompris.

Un Juif lui offre un manteau de laine

Vienne, décembre 1909
Il fait froid cet hiver à Vienne, très froid, et Adolf, qui a vendu presque toutes ses affaires, grelotte. Un Juif hongrois dénommé Neumann, qui vend des vêtements à l'hospice, est venu à son aide. Il lui a offert un pardessus de laine, vieux mais bien chaud. Hitler a accepté, mais il a choqué son bienfaiteur en se livrant subitement à une violente attaque contre « ces salauds de Juifs qui ont tout ». Neumann a juré qu'on ne l'y reprendrait pas.

L'hospice des pauvres devient son refuge

Un petit boulot pour Adolf : il déneige les rues de la capitale autrichienne.

Vienne, décembre 1909
Adolf Hitler est devenu un résident permanent de l'hospice réservé aux hommes, situé au numéro 27 de la Meldemannstrasse. Le modeste legs d'une tante lui a permis de quitter le sinistre refuge pour sans-abri où s'entassent dans la misère les plus démunis de Vienne. Il continue à toucher sa pension d'orphelin en prétentant suivre des cours d'art à l'académie. Mais la vie reste pénible et il mange rarement à sa faim. Il gagne parfois un peu d'argent en déneigeant les rues de la capitale et en faisant d'autres petites besognes. Les hommes avec qui il travaille ne s'entendent guère avec lui et ils en ont assez des discours enflammés qu'il prononce pendant les pauses. Il est ainsi régulièrement licencié. Son allure correspond à celle d'un curieux personnage, avec son vieux manteau, son chapeau melon noir, ses vieilles chaussures et ses cheveux longs. Une barbe noire cache son visage amaigri et dissimule des traits trop tirés pour son âge.

Enfin la vie d'artiste dont il rêvait

Vienne, août 1910
Hitler a finalement réussi à tirer profit de son talent de dessinateur d'immeubles. Au début de l'année, Adolf et Reinhold Hanisch, un autre pensionnaire de l'hospice, ont créé une entreprise en vue de réaliser des travaux divers. Puis, un beau jour, Hitler a annoncé à son associé qu'il était peintre. Ce dernier a d'abord compris qu'Hitler était peintre en bâtiment. Vexé, Adolf lui a rétorqué qu'il était un artiste, un vrai. Alors, son ami lui a fait une proposition : si Hitler réalisait des aquarelles des monuments viennois, Reinhold se chargerait de les vendre. Comblé, Adolf s'est empressé d'accepter car c'est l'occasion de devenir un artiste professionnel. Très vite, il peint une série d'œuvres de la taille d'une carte postale que Hanisch est allé vendre dans les auberges au prix de dix ou vingt couronnes. L'affaire a marché assez bien, même si Hanisch a parfois du mal à faire travailler son partenaire. Ils avaient déjà réussi à économiser un peu d'argent quand ils se sont disputés. Adolf a même intenté un procès contre Reinhold. Hitler vend maintenant directement ses œuvres et a trouvé un client qui lui commande des publicités pour des produits hygiéniques.

L'Opéra de Vienne où Adolf Hitler se rend dès qu'il a économisé quelques sous, quitte à se priver de manger.

1911 → 1914

De 21 à 25 ans

4 novembre 1911. L'Allemagne accepte le protectorat français au Maroc contre des territoires au Congo.

6 février 1912. Naissance d'Eva Braun à Munich.

8 février 1912. L'Allemagne décide de construire quinze nouveaux cuirassés.

22 janvier 1912. Churchill, premier lord de l'Amirauté, envoie des bâtiments pour contrer le dispositif naval allemand en mer du Nord.

5 décembre 1912. L'Allemagne, l'Autriche et l'Italie reconduisent la Triple Alliance.

6 juin 1913. Les effectifs de l'armée allemande seront portés de 653 000 à 863 000 hommes, et à 5 millions en cas de guerre.

17 mars 1914. Winston Churchill réclame un budget record pour la Royal Navy.

28 juillet 1914. L'Autriche-Hongrie déclare la guerre à la Serbie.

1er août 1914. L'Allemagne déclare la guerre à la Russie.

3 août 1914. L'Allemagne déclare la guerre à la France.

4 août 1914. La Grande-Bretagne déclare la guerre à l'Allemagne.

31 août 1914. L'armée russe est battue à Tannenberg par les forces allemandes conduites par les généraux Ludendorff et von Hindenburg.

14 septembre 1914. La progression des Allemands est arrêtée sur la Marne.

6 novembre 1914. Aidées par des forces belges, les troupes anglaises stoppent l'avancée des Allemands à Ypres.

Fasciné par les idées radicalistes

Vienne, été 1912
Survivant comme il peut en vendant ses petites aquarelles, Hitler s'est plongé dans les milieux radicaux de Vienne. Il est devenu violemment antisémite et condamne avec honte le fait que des Allemandes puissent avoir des rapports sexuels avec des Juifs. Il n'aime pas les Tchèques et estime que l'Empire des Habsbourg devrait être démantelé, l'Autriche étant restituée à l'Allemagne. Il est avant tout un nationaliste qui rêve d'une grande Allemagne. De telles déclarations politiques n'ont rien de particulièrement original, mais les qualités oratoires d'Adolf Hitler en ont surpris plus d'un. Il a découvert ses dons particuliers pour envoûter son auditoire.

A Munich pour ne pas être enrôlé

Munich, 24 mai 1913
Hitler, qui admet volontiers qu'il est devenu un peu excentrique, est venu s'installer dans la capitale bavaroise pour ne pas être enrôlé dans l'armée autrichienne. Ce n'est pas qu'il ait peur de se battre, mais il redoute de partager la vie de caserne avec des Juifs ou des Slaves. Il a loué une « chambre meublée pour monsieur respectable » chez un couturier qui habite au 34 Schleisheimer Strasse et il s'est inscrit au commissariat en tant que « peintre et écrivain ». La vente de ses aquarelles lui rapporte environ cent marks par mois, plus que ce que touche un employé de banque. Il adore Munich, « une ville bien allemande, bien différente de Vienne », dit-il.

Déclaré inapte par les Autrichiens

Munich, 5 février 1914
L'armée autrichienne a finalement réussi à retrouver sa trace le mois dernier. Il a été arrêté et conduit au consulat d'Autriche à Munich. Là, il a reçu l'ordre de se présenter pour un examen médical à Linz. Hitler a alors rédigé une lettre pathétique dans laquelle il affirme ne pas avoir cherché à se soustraire à ses obligations militaires et ajoutant qu'il est perpétuellement affamé. Il a obtenu l'autorisation d'aller non pas à Linz mais à Salzbourg, afin d'être plus proche de Munich. Ce matin, il s'est présenté à l'examen médical mais a été réformé en raison de son état de malnutrition. Les médecins jugent Adolf Hitler trop faible et incapable de porter les armes.

L'héritier du trône de l'Empire d'Autriche assassiné à Sarajevo

Sarajevo, 28 juin 1914
L'archiduc François-Ferdinand est en visite officielle à Sarajevo avec sa femme, la duchesse de Hohenberg. Dès l'arrivée de l'archiduc dans la ville, une bombe est lancée près de la gare, mais la voiture du prince n'est pas atteinte. Onze personnes sont blessées. François-Ferdinand veut alors se rendre à l'hôpital pour réconforter les victimes. Peu après le départ de la voiture dans laquelle il a pris place avec son épouse, un jeune homme sort de la foule massée sur le parcours, saute sur le véhicule et tire deux coups de feu. Une des balles touche l'archiduc à la tempe, l'autre blesse la duchesse au ventre. Le prince héritier est tué sur le coup, la duchesse succombe peu après. Le tueur, un lycéen de 19 ans, Gavrilo Princip, est arrêté et déclare qu'il a voulu venger le peuple serbe de l'oppression à laquelle il doit faire face. Cet assassinat a provoqué une onde de choc dans toute l'Europe. En Autriche même, on réclame des représailles contre la Serbie et on évoque un ultimatum. Personne ne s'attendait à ce qu'une telle crise éclate. Ce qui est certain, c'est que Berlin soutiendra l'Autriche, que la Russie sera aux côtés des Serbes, alors que la France est alliée de la Russie. La Grande-Bretagne, quant à elle, s'est d'ores et déjà engagée à défendre la stricte neutralité de la Belgique.

L'auteur de l'attentat à Sarajevo, un jeune Serbe, est immédiatement ceinturé.

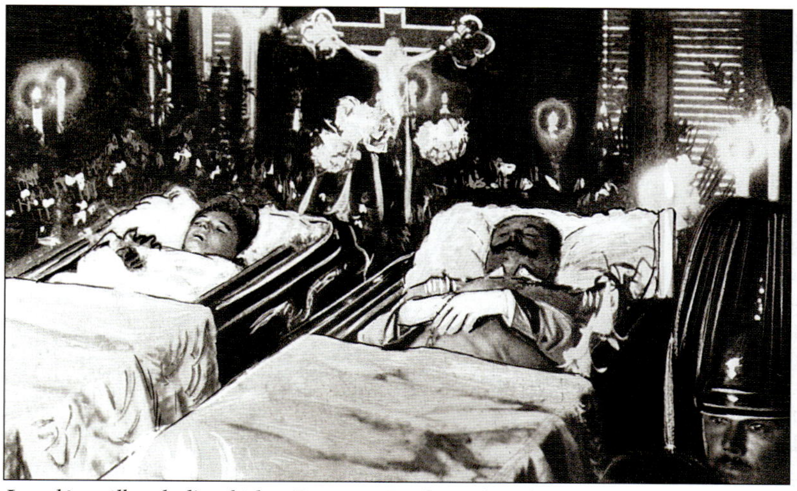

Les dépouilles de l'archiduc François-Ferdinand et de son épouse, Sophie.

Hitler assiste à la déclaration de guerre du kaiser

Munich, 1er août 1914
Un tonnerre d'applaudissements et de cris de joie a salué l'annonce de la déclaration officielle de guerre contre la Russie. Sur l'Odeonplatz, une foule immense était venue pour entendre Guillaume II. Adolf Hitler, qui a 25 ans, était présent. Heinrich Hoffmann l'a photographié alors qu'il agitait son chapeau avec un bel enthousiasme. A Paris et à Londres aussi, des jeunes se sont précipités par milliers pour s'enrôler dans les forces armées. Les Allemands ont le sentiment que la guerre va unifier un pays traditionnellement divisé. Le kaiser a d'ailleurs souligné dans son discours : « Désormais, il n'y a plus de partis, il n'y a que des frères allemands. » Même dans les villages les plus petits du pays, les fanfares jouent *Deutschland über Alles*. Adolf Hitler, lui, a aussi de bonnes raisons d'ordre personnel pour être ravi. La guerre va lui permettre de prouver ses qualités et d'oublier enfin la vie misérable et solitaire qu'il a menée depuis trop longtemps. S'il remercie Dieu de l'avoir sorti de la misère, Hitler doit encore réussir à se faire engager dans l'armée allemande.

Un visage perdu dans la foule en liesse : Adolf Hitler a été photographié sur l'Odeonplatz, dans le centre de Munich.

Engagé dans l'armée allemande, il part en train pour le front

Munich, 21 octobre 1914
Adolf Hitler vient de prendre le train pour se rendre en France, où son régiment doit être déployé sur la ligne de front, près d'Ypres, là même où les troupes anglaises ont empêché la percée des Allemands vers la Manche, prévue par le plan Schlieffen de l'état-major à Berlin. Peu après la déclaration de guerre, Hitler avait demandé à Louis III de Bavière l'autorisation de se faire enrôler dans ses forces, en dépit de sa nationalité autrichienne. Le roi a donné son accord et il se retrouve à la 1re compagnie du 16e régiment d'infanterie de réserve bavarois, le « Regiment List », du nom de son commandant. L'entraînement des recrues n'a duré que dix semaines et ce temps a semblé bien long à Hitler qui brûle d'envie d'aller au front. Il a été nommé *Meldeganger*, et, en tant que coursier, il sera chargé de transmettre les messages entre les différentes unités. Son régiment doit arriver à la base allemande de Lille dans deux jours.

Avec son casque à pointe, Adolf Hitler est fier de combattre pour l'Allemagne.

Croix de fer et soldat de première classe

Flandres, 4 décembre 1914
Hitler s'est vu décerner la Croix de fer sur recommandation d'un Juif, Hugo Gutman, qui est l'adjudant de son régiment. C'est la manière dont Hitler s'est comporté pendant les combats acharnés dans le secteur d'Ypres qui lui a valu cette médaille. Dans une lettre qu'il vient d'envoyer au propriétaire de sa chambre à Munich, Herr Popp, il raconte que son régiment avait déjà perdu près de 3 000 hommes, à la fin octobre, en quatre jours et quatre nuits de combats contre les Anglais dans les seuls secteurs de Becelaere et de Gheluvelt. Il ne restait que trente officiers, et quatre compagnies ont été démantelées. Il ajoute : « C'est un miracle que je sois sain et sauf car j'ai beaucoup fait et peu dormi. » Le 2 novembre, Hitler a combattu sur le mont Wytschate, au sud d'Ypres, et a été promu soldat de première classe. Croix de fer et promu, il ne pouvait rêver mieux.

Toute l'Europe est précipitée dans la guerre

Les troupes allemandes ont déferlé à travers la Belgique et le nord de la France. L'intensité des bombardements anéantit la majorité des villages de Flandres.

LA FORMATION DE L'EMPIRE ALLEMAND (1871)

- Limite de l'Empire allemand en 1871
- Royaume de Prusse en 1861
- Terre d'Empire à partir de 1871
- Territoire adversaire de la Prusse jusqu'en 1871
- États membres de la Ligue d'Allemagne du Nord (1866-1871)

1915 → 1916

De 25 à 27 ans

2 février 1915. L'Allemagne déclare la guerre sous-marine totale à l'Angleterre pour tenter d'affamer sa population.

5 avril 1915. L'armée française lance une vaste offensive, de la Meuse à la Moselle.

22 avril 1915. Les Allemands lancent la première attaque aux gaz toxiques, dans le secteur d'Ypres où se bat le régiment d'Adolf Hitler.

25 avril 1915. Les troupes françaises, anglaises, néo-zélandaises et australiennes débarquent à Gallipoli et subissent de lourdes pertes.

7 mai 1915. Le paquebot anglais *Lusitania* est coulé par un sous-marin allemand.

30 août 1915. Les Allemands capturent la forteresse russe à Brest-Litovsk.

20 décembre 1915. Retrait des forces alliées de Gallipoli.

21 février 1916. Début de l'offensive allemande à Verdun.

31 mai 1916. Lourdes pertes britanniques au cours de la bataille navale du Jutland.

1er juillet 1916. Près de 20 000 soldats britanniques sont tués au premier jour de la bataille de la Somme.

27 août 1916. Le kaiser nomme Paul von Hindenburg chef d'état-major général.

21 novembre 1916. Mort au château de Schönbrunn de François-Joseph, empereur d'Autriche et roi de Hongrie.

7 décembre 1916. David Lloyd George devient Premier ministre du Royaume-Uni et se fixe pour objectif la destruction totale de l'Allemagne.

Le régiment List déployé face aux Britanniques à Neuve-Chapelle

Neuve-Chapelle, mars 1915
Hitler est à nouveau au front avec son régiment, cette fois dans le petit village de Neuve-Chapelle, où ont lieu de violents combats. Les troupes anglaises et indiennes ont lancé des attaques-suicides contre les lignes allemandes et elles ont été décimées par les mitrailleuses. Les pertes allemandes sont dramatiques. Le *no man's land* est recouvert de cadavres. Hitler est au centre de ces combats, portant des messages entre sa compagnie et le quartier général du régiment. Il est déjà un vétéran du front qui connaît bien le champ de bataille et tous ses dangers. Il court dans les tranchées et bondit d'un trou d'obus à un autre pour se dissimuler aux tireurs ennemis. Son régiment est devenu sa famille.

Un déluge de feu s'est abattu sur le village pendant quatre jours de combats.

Ribbentrop, l'espion aux Etats-Unis

Front oriental, juillet 1915
S'il parle parfaitement le français et l'anglais, Joachim von Ribbentrop le doit à ses parents qui l'ont envoyé dans un collège anglais en Suisse, puis dans une école à Grenoble. Il est aide-ingénieur au Canada quand la guerre éclate. Il est âgé de 21 ans. Son retour vers l'Allemagne, via les Etats-Unis, est rocambolesque. Le vapeur hollandais sur lequel il s'est embarqué est arraisonné par la Navy. Caché dans la soute, il réussit à atteindre la Hollande et rejoint enfin l'Allemagne. Il est revenu aux Etats-Unis, cette fois comme espion sous les ordres de Franz von Papen.

Une lettre du front pour un camarade

Front occidental, février 1915
Hitler vient d'envoyer une lettre à un ami à Munich, Justizassessor Hepp, dans laquelle il explique ses objectifs. Il espère que « ceux parmi nous qui reverront notre partie la trouveront plus propre et purifiée des étrangers afin que, grâce aux sacrifices et aux souffrances que nous supportons face à un monde rempli d'ennemis, les adversaires extérieurs de l'Allemagne soient anéantis [...] et que le soit aussi notre tendance à l'internationalisme ».

Hitler intrigue ses compagnons de guerre

Front occidental, avril 1915
Il demeure un mystère pour tous ses camarades de tranchée. S'ils sont d'accord pour dire qu'Hitler est un homme courageux en qui ils peuvent avoir confiance, ils l'ont surnommé « le corbeau blanc » car il reste un drôle d'oiseau. Il ne reçoit jamais de courrier et ne parle pas de sa famille. Hitler ne plaisante jamais avec les autres soldats, mais reste assis dans un coin de l'abri en lisant Homère ou Schopenhauer. Parfois il garde son casque sur la tête et ne semble pas être gêné par la chute d'un obus à proximité. Sans raison, il bondit brusquement et se met à hurler que l'Allemagne risque d'être privée de la victoire par les ennemis internes du peuple allemand. Ce n'est pas qu'il soit haï, mais il est considéré comme un personnage étrange. Les officiers semblent être du même avis car ils refusent de faire monter le caporal Hitler en grade en dépit de sa Croix de fer et de son courage. Un rapport envoyé à l'état-major du régiment indique d'ailleurs qu'il « n'a pas les qualités d'un chef et fuit les responsabilités ».

Le caporal Hitler, des compagnons et une mascotte derrière la ligne de front.

Goering et Hess sont blessés à Verdun

Front occidental, 1er juin 1916
Hess, qui a débuté sa carrière dans le même régiment qu'Adolf Hitler et est maintenant chef d'une unité de choc, vient d'être grièvement blessé au cours d'une attaque contre les défenses françaises à Verdun. L'armée allemande subit des pertes effroyables à Verdun, là même où le général Philippe Pétain a déclaré : « Ils ne passeront pas. » Verdun est « une vision de l'enfer », a d'ailleurs clamé un général allemand. De son côté, Hermann Goering, lieutenant d'infanterie devenu pilote de chasse, a réintégré son escadrille, Jasta 26, après avoir été blessé à la cuisse lors d'un combat aérien au-dessus de la Somme. Ambitieux et vaniteux, il a la réputation d'être un pilote qui ne craint rien ni personne. Goering a quitté l'hôpital avant même qu'on lui ait enlevé ses pansements. Il rêve d'être nommé commandant de son escadrille et de décrocher rapidement l'ordre pour le Mérite.

Blessé à la cuisse près de Bapaume

La Somme, un champ de bataille où 310 000 hommes sont morts depuis juin.

La Barque, 7 octobre 1916
Hitler, qui avait jusqu'à présent réussi à éviter les balles ennemies et était sorti indemne de l'une des plus sanglantes batailles de la guerre, vient d'être blessé dans le terrible affrontement qui se déroule sur les rives de la Somme. Il a été touché à la cuisse par un éclat d'obus près de Bapaume et a été transporté vers un poste médical du front. Sa blessure n'est pas grave. Il devra néanmoins être transféré dans un hôpital en Allemagne. Lui souhaite rester au front, mais, comme il y a passé les deux dernières années, ses officiers veulent lui faire subir des examens psychologiques pendant le temps de sa convalescence. Ce transfert va peut-être lui éviter de devenir fou et peut-être même lui sauver la vie car le front de la Somme est devenu un endroit meurtrier pour les soldats qui s'y affrontent. Les pluies ont transformé le champ de bataille en un énorme bourbier où hommes et chevaux périssent côte à côte. Les artilleurs britanniques utilisent une tactique qui permet à leurs troupes d'avancer derrière les obus. Le bilan de ces combats acharnés est terrible. Plus de 146 000 soldats français et britanniques sont déjà morts sur les bords de la Somme. Les Allemands ont perdu 164 000 hommes en ces quelques mois de combats qui ne semblent pas avoir d'issue.

Hitler retrouve à Berlin des draps blancs et la voix d'une femme

Berlin, novembre 1916
Loin de l'horreur de la Somme, le jeune Hitler se prélasse dans les draps blancs et propres de son lit à l'hôpital Beelitz, près de Berlin. Adolf a failli pleurer d'émotion lorsqu'il a entendu la voix d'une femme allemande pour la première fois depuis deux ans. Il a aussi été choqué de voir la terrible misère dans laquelle vivent les habitants de Berlin. Le blocus allié a créé de graves pénuries. Les gens mangent aux soupes populaires. Seuls ceux qui ont des parents ou des amis à la campagne ont des œufs et du beurre. Le mécontentement s'est emparé de la population et on entend de jeunes soldats parler de mutinerie. Certains se mutilent pour éviter de repartir au front.

Une scène qui a choqué Hitler : les Berlinois affamés mangent dans les rues de la soupe de patates et de rutabagas.

Pour lui, les Juifs ont démoralisé le peuple

Munich, décembre 1916
Il s'est remis de sa blessure et a été envoyé à Munich où se trouve l'état-major du régiment List. Hitler est scandalisé d'y trouver des officiers bureaucrates qui n'ont jamais été au combat et qui ne comprennent rien aux *Frontkämpfer*, les hommes du front. Certains soldats rechignent au travail et manquent de loyauté. Les Bavarois accusent les Prussiens de conduire l'Allemagne tout entière vers un désastre. Hitler, quant à lui, craint une catastrophe et même un éclatement de l'Allemagne. Il reste troublé par ce qu'il estime être l'emprise des Juifs sur l'économie. « Ces araignées commencent à sucer le sang du peuple. » Il tient les Juifs pour responsables du défaitisme et du pessimisme qu'il a constatés à Munich lors de son récent séjour à l'hôpital. Il ne comprend pas un tel manque de confiance et a hâte de retourner au front, où il se sent mieux en dépit des risques et des privations que connaissent les troupes allemandes. Il veut se battre pour la patrie et affirme admirer ses ennemis, les Anglais.

Hitler avait emporté ses aquarelles au front

Front occidental, été 1916
Muni de ses cahiers de croquis et de ses aquarelles, Adolf Hitler a peint plusieurs scènes de guerre non loin de la ligne de front. Ces œuvres sont comparables à celles qu'il réalisait pour vivre à Vienne ou à Munich. Les bâtisses du nord de la France et des Flandres, éventrées ou détruites par les impacts d'obus, ont remplacé les monuments des grandes villes. Son style est étrangement inanimé et il ne peint pas les soldats du front. Alors que des artistes de guerre, tel le célèbre Georges Leroux, peignent des soldats dans leur souffrance, les œuvres d'Hitler sont dénuées de la moindre émotion. Elles sont froides et inertes. Adolf Hitler ne montrera jamais les cadavres des soldats, la terreur qui hante le visage de ses compagnons d'armes, leur courage, leur angoisse devant la mort qui les guette. La misère et le désespoir de ceux qui l'entourent ne l'inspirent en aucun cas. Il ne peint que pierres et charpentes comme si, pour lui, la guerre n'avait pas d'aspect humain.

Hitler a peint les ruines du cloître de Messine (à gauche) où il passa « des jours entiers sous un déluge de feu ». L'unité médicale de Fromelles qui prenait en charge les blessés de son régiment List (en bas). Une vue de Haubourdin (page de droite).

1917

De 27 à 28 ans

3 février. Le Président Wilson décide de rompre les relations diplomatiques avec l'Allemagne.

16 mars. Abdication du tsar Nicolas II.

6 avril. Les Etats-Unis entrent en guerre contre l'Allemagne.

16 avril. Vladimir Ilitch Oulianov, dit Lénine, le leader des bolcheviques, regagne Moscou après avoir traversé l'Allemagne en train avec l'aval de l'état-major allemand.

28 avril. Philippe Pétain remplace Georges Nivelle à la tête de l'état-major général.

4 mai. Des mutineries éclatent au sein de l'armée française à la suite des échecs militaires. Elles sont réprimées par Pétain.

27 juin. Les premiers soldats américains débarquent en France.

Septembre. Le lieutenant Joachim von Ribbentrop est blessé. Il reçoit la croix de fer et est réformé.

30 septembre. Le tsar Nicolas II et sa famille sont envoyés en Sibérie.

15 octobre. La célèbre danseuse Mata-Hari, condamnée à mort pour espionnage, est fusillée à Paris.

24 octobre. Défaite des Italiens face aux Austro-Hongrois à Caporetto.

7 novembre. Les bolcheviques prennent le pouvoir en Russie.

9 novembre. Le chef de la diplomatie britannique, Arthur Balfour, déclare que son pays soutiendra la création en Palestine d'un « foyer national pour le peuple juif ».

Convaincu que, chaque jour, la Providence divine veille sur lui

Le caporal Hitler est engagé dans les terribles combats du Chemin des Dames où les victimes se comptent par milliers.

Chemin des Dames, octobre

Hitler est probablement un des seuls soldats à être heureux de retrouver le front. Il est content d'avoir laissé derrière lui le mécontentement et le cynisme qui règnent à Munich et à Berlin. Il a réintégré son régiment juste avant la bataille d'Arras, au cours de laquelle les chars anglais ont réussi à faire reculer les troupes du kaiser de plus de six kilomètres. Ici encore, sa mission est d'assurer la liaison entre les différentes unités de son régiment en transmettant des messages. Le risque est énorme et il est souvent obligé de se déplacer à découvert. Hitler est aussi engagé dans les combats qui se déroulent le long du Chemin des Dames où une attaque française repousse l'ennemi. Malgré ses déplacements sous le feu adverse, il n'a pas été touché une seule fois alors que ses compagnons tombent par centaines autour de lui. Avec l'intensité des affrontements, cela tient du miracle. Adolf Hitler est d'ailleurs persuadé que sa survie est due à la Providence divine, qu'il doit vivre afin d'entreprendre une action au nom du peuple allemand.

Le kaiser indigné par une résolution de paix votée au Reichstag

Berlin, 20 juillet

Le kaiser et son nouveau chancelier, Georg Michaelis, sont mécontents des élus du Reichstag qui viennent de se prononcer, par 212 voix contre 126, en faveur de la paix. Michaelis a tenu à souligner que le pays ne compte pas demander un arrêt des hostilités, déclarant : « Je ne pense pas qu'une institution telle que le Reichstag allemand soit habilitée à décider de la paix ou de la guerre en temps de conflit. » Guillaume II a reçu des représentants des partis politiques et il leur a fait savoir que non seulement il n'est pas question de proposer la paix mais qu'il pense lancer une nouvelle offensive contre les forces du Royaume-Uni afin de les anéantir définitivement. « Quand mes gardes apparaissent, il n'y a plus de place pour la démocratie », a dit le kaiser aux politiciens.

Guillaume II évoque la guerre avec les généraux Hindenburg et Ludendorff.

Hitler admiratif devant l'efficacité de la propagande britannique

Front occidental, novembre
Adolf Hitler profite d'une période de repos pour étudier la propagande anglaise. Il est très intéressé par les textes qui accusent ses compagnons de se livrer à des atrocités sur des femmes et des enfants, informations qui ont fait le tour du monde. La contre-propagande des Allemands n'est guère efficace, et toutes ces histoires de religieuses violées et de bébés égorgés sont crues sur parole. Appuyées par des témoignages et des affiches qui montrent le « sale Boche barbare », ces déclarations ont beaucoup contribué à motiver les troupes alliées. Il admire cette efficacité, l'estimant aussi brutale que brillante. Par contre, il pense que la propagande allemande n'est faite que de bêtises pacifistes. Pour lui, cette propagande ennemie ne se base que sur des mensonges et c'est là son secret. Hitler a compris que, pour atteindre ses buts, une bonne propagande doit d'abord s'adresser au peuple plutôt qu'à son élite. Elle doit être basée sur certains éléments crédibles qui sont susceptibles d'être résumés dans des slogans chocs que la masse retiendra. Une propagande efficace se doit de faire appel aux sentiments du peuple et elle ne doit pas hésiter à utiliser le mensonge.

Adolf Hitler pense que l'Allemagne devrait aussi faire une telle propagande.

Lénine veut la paix et l'achète

Brest-Litovsk, 22 décembre
Des négociations de paix viennent de débuter à Brest-Litovsk entre les représentants de la Russie et ceux des puissances centrales (Allemagne et ses alliés), conduits par le baron von Kuhlmann, ministre allemand des Affaires étrangères. Pendant les négociations, c'est la trêve sur le front de l'Est. Elle est bien respectée depuis une semaine déjà et il semble peu probable que les dirigeants de Moscou décident de reprendre les hostilités contre Berlin quelles que soient les exigences des Allemands. La situation n'est pas encourageante pour les Alliés puisqu'un accord de paix sur le front de l'Est permettrait à Berlin d'envoyer une centaine de divisions à l'Ouest pour renforcer le dispositif allemand. Des armes, des munitions et des avions de combat seraient ainsi disponibles. Berlin va aussi réclamer des réparations de guerre aux Soviétiques. De l'or, du charbon, du pétrole, des produits chimiques et du blé vont devoir être expédiés en Allemagne. Le kaiser est pressé de renforcer le front Ouest car il doit affronter la menace que représente l'arrivée des divisions américaines sur le front français.

Moscou est l'espoir des gauchistes

Berlin, décembre
Alors que le kaiser est sur le point de recueillir le fruit de la Révolution russe, le succès des bolcheviques a encouragé les politiciens de gauche en Allemagne qui réclament la paix. Un des tout premiers signes de ce mouvement en faveur de la paix fut la résolution du Reichstag pour « la paix dans la compréhension et la conciliation ». Ce texte a été voté en juillet dernier. Le pays est fatigué et les Allemands n'hésitent plus à le dire ouvertement. Plus d'un quart de million de personnes sont mortes en Allemagne cette année, de faim principalement. On fait du pain avec des épluchures de pommes de terre et de la sciure de bois. Les ouvriers se mettent en grève pour réclamer la paix et des voix se sont élevées à Berlin, Munich et dans les grandes agglomérations pour appeler tous les Allemands à la révolution.

Des idéaux bolcheviques se répandent dans l'armée du kaiser

Trois années de guerre ont marqué le visage de ce jeune homme de 28 ans.

Berlin, décembre
Les contacts qui se sont établis entre les troupes allemandes et des soldats russes qui ont tué leurs officiers et formé des soviets ont contribué à répandre des théories bolcheviques au sein d'une armée allemande qui est fatiguée de se battre. Cela est surtout le cas dans la marine, où les hommes sont désœuvrés depuis que leurs bâtiments sont restés au port après la fameuse bataille du Jutland. Chez les marins, la colère est attisée par l'ennui, la discipline sévère et la mauvaise qualité de la nourriture. Les marins allemands connaissent le rôle crucial joué dans la Révolution par leurs homologues russes et ils sont nombreux à vouloir suivre leurs traces. En juillet, une mutinerie à bord du *Prinzregent Luitpold* s'est soldée par une répression brutale et l'exécution de deux des meneurs qui venaient d'être condamnés pour haute trahison par une cour martiale réunie sur-le-champ.

1918

De 28 à 29 ans

15 janvier. Joseph Caillaux, l'ancien président du Conseil, est arrêté à Paris pour intelligence avec l'ennemi.

31 janvier. Proclamation de la loi martiale en Allemagne, suite à la grève pour la paix organisée par la ligue Spartakus.

3 mars. A Brest-Litovsk, le régime des soviets signe avec les puissances centrales un accord de paix humiliant pour la Russie soviétique.

21 mars. Ludendorff lance une grande offensive vers l'ouest.

26 mars. Ferdinand Foch est nommé généralissime des forces alliées.

22 avril. Le baron Manfred von Richthofen, dit le Baron rouge, est abattu au-dessus de la vallée de la Somme.

26 juin. La Grosse Bertha tire sur Paris.

16 juillet. Le tsar Nicolas II et sa famille sont assassinés par les bolcheviques.

5 septembre. Berlin et la province de Brandebourg sont déclarées en état de siège.

30 septembre. Effondrement général des troupes allemandes sur le front français.

9 novembre. Abdication du kaiser. La République socialiste est proclamée. Friedrich Ebert en devient chancelier.

10 novembre. Guillaume II se réfugie aux Pays-Bas.

11 novembre. A Compiègne, signature d'un traité d'armistice entre l'Allemagne et les alliés.

9 décembre. Les Allemands évacuent la rive gauche du Rhin. Les troupes françaises occupent Mayence.

Vaste offensive allemande en France

Hindenburg et Ludendorff préparent l'offensive destinée à vaincre les Alliés avant l'arrivée des Américains.

Front occidental, 31 mars
Le général Ludendorff a lancé une ultime tentative pour détruire les forces alliées avant que les troupes américaines se lancent au combat. Utilisant les divisions récupérées sur le front est, suite à la reddition des Russes, il a pu progresser de 60 km grâce à des unités spéciales qui ont repéré des points faibles dans les défenses alliées. Adolf Hitler et les hommes du régiment List, pour leur part, participent à l'offensive dans la région de Montdidier où ils ont fait reculer les Anglais et même pris la ville. Le général britannique qui commande ces unités a été limogé à la suite cette défaite. L'état-major allié est inquiet car, si les Allemands avancent encore, toutes les défenses risquent de s'effondrer. Mais cette offensive allemande semble s'être essoufflée. Des troupes anglaises, australiennes et canadiennes ont pu lancer une contre-offensive qui a éliminé des milliers d'Allemands en Picardie.

Drexler veut rallier la classe ouvrière

Munich, 7 mars
Anton Drexler, un mécanicien dans les ateliers des Chemins de fer, a créé un « Comité d'ouvriers libres en faveur d'une paix juste » dont le but est de rallier autour de l'effort de guerre la classe ouvrière abattue et affamée. Drexler, un homme très peu cultivé qui a été déclaré inapte au service militaire, dénonce avec force les théories marxisantes des sociaux-démocrates. Il réclame des mesures fermes contre tous ceux qui profitent de la guerre et veut voir les « Juifs et les étrangers » exclus des postes importants dans le pays. Il a des liens avec la société Thulé, un groupe ultranationaliste fondé à Munich par un aventurier, le baron Rudolf von Sebottendorf. Ces gens croient en la supériorité de la race aryenne et sont des antisémites convaincus qui considèrent les Juifs comme des ennemis mortels.

Goering commande l'escadrille Richthofen

Goering arbore sa médaille.

Guise, 14 juillet
Le lieutenant Goering, qui a abattu vingt avions alliés et a décroché la plus haute médaille militaire, vient d'être nommé à la tête de l'escadrille Richthofen. Cette promotion dont il rêvait fait suite à la disparition du successeur du célèbre Baron rouge, le capitaine Reinhard. Les pilotes de la fameuse escadrille sont loin de s'en réjouir. Ils s'attendaient à ce qu'un des leurs soit désigné et n'ignorent rien de la réputation de leur nouveau chef. Goering a réuni tous ses pilotes dans un hangar et leur a annoncé, à la consternation générale, qu'ils vont devoir changer leur tactique du combat aérien. Fini le temps où chaque pilote agissait seul et tentait d'accumuler le plus de victoires possibles afin de devenir un as comme Manfred von Richthofen. Désormais, ils opéreront ensemble, comme une unité soudée et efficace. Pour Goering, cette escadrille doit enfin connaître la discipline.

Troisième médaille pour le caporal

Front occidental, 4 août
Hitler vient de se voir décerner la Croix de fer de 1re classe. C'est son courage et son mérite qui ont ainsi été récompensés. Il est inhabituel qu'un simple caporal obtienne une telle décoration et il en est très fier. C'est sa troisième médaille, après la Croix de fer de 2e classe qui lui avait été décernée en 1914 et une autre décoration octroyée par le régiment List, il y a trois mois. A chaque fois, c'est le commandant de son unité, le capitaine Hugo Gutman, un Juif, qui en a fait la demande. Le plus étrange est que le caporal Hitler n'ait toujours pas été promu, car il a fait preuve de courage, et l'armée a besoin d'officiers aguerris.

Ludendorff veut la fin de la guerre

Spa, Belgique, 29 septembre
Le général Erich Ludendorff et le maréchal Paul von Hindenburg sont allés à l'état-major du kaiser ce matin. Ils ont dit à Guillaume II que le pays doit demander l'armistice le plus vite possible. Ludendorff sait que l'offensive de la dernière chance qu'il avait lancée a échoué et que la fin est proche. Paul von Hintze, le chef de la diplomatie allemande, s'est opposé à Ludendorff. Il s'est prononcé en faveur de la poursuite des combats pour obtenir de meilleures conditions de reddition. Le kaiser lui a donné raison.

Pas question de se rendre pour Goering

Darmstadt, 12 novembre
Mieux vaut fuir vers l'Allemagne que de se rendre aux Américains. C'est ce que Goering a expliqué à ses pilotes pour justifier son refus de suivre les ordres qui lui avaient été donnés. Une partie de l'escadrille s'est perdue dans le mauvais temps et s'est retrouvée à Mannheim, où le commandant de la place a mis les pilotes aux arrêts. Averti, Goering a menacé de venir bombarder la ville si ses hommes n'étaient pas libérés. Réunie, l'escadrille Richthofen fête la défaite à sa manière.

Aveuglé par des bombes au gaz toxique

Les soldats allemands vérifient leur masque à gaz avant les bombardements.

Werwick, 14 octobre
Le caporal Hitler a été pris dans un bombardement britannique aux gaz toxiques, hier soir sur une colline à Werwick, au sud d'Ypres. Plusieurs de ses camarades sont morts sur-le-champ, d'autres sont dans un état grave. Malgré la douleur, Hitler est resté à son poste toute la nuit. Ce matin, c'est aveugle qu'il est arrivé au poste médical où il s'est effondré. Un jeune infirmier lui a rapidement lavé les yeux, qui le font beaucoup souffrir, avant de lui cercler la tête d'un bandage. Il a ensuite été placé à bord d'un train de blessés qui doit l'acheminer vers un hôpital militaire à Pasewalk, en Poméranie.

Choqué, il pleure la défaite du Reich

Pasewalk, 10 novembre
Hitler a enfoui la tête dans son oreiller et a éclaté en sanglots lorsque le pasteur de l'hôpital où il est en convalescence lui a annoncé que l'Allemagne avait perdu la guerre et que le kaiser Guillaume II avait abdiqué. Le caporal se remet peu à peu de la blessure aux yeux dont il a été victime. Bouleversé et furieux, il est persuadé que l'armée allemande n'a pas été battue sur sa valeur, mais qu'elle a été poignardée dans le dos par des Juifs marxistes. Il s'apitoie sur son sort car, pendant quatre ans, l'armée a été toute sa vie. Il a perdu sa famille, et le régiment qui était devenu son nouveau foyer a été dissous peu avant la signature de l'armistice. Hitler craint que sa vue ait souffert de façon irréparable et il a peur de rester aveugle. Les médecins ont tenté de le rassurer, mais rien ne lui remonte le moral. Certains spécialistes pensent que sa cécité pourrait être le résultat des effets psychologiques que semble avoir eu sur lui la débâcle de l'armée allemande face aux Alliés.

La guerre est enfin finie : l'Allemagne se rend et signe l'armistice

La délégation alliée est conduite par le maréchal Foch et l'amiral Wemyss.

Compiègne, 11 novembre
Une délégation allemande dirigée par Matthias Erzberger, l'homme qui avait persuadé le Reichstag de voter la résolution de paix en 1917, est montée à bord d'un wagon dans la forêt de Compiègne. Six heures plus tard, à 11 heures exactement de ce onzième jour du onzième mois de l'année, les armes se sont tues en Europe. L'Allemagne a reconnu sa défaite et signé un armistice. Tant Ludendorff que Hindenburg ont abandonné le devant de la scène. Le kaiser Guillaume II et l'empereur Charles d'Autriche ont abdiqué et leurs empires sont transformés en républiques. L'armistice qui vient d'être signé stipule que l'Allemagne devra céder 5 000 canons lourds, 2 000 avions, 30 000 mitrailleuses et tous ses sous-marins. Confisquée, sa flotte de surface sera ancrée au large de la Grande-Bretagne. En outre, 5 000 locomotives, 150 000 wagons et 5 000 camions devront être remis aux Alliés, qui occuperont la Rhénanie. Les Alliés ont aussi décidé de maintenir le blocus de l'Allemagne.

1919

De 29 à 30 ans

1er janvier. Rosa Luxemburg et Karl Liebknecht fondent le Parti communiste allemand.

12 janvier. L'armée allemande écrase une insurrection des spartakistes conduite par Rosa Luxemburg et Karl Liebknecht.

16 janvier. Rosa Luxemburg et Karl Liebknecht sont assassinés par des officiers.

Février. Ludendorff rentre de son exil en Suède.

23 mars. Benito Mussolini fonde le mouvement fasciste Fasci di Combattimento.

Avril. Le capitaine Karl Mayr ordonne au caporal Hitler et à Hermann Esser de surveiller le Parti ouvrier allemand.

1er mai. Rudolf Hess est blessé par balle à la jambe au cours d'une attaque contre une manifestation des socialistes.

2 mai. Des troupes conduites par le capitaine Ernst Röhm mettent fin à la république des Conseils de Bavière.

20 juin. Le chancelier allemand, Philipp Scheidemann, préfère démissionner plutôt que de signer le traité de Versailles.

12 juillet. Les Alliés lèvent le blocus de l'Allemagne.

28 juillet. Le Reichstag adopte la Constitution de Weimar. Les sociaux-démocrates et les centristes votent pour, la droite et l'extrême gauche contre.

12 septembre. Hitler prend la parole à une réunion à Munich du Parti ouvrier allemand.

19 décembre. Le Sénat américain refuse de ratifier le traité de Versailles. Le Président Woodrow Wilson reçoit le prix Nobel de la paix.

Eisner est assassiné par un aristocrate

Munich, 21 février
Kurt Eisner, le Juif prussien qui, en novembre dernier, avait fondé un gouvernement radical en Bavière, vient d'être assassiné. Kurt Eisner, ancien critique de théâtre du journal munichois *Münchener Post*, était un intellectuel qui s'est trouvé pris dans la tourmente politique qui secoue le pays. Les Munichois se moquaient de lui lorsqu'il évoquait un royaume de lumière, de beauté et de raison. Eisner allait démissionner lorsqu'il a été tué par le comte Anton von Arco-Valley. L'état d'urgence a été proclamé en Bavière.

Eisner, tué d'une balle dans le dos.

Apprendre à faire de la propagande

Munich, 12 juin
En guise de récompense pour avoir témoigné devant une cour martiale contre des soldats révolutionnaires, Adolf Hitler a été affecté au service de presse et d'information du département politique de l'état-major de l'armée à Munich et il en est ravi. Il vient d'achever à l'université de la ville une série de cours consacrés à l'enseignement politique. Hitler a même suscité l'admiration de Karl von Muller, le professeur d'histoire. Il a maintenant été affecté dans un camp pour anciens prisonniers de guerre à Lechfeld. Hitler est chargé d'y lutter contre « l'endoctrinement marxiste » et doit aussi y suivre des « cours d'agitation ».

Chute du régime communiste à Munich

Des révolutionnaires bavarois ont dressé des barricades dans les rues.

Munich, 2 mai
Des troupes loyalistes soutenues par le *Freikorps* du colonel Franz von Epps ont écrasé la république des Conseils de Bavière, moins de trois semaines à peine après sa naissance. Une vague de représailles sanglantes s'est abattue sur les communistes. Hitler, qui est rentré à Munich en décembre, tente de rester à l'écart de la crise. Il s'était porté volontaire pour être gardien dans le camp de prisonniers de guerre de Traunstein, près de la frontière autrichienne. Puis, quand ce camp a été fermé, il s'est installé dans un casernement contrôlé par des communistes. Le jour où trois soldats ont menacé de l'arrêter, il les a mis en fuite avec son fusil.

Le Parti ouvrier allemand a recruté Hitler

Munich, 16 septembre
Hitler en est le premier étonné. Sans l'avoir demandé, il devient membre du Parti ouvrier allemand d'Anton Drexler. En avril dernier, il avait reçu l'ordre de son commandant, le capitaine Mayr, de surveiller le Parti ouvrier. Il y a quatre jours, Hitler était donc à une de leurs réunions à la brasserie Sternecker. Entendant un orateur réclamer le rattachement de la Bavière à l'Autriche, il n'a pu se contrôler. Fou de rage, il s'est levé et s'est lancé dans un discours enflammé qui a passionné Drexler. Après avoir rédigé son rapport, il avait oublié l'incident jusqu'à ce qu'il reçoive par la poste la carte qui l'informe qu'il a été élu membre du Parti ouvrier allemand.

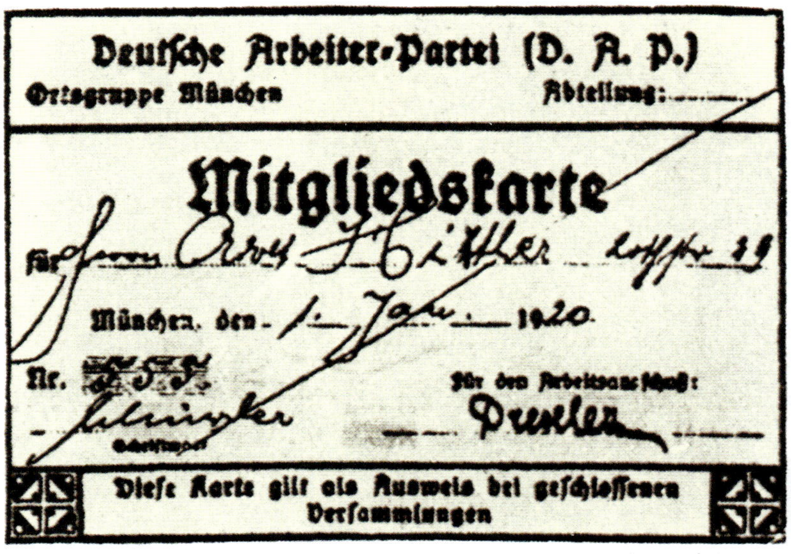

Deutsche Arbeiter-Partei (D. A. P.)
Ortsgruppe München Abteilung:
Mitgliedskarte
für Herrn Adolf Hitler
München, den 1. Jan. 1920
Nr. 555
Für den Arbeitsausschuß:
Schriftführer Drexler
Diese Karte gilt als Ausweis bei geschlossenen Versammlungen

Numéro 555. La carte d'adhérent d'Hitler au Parti ouvrier allemand.

L'Allemagne humiliée par le traité de Versailles

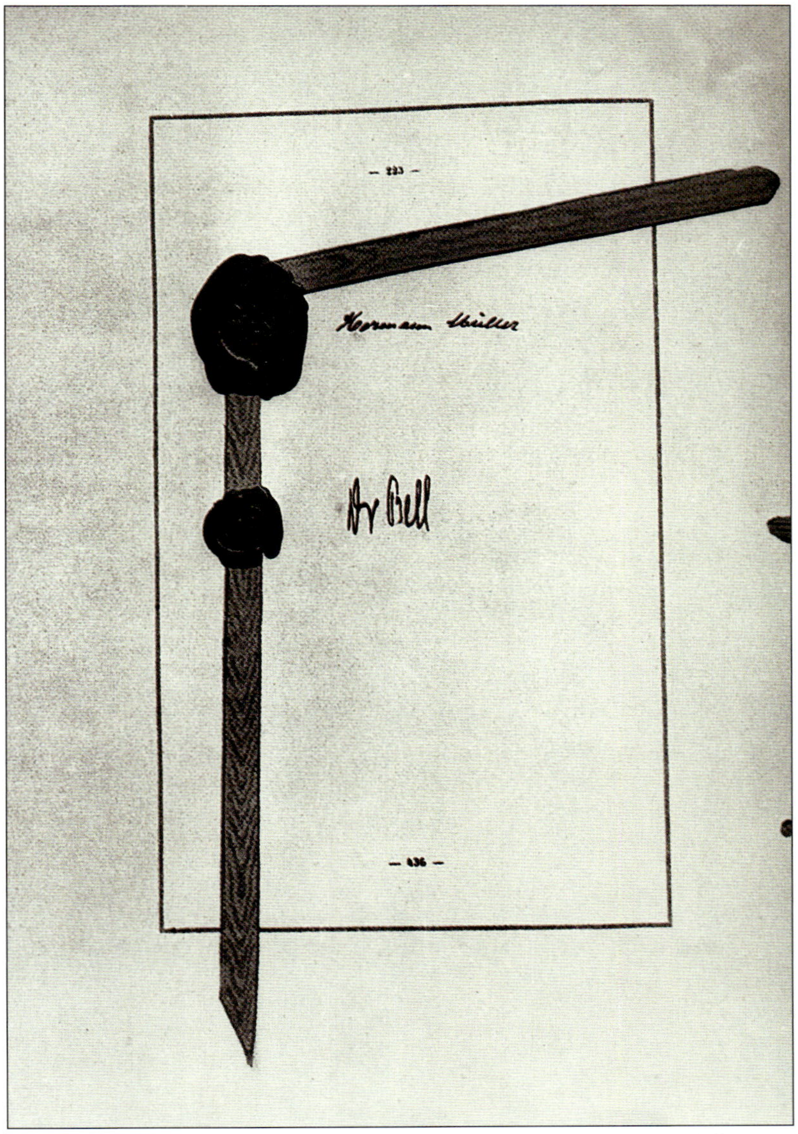

Le traité de Versailles est signé par Hermann Müller et le docteur Bell.

Les vaincus : la délégation allemande à la conférence de paix de Versailles.

Les vainqueurs : Lloyd George, Orlando, Clemenceau et Wilson à Versailles.

Versailles, 28 juin
Cinq ans après la mort de l'archiduc François-Ferdinand d'Autriche à Sarajevo, meurtre qui déclenchait la guerre mondiale, des représentants allemands ont signé à 15 h 12 le traité de paix imposé par les Alliés. Les vainqueurs ont rejeté presque toutes les demandes des vaincus. Le traité est humiliant pour le peuple allemand et surtout pour ceux qui, comme Hitler, estiment que l'armée n'a pas été battue sur sa bravoure, mais a été victime d'un « coup de poignard dans le dos ». Pour Hitler, le traité est « une honte, un scandale, un viol sans précédent du peuple ». Depuis deux mois, la délégation de Berlin, conduite par le ministre des Affaires étrangères, Ulrich Brockdorff-Rantzau, refusait d'accepter les conditions qui étaient imposées. Ils ne se sont pliés aux exigences des Alliés que lorsque ces derniers ont menacé d'occuper l'Allemagne. Le traité, un document de deux cents pages, a été rédigé par les Alliés lors d'une conférence à Paris qui a duré cinq mois. Il leur fallait avant tout décider quelle punition infliger à l'Allemagne. Le Premier ministre britannique, Lloyd George, avait promis de « presser le citron allemand jusqu'à ce que les pépins en sortent ». Mais les exigences de la France allaient encore plus loin. Le président Raymond Poincaré avait réclamé une partition du pays et la signature d'un traité de paix séparé, sans la Prusse. La Grande-Bretagne et les Etats-Unis se sont opposés à ces demandes. Selon Lloyd George, le texte définitif est sévère au point que « nous aurons une autre guerre dans vingt-cinq ans ». Le Reich a perdu 70 000 km^2 de son territoire et 5,5 millions de ses habitants, il devra effectuer avant mai 1921 un premier versement de 20 milliards de marks-or au titre de réparations, qui seront versées en priorité à la France et à la Belgique. Les forces armées du Reich seront dissoutes et il sera privé des moyens de faire la guerre. La rive gauche du Rhin est sous occupation alliée. Quand il a vu le texte, Brockdorff-Rantzau s'est écrié : « On nous fait admettre que nous avons été les seuls responsables de la guerre. Je ne puis dire cela car ce serait un mensonge. » Georges Clemenceau, chef de la délégation alliée, lui a alors rétorqué qu'il avait quinze jours, pas un de plus, pour adresser ses remarques, soulignant que le texte n'était pas négociable. Quand ils ont pris connaissance de ce document, tous les membres du gouvernement allemand ont décidé de démissionner. Une semaine de deuil a été décrétée en Allemagne. Le traité a en fait été signé par deux représentants de Berlin, car le chef de la délégation était absent. Les deux hommes ont pénétré dans la salle lorsque Clemenceau a déclaré : « Faites entrer les Allemands. » Ce soir, une vague d'amertume et de colère déferle sur l'Allemagne. Des manifestants sont descendus dans les rues et ont chanté l'hymne national, *Deutschland über Alles*, alors que d'autres ont juré de se venger et ont brûlé le drapeau français.

L'EUROPE APRÈS LE TRAITÉ DE VERSAILLES

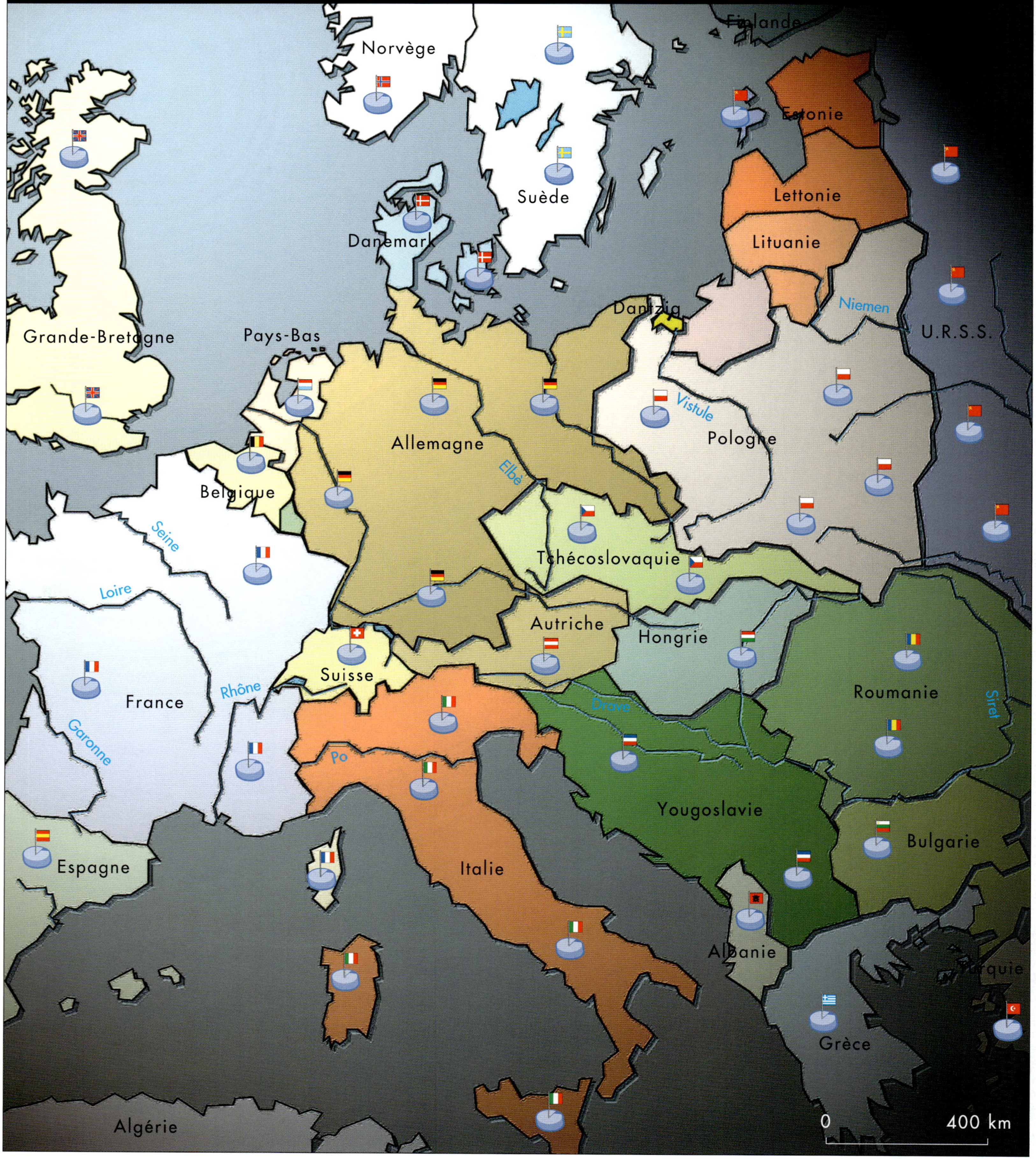

L'EMPIRE ALLEMAND APRÈS LE TRAITÉ DE VERSAILLES (1919)

Nouvelles frontières établies par le traité de Versailles

Territoires de l'Empire allemand

Territoires enlevés à l'Empire allemand en 1919 et 1920

Territoires où sont organisés les plébiscites

Zone occupée par les Alliés

Zones occupées temporairement (1921-1924) à titre de sanctions

Memel Ville libre en 1919

1920

De 30 à 31 ans

13 janvier. Quarante-deux personnes sont tuées à Berlin quand l'armée ouvre le feu sur des manifestants qui tentent de s'emparer du Reichstag.

16 janvier. Première réunion, à Paris, de la Société des Nations.

23 janvier. Le gouvernement néerlandais refuse de livrer le kaiser Guillaume II aux Alliés.

5 février. Berlin refuse de remettre 890 criminels de guerre présumés aux Alliés.

24 février. Le Parti ouvrier allemand devient le Parti national-socialiste ouvrier allemand (NSDAP).

14 mars. L'armée renverse le gouvernement socialiste de Bavière et le remplace par un régime de droite dirigé par Gustav von Kahr.

1er avril. Hitler quitte l'armée pour se consacrer à la politique.

6 avril. L'armée française intervient dans la Ruhr.

22 juin. Les Alliés fixent le montant des réparations dues par l'Allemagne à 12,5 milliards de livres sterling.

25 juin. Formation à Berlin d'un gouvernement de centre droit dirigé par Konstantin Fehrenbach.

9 juillet. Lors de la première rencontre entre les Alliés et des représentants allemands depuis le traité de Versailles, Berlin accepte d'appliquer les clauses relatives à son désarmement d'ici au début 1921.

2 novembre. Warren Harding est élu Président des Etats-Unis.

16 novembre. La défaite du général Wrangel signe la fin de la contre-révolution en Russie.

Le parti de Drexler dynamisé par Hitler

Munich, 24 février

Hitler transforme le Parti ouvrier de Drexler, qui ne comptait au départ que quarante membres, en un parti assez dynamique. Il y est chargé de la propagande et met à profit ses talents d'orateur pour recruter des adhérents. Ce soir, 2 000 personnes sont venues l'entendre dénoncer le traité de Versailles au Hofbrauhaus Keller. Rudolf Hess est au nombre de ceux qui sont endiablés par les envolées oratoires de Hitler. Hess, qui voit en lui l'homme « capable de rétablir l'honneur de l'Allemagne », décide d'adhérer à ce parti, devenu Parti national-socialiste allemand du travail (NSDAP).

Rudolf Hess, envoûté par Hitler.

L'appui de Röhm et de ses corps francs

Munich, avril

Le capitaine Ernst Röhm, un ancien membre du corps franc (*Freikorps*) affecté au commandement militaire de Munich, est l'intermédiaire entre l'armée et Hitler. Röhm envoie des membres du *Freikorps* grossir les rangs du NSDAP et défend aussi les intérêts du parti. Pour Röhm, un aventurier qui a perdu la moitié du nez à la guerre, ce parti offre un bon moyen de renforcer discrètement l'influence de l'armée. Ernst Röhm est bien entendu devenu membre du NSDAP et sa carte d'adhérent porte le numéro 623. Il regrette l'époque où l'armée était respectée.

Une grève fait échouer un putsch militaire

La brigade Ehrhardt dans les rues de Berlin pour soutenir le putsch Kapp.

Berlin, 17 mars

Le putsch lancé par Wolfgang Kapp et la brigade Ehrhardt du *Freikorps*, une unité connue pour sa brutalité, vient d'échouer. Les putschistes avaient réussi à s'emparer de Berlin et à faire fuir le gouvernement et le président Ebert. Avec le soutien du général von Luttwitz, commandant de l'armée dans le nord du pays, Kapp s'était proclamé chancelier. Mais l'ensemble de l'armée n'a pas suivi son mouvement. Quand une grève générale a été organisée par des éléments communistes, le putsch s'est effondré. Von Luttwitz prétend qu'il voulait simplement s'opposer aux bolcheviques. Il a expédié une partie de ses troupes en Bavière alors que Kapp a pris la fuite.

Hitler devient un des dirigeants du parti

Munich, 14 avril

La position d'Hitler au sein du parti évolue de jour en jour et rien ne semble pouvoir l'arrêter. Il contrôle le comité central du parti, que ses adversaires ont surnommé le Parti nazi. Certains vétérans n'apprécient pas l'intrusion de ce nouveau-venu braillard, regrettant le bon vieux temps où ils passaient leurs soirées à parler politique autour d'un verre de bière. Karl Harrar, le journaliste sportif qui dirigeait le mouvement, a démissionné pour protester contre les méthodes d'Hitler. Ce dernier se consacre entièrement à la politique. Il a loué un petit bureau dans la cave Sternecker. Là, Hitler a installé un téléphone et une machine à écrire. Chaque soir, il fait la tournée des brasseries pour y dénoncer les Juifs et le *Diktat* de Versailles. Des hommes aux mines patibulaires et prêts à tout le protègent et n'hésitent pas à intervenir dès que leur orateur est chahuté. Hitler ne craint pas non plus la bagarre, mais c'est surtout sur ses talents d'orateur qu'il se base pour électriser les foules et réduire ses ennemis au silence. Ses discours enflammés et remplis de haine sont devenus populaires au point qu'il n'hésite pas à faire payer l'entrée aux réunions qu'il organise.

Défier et provoquer les communistes

Munich, juin
Les nazis d'Hitler sont descendus dans les rues de Munich. Ils y ont défilé avec des drapeaux rouge sang et les anciens militaires que leur a envoyés Ernst Röhm. Hitler a choisi la couleur rouge pour le parti en raison de son effet de choc et pour défier les communistes. Il distribue des tracts et colle des affiches pour mieux transmettre son message. Il ne tient aucun compte de ce que la population peut penser de lui : « Peu importe qu'ils nous prennent pour des clowns ridicules ou même des criminels. L'essentiel, c'est qu'ils parlent de nous, qu'ils s'intéressent à ce que nous faisons. »

De véritables brutes pour le protéger

Emil Maurice n'est pas un tendre.

Munich, été
Hitler a choisi les membres du parti les plus costauds et les plus violents pour former des unités de choc. Le rôle de ces *Ordnertruppe* est d'abord de le protéger des communistes qui tentent de perturber ses réunions. Il s'en sert aussi pour venir troubler les rassemblements des adversaires du NSDAP. Hitler se vante que ses gros bras empêcheront, par la force s'il en est besoin, toute réunion ou discours qui seraient susceptibles de brouiller l'esprit des citoyens. Emil Maurice, ancien détenu et bagarreur de bistrot notoire, a été placé à la tête de ces unités de choc.

Le svastika sera le symbole du Parti nazi

La Coupe de Suse, un plat décoré de svastikas vieux de 5 000 ans.

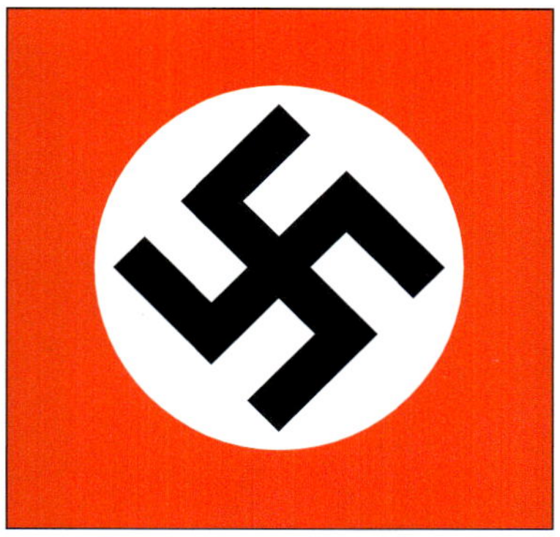

L'impératrice Wu de Chine fit du svastika le symbole du Soleil.

Munich, été
Il a choisi la croix gammée comme symbole du Parti nazi. Le svastika, dessin en forme de croix avec des branches coudées, est utilisé depuis les années 1890 par certains groupes nationalistes allemands. En outre, cet ancien symbole religieux hindou figure sur le casque des membres de la brigade Ehrhardt du *Freikorps* depuis qu'ils ont constaté que la croix gammée était un emblème dans les Etats baltes. Hitler passait devant un svastika chaque fois qu'il se rendait au couvent de Lambach, où cette croix figurait au-dessus du prie-Dieu. Il a choisi une croix noire à branches coudées vers la droite, sur disque blanc et fond rouge. Pour lui, le rouge représente les idéaux sociaux du parti, le blanc ses idéaux nationalistes et la croix indique la victoire de la race aryenne.

Le svastika au-dessus du prie-Dieu du monastère de Lambach qu'Adolf Hitler voyait tous les jours.

Son antisémitisme devient violent

Salzbourg, 8 août
Hitler a exposé sa politique envers ce qu'il appelle le « problème juif » à des Autrichiens de Salzbourg. « Il s'agit pour nous de savoir si notre nation pourra un jour retrouver sa santé, si l'esprit juif pourra un jour être éradiqué », a-t-il dit en ajoutant : « Ne croyez pas que l'on peut lutter contre une maladie sans tuer son vecteur, sans détruire le bacille. On ne peut combattre cette tuberculose raciale sans débarrasser le pays du vecteur qui l'a répandue partout. La contamination juive se poursuivra et cet empoisonnement ne s'arrêtera que quand le vecteur lui-même, c'est à-dire le Juif, aura été banni une fois pour toutes. »

Gregor Strasser lui présente son frère

Landshut, octobre
Gregor Strasser est pharmacien. Il partage les idées d'Hitler avec lequel il est très lié. Il a apporté au parti l'adhésion des anciens combattants de Basse-Bavière et fondé le premier district du mouvement. Gregor est ainsi devenu le premier Gauleiter d'Hitler. Désireux de faire mieux connaître les idéaux du parti à son jeune frère Otto, il a organisé un déjeuner chez lui avec Ludendorff et Hitler. Les choses ne se sont pas très bien passées. En mars dernier, Otto avait défendu le gouvernement contre le putsch de Kapp, et Hitler ne manqua pas de le lui reprocher. Il aura fallu l'intervention du vieux général pour calmer les esprits.

Son fouet de cuir ne le quitte plus

Munich, été
Lorsqu'il était plus jeune, Adolf Hitler aimait se promener à Linz avec une élégante canne en ébène décorée d'ivoire. Maintenant, c'est un fouet en peau de rhinocéros qu'il porte lorsqu'il sort. Il s'en sert pour se défendre mais le garde avec lui lorsqu'il est invité en société. Cela ne manque pas d'amuser les femmes de la bourgeoisie qui commencent à s'intéresser à cet homme étrange qui se conduit de manière étonnante.

Röhm lui achète un mensuel antisémite

Munich, décembre
Ernst Röhm a réuni la somme de 60 000 marks dans le but d'acheter un journal pour le parti. Il souhaite reprendre un titre qui croule sous les dettes, le mensuel antisémite qui s'intitule *Völkischer Beobachter* (ou l'Observateur raciste). Une grande partie de cette somme provient des fonds secrets de l'armée. L'argent a été rassemblé par le supérieur direct de Röhm, le général von Epp, qui a aussi obtenu des contributions de la bourgeoisie de Munich. Hitler jouit donc du soutien des militaires et des classes aisées. Le journal devrait lui permettre de diffuser mieux encore ses idées auprès du public.

Eckhart lui apprend à bien se conduire

Munich, décembre
Dietrich Eckhart, un dramaturge et poète médiocres, mais bon vivant et agréable à côtoyer, est le premier rédacteur en chef du journal nazi. Il dirige le *Völkischer Beobachter*, le quotidien racheté grâce aux fonds réunis par Röhm avec son aide. Il est aussi devenu un professeur pour Hitler, qu'il aide à se cultiver. Il lui apprend les bonnes manières et à s'habiller enfin de façon convenable. Eckhart a introduit son élève dans les salons à la mode de Munich. Il a aussi donné un slogan au parti. Tiré du refrain de la chanson du parti, *Sturm, Sturm, Sturm!*, ce slogan proclame : *Deutschland Erwache!* Réveille-toi, Allemagne !

1921

De 31 à 32 ans

28 janvier. Les Alliés fixent à 226 milliards de marks le montant global de la dette de guerre allemande, payable en 42 annuités.

2 février. Manifestations dans tout le Reich contre les accords sur les réparations de guerre.

8 mars. Sanctions militaires des Alliés, qui occupent la Ruhr, Düsseldorf et Duisbourg.

24 mars. Les communistes tentent de prendre le pouvoir à Hambourg. 22 morts.

Avril. Ouverture à Rosenheim, en Bavière, du premier bureau du Parti nazi en dehors de la ville de Munich.

11 mai. L'Allemagne se plie à un ultimatum allié et accepte de payer les réparations de guerre.

Juillet. Wilhelm Frick, avocat et chef de la section politique de la police de Munich, devient le contact d'Hitler au commissariat central de la ville.

26 août. Assassinat par des ultra-nationalistes du ministre des Finances Matthias Erzberger.

Août. Le Parti socialiste allemand de Julius Streicher s'associe au Parti nazi.

Septembre. Max Amman, l'ancient sergent d'Hitler, devient le responsable commercial du Parti nazi.

22 octobre. Démission du gouvernement allemand en raison de la crise économique.

7 novembre. Benito Mussolini transforme le mouvement fasciste en un parti nationaliste fasciste, dont il est le *Duce*.

10 décembre. Le scientifique juif allemand Albert Einstein reçoit le Nobel de physique.

Le cirque Krone devient sa tribune

Les supporters d'Adolf Hitler, en route vers un meeting, défilent dans Munich avec leurs bannières et leurs svastikas.

Munich, 3 février
Hitler a remporté un franc succès au cirque Krone. Il avait décidé de louer cette vaste salle après s'être vu interdire de prendre la parole dans un lieu public pour condamner les Alliés au sujet des réparations de guerre. Hitler a fait imprimer des affiches proclamant : « Herr Hitler parlera de l'avenir et de la ruine. » Debout sur un camion recouvert de croix gammées, il les a distribuées aux Munichois. Le soir venu, Hitler a attendu que les tribunes du cirque soient pleines à craquer. Plus de 6 000 personnes sont venues et l'ont écouté pendant plus de deux heures. A la fin du discours, l'assistance a applaudi l'orateur chaleureusement et a alors entonné, à son invitation, le *Deutschland über Alles*.

Le chef du gouvernement de Bavière remplacé par un modéré

Munich, septembre
Un ancien fonctionnaire qui était devenu le chef du gouvernement de Bavière en mars 1920, Gustav von Kahr, a été contraint de quitter ce poste par Berlin. Il a été remplacé par le comte Lerchenfeld qui dirige un régime modéré. La Bavière était devenue, sous le règne de Kahr, un bastion pour les éléments les plus réactionnaires du pays, des hommes qui songeaient même à renverser la république de Weimar. Des groupes paramilitaires y avaient stocké des armes, violation flagrante du traité de Versailles. Ernst Röhm, qui fait toujours partie de l'armée, y avait créé une milice armée, la Défense des citoyens. Les terroristes ultra-nationalistes étaient libres d'y sévir. Attentats et meurtres politiques se sont multipliés dernièrement. C'est encore à Munich que l'assassinat de Matthias Erzberger a été préparé, en août dernier. Le meurtre de ce ministre des Finances a contribué à une application plus stricte des lois antiterroristes et au limogeage de Kahr, qui était devenu une menace pour Berlin.

Des ministres bavarois : Pohner, chef de la police, le général Ludendorff, l'amiral von Tirpitz et le conseiller Escherich.

Hélène Bechstein lui fait découvrir Berlin

Berlin, juin
Hitler s'est rendu dans la capitale allemande pour entrer en contact avec des groupes nationalistes. Il a commencé à répandre ses théories politiques auprès de ces formations. Il s'est adressé au Club national et a fait des rencontres utiles grâce aux relations de Dietrich Eckhart. Il a par exemple été présenté à Hélène Bechstein, l'épouse du fabricant de pianos. Elle est riche et a prié Hitler de loger chez elle. Pour lui, elle a organisé des soirées mondaines afin qu'il y rencontre des personnalités. Hitler n'aime pas Berlin, ville qui lui rappelle la corruption et la frivolité de Vienne. Eckhart, lui, est resté à Munich pour surveiller le parti, car Hitler soupçonne que des espions se sont glissés parmi les nazis et il a chargé son ami de les dénicher.

A 32 ans, Hitler prend le contrôle du Parti national-socialiste

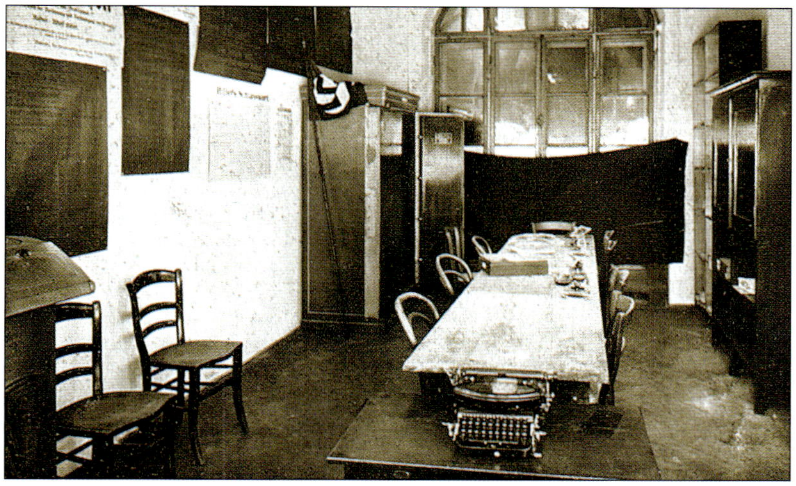
La salle de la brasserie Sternecker d'où Adolf Hitler contrôle le Parti nazi.

Munich, 29 juillet
Hitler a réussi à se débarrasser de plusieurs fondateurs du Parti nazi, dont Anton Drexler, et à être élu à la présidence du NSDAP. Il dispose désormais de pouvoirs illimités au sein du parti. La manœuvre a débuté quand Hitler se trouvait à Berlin. Il a appris par Eckhart que Drexler et ses amis voulaient le marginaliser en formant des alliances avec d'autres groupes, dont le Parti socialiste de Julius Streicher, un projet qu'Hitler avait vivement dénoncé avant son départ pour la capitale. Hitler a tout de suite regagné Munich et a relevé le défi en démissionnant du parti. Mais le comité exécutif a refusé sa démission, réalisant qu'il ne pouvait pas se passer d'Hitler, son meilleur orateur et propagandiste. Hitler a accepté de rester, mais à condition d'obtenir tous les pouvoirs. Il a aussi exigé et obtenu la dissolution de ce comité exécutif. Drexler a accepté mais a accusé Hitler d'être assoiffé de pouvoir. Cette déclaration lui a valu un procès en diffamation que Hitler a gagné. Anton Drexler, celui qui a fondé le mouvement avec des amis, est ainsi écarté, et Adolf Hitler est maintenant devenu le *Führer*, le chef incontesté, du Parti national-socialiste allemand.

Une équipe de gymnastes très particulière

Munich, 3 août
Ceux qui servent de gardes du corps à Adolf Hitler se sont regroupés au sein des SA, la Section de sports et de gymnastique. Cette astuce a été imaginée par Ernst Röhm, à la suite de la décision prise par Berlin, à la demande des Alliés, de dissoudre tous les groupes paramilitaires. Cela permettra aux hommes d'action du parti, les anciens du *Freikorps*, de poursuivre leurs activités. Ils sont commandés par un ancien officier de la marine, Otto Klintzsch. Les SA vont devenir le bélier du Parti nazi. Pour Hitler, ils ne sont « qu'un centre de formation en vue de la lutte qui viendra un jour ».

Descente de casseurs chez des opposants

Munich, septembre
Il y a longtemps qu'ils cherchaient la bagarre. Hitler et ses gros bras sont passés à l'action en montant à l'assaut de la tribune où le chef de la Ligue fédéraliste de Bavière, Otto Ballerstedt, se préparait à adresser un discours à l'assemblée. Les coups de poing et de matraques ont plu et Otto Ballerstedt, qui a été empêché de parler, a été blessé. Lorsque les policiers sont arrivés sur les lieux pour arrêter Hitler, celui-ci leur a souri en déclarant : « L'important est que notre objectif ait été atteint. Ce Ballerstedt n'a pas parlé. » Mais il semble que, cette fois, Hitler risque une inculpation.

Les SA deviennent la Section d'assaut

Munich, 5 octobre
Ernst Röhm a rebaptisé sa section de sports et de gymnastique. Les SA s'appelleront désormais la Section d'assaut, ou *Sturmabteilung*, dont les membres seront ses « soldats de choc ». Il ne s'agit plus d'un groupe de bagarreurs, mais d'une unité très disciplinée, composée de plusieurs centaines d'hommes armés par les soins de Röhm, grâce à l'armée. Il considère la SA comme le bras armé secret du parti. Elle contourne les restrictions imposées par le traité de Versailles. Cette section attire un bon nombre de soldats démobilisés. Ils sont aguerris et n'ont pas réussi à trouver du travail. La SA leur offre cette atmosphère militaire qu'ils ont aimée. Ils perçoivent un salaire et vivent des émotions fortes.

Louis III, roi déchu de Bavière, meurt en exil à l'âge de 76 ans

Le vieux Louis III avait accepté l'Autrichien Hitler dans l'armée bavaroise.

Sarvar, Hongrie, 18 octobre
Il avait permis à l'Autrichien Hitler de rejoindre les forces allemandes. C'était en 1914. Louis III, l'ancien souverain bavarois, vient de mourir en Hongrie. Louis III est le dernier représentant d'une longue lignée de monarques issus de la vieille famille Wittelbach. Il se promenait dans les beaux jardins anglais de Munich, un soir de novembre 1918, au moment où la révolution a éclaté. Déchu, le roi, qui emporta avec lui une boîte de cigares, partit alors en exil avec son épouse et ses quatre filles. Sa dépouille doit être ramenée dans la capitale bavaroise prochainement pour y être inhumée. Les Munichois se préparent à rendre hommage à leur ancien roi. Peu savent que c'est lui qui a permis à un jeune artiste paresseux de se transformer en un dynamique chef du Parti nazi.

1922

De 32 à 33 ans

31 janvier. Le coût de la vie en Allemagne a augmenté de 73,7 % depuis un an.

31 janvier. Walther Rathenau devient ministre allemand des Affaires étrangères.

10 mars. Le gouvernement allemand ordonne le retrait des édifices publics de tous les symboles de la monarchie.

15 mars. L'accord sur les réparations est modifié afin que l'Allemagne puisse payer en matières premières.

30 mars. L'Allemagne se sépare de son plus grand paquebot. Le *Bismarck* est livré à la Grande-Bretagne et devient le *Majestic*.

16 avril. L'Allemagne et la Russie signent secrètement le pacte Rapallo qui rétablit leurs relations diplomatiques et leur coopération économique.

9 juillet. En raison de la chute du mark, l'Autriche est en état de banqueroute.

27 juillet. Hitler sort de prison après avoir purgé un mois de sa peine de trois mois.

5 août. Menacé de mort, le physicien Albert Einstein fuit l'Allemagne.

31 août. L'Allemagne obtient des Alliés un délai de six mois pour payer ses réparations.

Septembre. Alfred Rosenberg, considéré par Hitler comme le philosophe du national-socialisme, devient le conseiller personnel du *Führer* pour les affaires internationales.

1er novembre. Poursuite de la chute du mark : 20 000 marks pour une livre sterling.

15 décembre. Hitler nomme Goering à la tête des SA.

Trois mois de prison pour voies de fait

Munich, 24 juin
Hitler est en prison. Il doit purger une peine de trois mois qui lui a été infligée après qu'il eut interrompu le meeting du fédéraliste bavarois Otto Ballerstedt. C'est la première fois qu'Hitler se retrouve derrière les barreaux, bien qu'il ait échappé de justesse à la prison à plusieurs reprises grâce à l'intervention de son ami Walther Frick, chef de la police politique de Munich. La dernière inculpation était trop grave, Frick n'a rien pu faire. Hitler est allé trop loin, surtout en cette période où les autorités ont décidé de renforcer la lutte contre les terroristes de tous bords et les extrémistes.

Assassinat du ministre Walther Rathenau

Pris pour cible par les extrémistes.

Berlin, 24 juin
L'Allemagne a été bouleversée par l'assassinat de Walther Rathenau, son ministre des Affaires étrangères. Des ultra-nationalistes l'ont abattu devant son domicile. Rathenau, un Juif de gauche, avait négocié le pacte Rapallo avec les Soviétiques, ce qui a fait de lui un ennemi des antisémites et des nationalistes. La population redoute que de tels actes terroristes ne s'étendent, menant à une guerre civile, malgré les mesures prises par le gouvernement central. Aujourd'hui, le Reichstag s'est réuni pour rendre hommage au ministre assassiné et son fauteuil était drapé de noir. Le chancelier, Josef Wirth, y a dénoncé avec force les terroristes et ceux qui les soutiennent.

Pour Hitler, un bon socialiste donnera la priorité à l'Allemagne

Munich, 28 juillet
Les Allemands s'interrogent sur la façon dont Adolf Hitler définit le socialisme depuis qu'il a qualifié son parti de national-socialiste. Il vient de fournir la réponse. Un socialiste est « quiconque est prêt à épouser la cause nationale à tel point qu'il ne connaît d'autre idéal que le bien-être de sa nation ; quiconque a compris que notre grand hymne national, *Deutschland, Deutschland über Alles*, signifie que rien au monde ne peut surpasser l'Allemagne, son peuple et son sol, son sol et son peuple. Un tel homme est un socialiste ». Pour Hitler, le marxisme et le capitalisme ne sont que des théories proposées par les Juifs.

Adolf Hitler prend la parole lors d'une des premières réunions du Parti nazi.

Bannières à croix gammée à Munich

Munich, 11 août
Entouré de ses soldats de choc qui brandissent des drapeaux frappés de la croix gammée, Adolf Hitler a pris la parole lors d'un grand meeting qui s'est tenu sur la Koenigsplatz. Cet événement a été organisé par l'Association patriotique, qui veut protester contre la récente loi pour la protection de la République. Elle a été votée par le Reichstag à la suite de l'assassinat de Walter Rathenau. Hitler mène la lutte contre cette loi qui prévoit de lourdes peines pour les terroristes.

Les SA ont gagné la « bataille de Cobourg »

Cobourg, octobre
Hitler envisage de faire frapper une médaille pour commémorer ce qu'il appelle la « bataille de Cobourg », en fait une série d'affrontements qui ont éclaté lorsque les SA ont défilé au son d'un tambour dans les rues de la ville. Tout a commencé quand Hitler a été invité par des sociétés *volkish* (patriotiques) à participer à la « Journée allemande » dans cette ville du nord de la Bavière. Ses hôtes lui avaient proposé de venir avec quelques compagnons et Hitler ne s'est pas fait prier. Il a débarqué du train spécial qu'il avait loué avec huit cents SA en uniforme. Ignorant les conseils de la police, ils voulaient l'affrontement. Fanfare en tête, ils ont défilé dans les rues de Cobourg avec leurs bannières. Ils ont atteint la salle de réunion sous les quolibets du public mais sans incident majeur. C'est là qu'Hitler a donné l'ordre à ses hommes de revenir sur leurs pas. Cette fois, les SA ont été accueillis par des jets de pavés, et de violentes bagarres ont éclaté. Les combats ont duré toute la journée et ce n'est que lorsque les SA se sont proclamés victorieux qu'ils ont enfin accepté de remonter à bord du train, tout en chantant *Deutschland über Alles*. A Cobourg, on répare les dégâts.

Benito Mussolini marche sur Rome

Rome, 30 octobre
Benito Mussolini a pratiquement réussi à s'emparer du pouvoir en Italie. En tout, 24 000 Chemises noires, ses supporters fascistes, ont marché sur Rome. Ils sont partis de Naples. Leur chef s'est bien gardé de les accompagner. Il est resté à Milan, prêt à s'enfuir vers la Suisse en cas de nécessité. Les fascistes n'ont pas rencontré d'opposants sur le chemin. Ils ont été acclamés par la foule, et Victor-Emmanuel III a envoyé un train spécial à Milan pour ramener Mussolini. Des soldats ont alors fait sauter les voies, et le leader fasciste a terminé le voyage à bord d'une voiture. Il a fait une entrée triomphale au palais du Quirinale avant d'apparaître au balcon avec le roi. La perspective d'un homme fort au pouvoir réjouit l'Italie.

Le « Duce » avec un groupe de ses plus fervents adeptes, les Chemises noires.

Röhm est transféré et Hitler s'inquiète

Munich, 31 novembre
L'officier qui a tant fait pour aider Adolf Hitler et le Parti nazi doit quitter son poste auprès du général Franz von Epp, le commandant des unités d'infanterie en Bavière. Röhm a été affecté au service du général von Lossow, qui est nommé commandant en chef de la Bavière. Berlin a nommé von Lossow à ce poste pour empêcher l'armée d'être impliquée dans diverses activités politiques. Le départ d'Ernst Röhm de l'entourage de von Epp, homme de droite et ancien commandant du *Freikorps*, peut poser des problèmes à Hitler. L'appui de Röhm lui était indispensable, et Hitler espère qu'il sera capable de convaincre Lossow de soutenir aussi le Parti nazi et laisser Röhm agir dans l'ombre.

Goering et Goebbels adhèrent au Parti nazi

Munich, automne
Hermann Goering, l'ancien as de la chasse allemande et Josef Goebbels, un intellectuel infirme, viennent de rejoindre Hitler. Malgré toutes leurs différences, ces deux hommes sont un atout considérable pour le Parti nazi. Goering, issu de la classe des dirigeants du pays, est auréolé de la gloire d'avoir été le dernier chef de la célèbre escadrille Richthofen. Il s'est installé à Munich avec sa jeune épouse suédoise. Comme d'autres avant lui, Hermann Goering a été envoûté par Hitler, qu'il a entendu pour la première fois le 9 octobre dernier. Hitler est ravi de l'adhésion de cet ancien pilote car Goering a de bons contacts parmi l'élite de Munich et est un bon organisateur. Goebbels, lui, ne ressemble en rien à Goering. Issu de la classe ouvrière, il est resté très handicapé depuis une maladie d'enfance. Il haït son corps et c'est un homme amer. Goebbels n'apporte pas de talents particuliers au parti, contrairement à Goering. Il avait tenté de devenir auteur de romans et s'est ensuite lancé dans le journalisme où il a aussi échoué. Sa vie sentimentale est un autre échec, mais son verbe acéré peut être utile.

Goering, un atout pour le parti.

Josef Goebbels est un homme amer.

Combattre ceux qui ne sont pas allemands

Munich, 30 novembre
Le ton et le contenu des discours d'Hitler deviennent de plus en plus violents. En septembre, lors d'un discours prononcé au cirque Krone, c'est en hystérique qu'il a dénoncé tous ces criminels et ces traîtres qui ont conclu la paix en 1918. « Deux millions d'Allemands sont morts en vain et on ne peut pas maintenant s'asseoir à côté de ceux qui les ont trahis. Nous ne pardonnerons pas. Nous réclamons la vengeance ! Un tel déshonneur à l'Allemagne doit cesser. La potence est ce qu'il faut pour les traîtres à la patrie et pour les indicateurs. » Début novembre, il est allé encore plus loin, déclarant : « Les marxistes nous disent que si tu n'es pas mon frère, je te casserai la figure. Eh bien, notre devise sera : si tu ne veux pas être un Allemand, je te casserai la figure. Car nous savons que seule la lutte nous mènera à la victoire. Nous devons nous battre avec des idées, mais aussi, si c'est nécessaire, avec les poings. » Son bref séjour en prison semble avoir incité Hitler à durcir ses positions. Aujourd'hui, il rêve de marcher sur Berlin avec ses SA, comme l'ont fait les Chemises noires de Mussolini sur Rome. La semaine dernière, Hitler a eu un entretien assez orageux avec le ministre bavarois de l'Intérieur, Franz Schweyer, qui veut l'extrader puisqu'il est autrichien. Schweyer a

convoqué Hitler au ministère et lui a dit que la police n'hésiterait pas à ouvrir le feu si Hitler osait mettre ses menaces à exécution. Hitler lui a répondu : « Monsieur le ministre, je vous donne ma parole d'honneur que tant que je serai en vie je ne tenterai pas de lancer un putsch. » La réponse du ministre fut sèche : « N'en déplaise à votre parole, je vous préviens que, si vous continuez vos agissements, le barrage qui vous protège va se rompre et vous serez emporté irrémédiablement. »

1923

De 33 à 34 ans

1er février. Les Français bloquent les livraisons de charbon à l'Allemagne.

2 février. Hermann Goering épouse Karin Fock à Munich.

Février. Putzi Hanfstaengel prête mille dollars au Parti nazi en échange d'une hypothèque sur le *Völkischer Beobachter*.

31 mars. Des soldats français tirent sur des ouvriers qui manifestent aux aciéries Krupp.

1er avril. Hitler refuse de se joindre à un front commun contre les Français. Il craint que les nazis ne soient submergés par les autres partis.

30 avril. L'éleveur de poules Heinrich Himmler devient l'adjoint de Gregor Strasser.

1er mai. A Munich, les SA portent des chemises brunes achetées à l'armée. Hitler déteste cet uniforme.

1er juin. Dietrich Eckhart quitte son poste au *Völkischer Beobachter*. Alfred Rosenberg le remplace.

12 août. Démission du chancelier Wilhelm Cuno. Gustav Stresemann lui succède.

24 septembre. Stresemann abandonne sa campagne de « résistance passive » dans la Ruhr et reprend le versement des réparations de guerre.

25 septembre. Hitler dénonce Gustav Stresemann. Röhm démissionne de l'armée et s'engage au côté d'Hitler.

5 novembre. Le rentenmark (un milliard d'anciens marks) entre en circulation. La livre de pain vaut 200 milliards de marks.

23 novembre. Le chancelier Stresemann démissionne.

Français et Belges occupent la Ruhr

Essen, 11 janvier
Les troupes françaises et belges ont pénétré dans les villes industrielles de la Ruhr pour prendre le charbon que Berlin n'a pas livré aux Alliés au titre des réparations de guerre. Le chancelier Cuno a demandé aux ouvriers de la Ruhr d'opposer une résistance passive à l'occupation. De très nombreux actes de sabotage, des manifestations et des grèves ont été organisés. Les forces françaises ont riposté en tirant au-dessus des manifestants et en faisant charger la cavalerie. Londres et Washington ne voient pas l'occupation de la Ruhr d'un bon œil, mais Paris reste ferme. « La France ne bougera pas tant que toutes ses demandes n'auront pas été satisfaites », vient de déclarer le président Poincaré.

Les troupes françaises confrontées à la « résistance passive » dans la Ruhr.

Le mark s'effondre et toute l'Allemagne s'enfonce dans le chaos

Les ménagères berlinoises ont du mal à acheter de quoi mettre sur la table.

Berlin, 25 janvier
L'occupation française de la Ruhr a poussé l'économie allemande un peu plus près de l'abîme. Le mark a perdu presque toute sa valeur. La livre sterling vaut désormais 112 000 marks. L'inflation est incontrôlable, les entreprises sont au bord de la faillite et les pauvres n'ont plus de quoi acheter à manger. Mais cette crise, aussi terrible soit-elle pour la population, est une aubaine pour certains politiciens opportunistes. Dans ses discours, Hitler dénonce avec virulence non pas la France, mais l'ennemi intérieur. Pour lui, l'effondrement total de l'économie allemande n'est pas un tel désastre pour le pays. La situation lui donne une occasion merveilleuse pour faire progresser la diffusion de ses idées auprès d'un peuple prêt à l'écouter.

Il nargue les autorités et parade à Munich

Munich, 27 janvier
Hitler a organisé un défilé triomphal sur le vaste Champ de Mars, dans la banlieue de Munich. Cinq mille de ses SA, venus de toute la Bavière, y ont participé. Au même moment, une douzaine de meetings politiques nazis se tenaient dans le centre-ville. Cette grande manifestation avait été interdite par le commissaire Eduard Nortz, bien qu'Hitler lui ait annoncé que ses partisans défileraient même si la police devait ouvrir le feu. Mais Ernst Röhm est intervenu auprès du général von Lossow pour faire lever l'interdiction, en promettant que la manifestation se déroulerait dans le calme. L'impressionnant défilé a donc eu lieu. Ce succès a montré à Hitler qu'il peut impunément défier les autorités. Il est persuadé que « le diable lui-même » ne pourrait plus arrêter l'irrésistible ascension de son Parti nazi.

Le journal des nazis devient quotidien

Munich, 8 février
Le *Völkischer Beobachter*, organe du Parti nazi, est devenu un quotidien, offrant ainsi à Hitler la tribune dont il avait besoin pour faire circuler ses idées. Mais cela a coûté très cher et Hitler a dû emprunter de l'argent, et notamment à ses riches amies de Berlin, Hélène Bechstein et Gertrud von Saidlitz.

Le général von Lossow tient tête à Hitler

Von Lossow a empêché le défilé nazi.

Munich, 1er mai
Le général Otto von Lossow humilie Hitler en refusant à ses 20 000 nazis de troubler le défilé organisé par les syndicats pour fêter le 1er Mai. Les Chemises brunes étaient venues de toute la Bavière. Heinrich Himmler et Gregor Strasser sont arrivés de Landshut avec des camions chargés d'un contingent d'hommes armés de mitrailleuses et de fusils. Röhm avait fourni les armes. Hitler, portant son casque de soldat et arborant la Croix de fer, était au côté de Goering en attendant que le feu vert leur soit enfin donné. Mais l'ordre n'est pas venu. Au contraire, le général von Lossow a ordonné la dispersion des Chemises brunes et la restitution à l'armée des armes et des munitions qui avaient été volées pour équiper les unités SA des nazis.

Visite de la maison de Wagner à Bayreuth

Bayreuth, septembre
Richard Wagner a toujours été son héros. Hitler s'est offfert une visite à Bayreuth pour y visiter la *Haus Wahnfried*, la demeure où vécut le célèbre compositeur. Hitler y a été reçu par Winnifried, la belle-fille de Richard Wagner. Cette femme, d'origine anglaise, est tombée sous le charme d'Hitler. Au cours de son bref séjour à Bayreuth, Hitler a aussi fait impression sur un autre Anglais, Houston Stewart Chamberlain, qui a épousé une des filles de Wagner et est l'auteur de textes antisémites et racistes. Houston Chamberlain voit d'ailleurs en Adolf Hitler le sauveur de l'Allemagne.

Les nationalistes ont défilé à Nuremberg

Nuremberg, 2 septembre
Hitler s'est lancé à nouveau dans l'arène politique. Debout au côté du général Ludendorff, il a pu voir plus de 100 000 nationalistes fêter la victoire des Prussiens sur les forces françaises à Sedan. Pour Hitler, ce fut une journée pleine d'émotion. Il a pris la parole pour dénoncer avec force le gouvernement de Berlin, qui semble être sur le point de céder aux Français à propos de l'occupation de la Ruhr. Il a également formé une alliance, la *Deutscher Kampfbund*, avec d'autres groupes nationalistes. Cette nouvelle formation a pour but le renversement du régime à Berlin et la fin du *Diktat* de Versailles.

Le chef du Parti nazi est entouré d'autres personnalités à Nuremberg.

Les Français ont fusillé un saboteur nazi

Les troupes françaises ont exécuté le jeune saboteur, Leo Schlageter.

Ruhr, 26 mai
L'exécution d'un jeune saboteur par l'armée française a suscité une vague d'indignation en Allemagne. Leo Schlageter, qui luttait contre l'occupation française de la Ruhr, a été passé par les armes pour avoir fait sauter la voie ferrée qui relie les villes de Dortmund et de Duisbourg. Il a été arrêté après avoir été trahi par un ami. Sa culpabilité ne faisait pas le moindre doute. Les autorités françaises avaient annoncé que les saboteurs seraient exécutés. Mais ses concitoyens s'interrogent sur la légalité de l'exécution par l'armée française d'un citoyen allemand sur le sol allemand en temps de paix. Schlageter, qui a adhéré au Parti nazi l'an dernier, est déjà devenu un héros pour les nazis. L'homme qui l'a trahi, Walther Kadow, a été tué par deux nationalistes, Rudolf Hess et Martin Bormann.

Afin de stabiliser le marché des changes, de nouveaux billets de banque sont diffusés, les marks-or. Le taux est fixé à 4,2 marks-or pour un dollar.

Le putsch nazi échoue quand la police ouvre

La situation à Munich devient explosive

Les Chemises brunes d'Hitler défilent devant le prince Rupprecht de Bavière.

Munich, 7 novembre
La tournure des événements pousse Adolf Hitler à lancer le putsch qu'il avait promis aux autorités de ne pas organiser. Le chef des nazis devait ainsi trouver un moyen d'améliorer son image après le fiasco du 1er mai dernier, et ses SA étaient impatients d'entrer en action. En outre, Hitler craignait qu'une baisse de la tension dans la Ruhr, due à une diminution de l'inflation, nuise à ses projets. Il négocie tous les jours avec le général Otto von Lossow et Kahr, mais c'est la méfiance qui règne entre les deux camps. Lorsque Hitler a constaté que la situation à Munich devenait explosive, il a décidé de préparer pour le 10 novembre une grande manifestation près de Munich. C'est de là que le putsch serait lancé. Mais von Lossow et Kahr ont décidé de tenir une réunion dès demain, au Burgerbrau Keller. Alors, Hitler a compris que le moment d'agir était peut-être arrivé.

Les gardes du corps d'Adolf Hitler (Stosstruppe) préparent leur putsch.

L'arme au poing, Hitler attaque la taverne

Munich, 8 novembre
Le commissaire général de Munich, Gustav von Kahr, avait à peine pris la parole devant la foule groupée dans la brasserie Burgerbrau quand Hitler a fait irruption dans la salle. Vêtu d'un costume noir et portant sa Croix de fer, il a tiré un coup de feu en l'air avec son revolver. Il était suivi par plusieurs hommes des SA. Profitant du silence, Adolf Hitler a annoncé : « La révolution nationale a commencé. Les gouvernements du Reich et de Bavière ont été chassés et un gouvernement provisoire a été formé. » C'était du bluff, mais il a gagné son pari. Puis Hitler a rejoint Otto von Lossow, Kahr et le chef de la police, Hans von Seisser, dans une salle voisine pour tenter de les convaincre de se joindre à lui. Il était très excité et a même placé le canon de son arme sur sa tempe. Il a alors affirmé : « Si je ne suis pas victorieux d'ici à demain, alors je suis un homme mort. » Hitler s'est ensuite précipité dans la salle principale, où Goering haranguait la foule, et a déclaré que Lossow, Kahr et Seisser avaient accepté de se joindre à lui pour marcher sur Berlin et « sauver le peuple allemand ».

Le général Ludendorff soutient Adolf Hitler

Munich, 8 novembre
Le général Erich Ludendorff, le prestigieux héros de la guerre qui a gardé la confiance et le respect de beaucoup d'Allemands, a été invité à se rendre à la brasserie Burgerbrau par un ancien caporal, Adolf Hitler. C'est Max von Scheubner-Richter qui a conduit le général à la taverne à bord de la Mercedes rouge toute neuve d'Hitler. Ludendorff n'a pas apprécié de ne pas avoir été informé à l'avance du putsch et de ne pas avoir été placé à la tête du régime que vient de former Hitler. Mais il a conseillé à von Lossow, Kahr et Seisser de soutenir le chef des nazis dans l'intérêt national. Lossow et Kahr ont tout de suite accepté, alors que Seisser, en vrai monarchiste, a répondu qu'il voulait bien coopérer en tant que « représentant du roi ». Hitler les a alors fait monter sur l'estrade et ils ont tous prêté serment d'allégeance au nouveau régime. En quittant la brasserie, Rudolf Hess a fait arrêter un groupe de ministres bavarois. Hitler surveillait Lossow, Kahr et Seisser, mais dès qu'il leur a tourné le dos les trois hommes ont disparu. Le général von Lossow a regagné son QG où il a reçu de Berlin l'ordre d'écraser le putsch. Kahr a aussi lâché Hitler et a même publiquement désavoué les propos qui lui auraient été « arrachés par la force ». Hitler ne peut plus compter que sur le soutien du vieux général Ludendorff.

le feu. Hitler est arrêté et Goering est blessé

Ludendorff croyait l'armée avec eux

Munich, 9 novembre
Le jour s'est levé, glacial, sur les rêves brisés d'Hitler. Il a dû se rendre à l'évidence : le putsch n'a pas réussi. Certes, Röhm a pu s'emparer de l'état-major de Munich et Hess a même pu tenir prisonnier le Premier ministre, Knilling, et le ministre de l'Intérieur, Schweyer, dans la villa de l'éditeur Julius Lehman. Mais rien d'autre n'a pu être accompli. Conformément aux ordres venus de Berlin, le général Otto von Lossow a déployé ses soldats autour de la ville. Pendant la nuit, von Kahr a réussi à installer le gouvernement à Regensburg non loin de Munich. Il a vite fait imprimer des affiches qui dénoncent le putsch et proclament la dissolution du Parti nazi. Hitler est découragé et abattu. Il ne voulait pas affronter l'armée mais réussir à la convaincre de se joindre à eux pour marcher ensemble sur Berlin. C'est le général Ludendorff qui lui en avait donné l'idée. Il avait aussi suggéré à Adolf Hitler et à sa milice d'occuper le centre de Munich. Ils sont donc partis vers la ville, avec en tête Goering, Ulrich Graf, le garde du corps d'Hitler qui ne le quitte jamais, Alfred Rosenberg, Scheubner-Richter, aventurier balte, et 3 000 SA. Ils ont réussi à franchir facilement un barrage érigé par la police et poursuivi leur chemin vers le centre-ville. Là, Hitler espère qu'il peut encore relancer sa révolution nazie et éviter un échec total.

Les vaincus : Hitler, entouré de Ludendorff et de Röhm, avec d'autres organisateurs du putsch manqué des nazis.

La police fait échouer la marche des nazis

Munich, 9 novembre
Juste avant midi, Adolf Hitler et ses miliciens se sont trouvés face à un cordon de policiers dans une ruelle menant à l'Odeonplatz. Hitler leur a donné l'ordre de se rendre mais les policiers ont tenu bon. Un coup de feu a alors retenti, probablement tiré par Julius Streicher, bien que certains disent que c'est Hitler lui-même qui a ouvert le feu. La police a riposté et Goering a été blessé à la jambe. Scheubner-Richter est mort sur le coup. Il tenait Hitler par le bras et, en s'écroulant, il l'a entraîné dans sa chute et lui a démis l'épaule. Se croyant atteint par balle, Hitler s'est relevé et s'est enfui, laissant seize de ses amis et trois policiers à terre. Ludendorff est furieux que la police ait osé ouvrir le feu. Il s'est avancé vers eux avec son adjoint, le major Streck, mais aucun des SA n'a eu le courage de les suivre.

Les leaders nazis sont arrêtés

Munich, 11 novembre
Hitler a été arrêté alors qu'il se trouvait chez un de ses amis, Putzi Hanfstaengl, à Uffing, une localité située à 50 km de Munich. Il s'est remis de sa blessure à l'épaule mais il ne se pardonne pas de s'être enfui en abandonnant ses camarades, il y a deux jours. Ernst Röhm a lui aussi été arrêté, deux heures seulement après les incidents du 9 novembre. Julius Streicher, Dietrich Eckart, Wilhelm Frick, Max Amman sont également sous les verrous. Gregor Strasser a été arrêté à Landshut par son propre beau-frère, le policier George Hofler. Ludendorff a été placé en résidence surveillée, alors que Rudolf Hess a pu se réfugier en Autriche. Goering, qui été soigné par sa femme, aidée par un banquier juif, a aussi pu s'enfuir avec elle en Autriche.

Hitler se retrouve dans une forteresse

Munich 13 novembre
Pâle, mal vêtu et les cheveux en désordre, mais portant toujours sa Croix de fer, Hitler a été enfermé dans la forteresse de Landsberg am Lech, comme l'ont été plusieurs de ses camarades nazis. Il s'inquiète des conséquences de l'échec du putsch car le Parti nazi est dissous et ses dirigeants arrêtés. Ses espoirs de gloire et de pouvoir sont brisés. Les gens l'accusent de lâcheté. Même les manifestations pro-Hitler depuis son arrestation ne l'ont pas réconforté. Il pense que le putsch manqué a sonné le glas pour son projet qui faisait de la Bavière le point de départ d'un mouvement qui devait renverser la république de Weimar. Drexler, l'ancien chef du Parti nazi, tente de rassurer Hitler, qui parle de suicide pour « échapper au peloton d'exécution ».

Les vainqueurs : la cavalerie patrouille dans Munich après l'échec du putsch.

1924

De 34 à 35 ans

9 janvier. Assassinat à Speyer de Herr Heinz, le leader de la « République du Rhin », une entité soutenue par la France.

26 février. A Munich, ouverture du procès pour haute trahison d'Adolf Hitler et du général Erich Ludendorff.

Mars. Martin Bormann est condamné à un an de prison, en tant que complice de Rudolf Hess, pour le meurtre de Walther Kadow, soupçonné d'avoir livré aux Français le saboteur Leo Schlageter.

16 avril. L'Allemagne accepte une proposition du banquier américain Charles Dawes sur le versement des réparations.

4 mai. Gains des nazis et des communistes aux élections législatives. Hitler était opposé à la participation des nazis.

Juin. Julius Streicher et Hermann Esser fondent la Grande communauté du peuple allemand, un mouvement opposé au Parti national-socialiste, dirigé maintenant par Ludendorff et Gregor Strasser.

6 juin. Le Reichstag adopte la proposition Dawes.

10 juin. Assassinat par des fascistes de Giacomo Matteotti, secrétaire général du Parti socialiste italien.

8 juillet. Espérant être libéré, Hitler annonce sa démission de la présidence du Parti nazi.

17 août. Les troupes françaises et belges évacuent Offenburg et Appenweier, dans la Ruhr, après l'acceptation du plan Dawes par les Alliés.

15 décembre. Démission du cabinet social-démocrate allemand du chancelier Marx.

Adolf Hitler jugé pour haute trahison

Munich, 23 mars
Le procès d'Hitler, de Ludendorff, de Röhm et de sept autres nazis est arrivé à sa fin. Il se déroule depuis trois semaines dans l'ancienne Ecole d'infanterie et suscite un vif intérêt dans tout le pays. Adolf Hitler, qui a traversé une période dépressive après son putsch manqué, est passé à l'attaque. Il a habilement détourné les propos de von Lossow, Seisser et Kahr, les trois principaux témoins à charge, en soulignant que ces trois hommes ont participé tout autant que lui-même au complot contre le gouvernement. « Je ne peux pas me déclarer coupable », a dit Hitler en ajoutant : « J'admets volontiers que j'ai participé à l'action, mais je ne peux pas me reconnaître coupable du crime de haute trahison. On ne saurait parler de trahison lorsqu'il s'agit de remédier à la trahison dont ce pays a été victime en 1918. Je ne me considère pas comme un traître mais comme un Allemand qui a fait tout ce qu'il pouvait pour aider son peuple. » Von Lossow a toutefois rétorqué qu'Adolf Hitler se prenait pour le Benito Mussolini allemand alors qu'il n'en n'était qu'une pâle imitation. Les arguments d'Hitler ont, dans l'ensemble, été assez bien accueillis par le tribunal.

Hitler à la fenêtre de sa cellule dans la forteresse de Landsberg am Lech.

Il échappe au peloton d'exécution

Munich, 1er avril
Adolf Hitler s'est bien défendu. Il a été reconnu coupable de trahison mais n'a été condamné qu'à la peine minimum : cinq ans de prison, alors qu'il risquait la peine de mort ou la détention à vie. Cette clémence n'a pas empêché certains membres du tribunal de dénoncer la « sévérité » de la peine infligée au chef des nazis. Le président du tribunal a souligné qu'Hitler pourrait même bénéficier d'une libération sur parole après avoir purgé au moins six mois de sa peine. Le général Ludendorff a été acquitté. Röhm a écopé de quinze mois de prison, mais il a néanmoins été libéré. Les autres inculpés ont tous été reconnus coupables mais n'ont reçu que des peines légères. Réagissant aux verdicts, le *Times* de Londres les qualifie de « très bonne plaisanterie pour un 1er avril ».

Son 35e anniversaire se passe en prison

Landsberg, 20 avril
Hitler aurait sans doute préféré fêter son 35e anniversaire ailleurs. Il a quand même dignement célébré cet événement. Des fleurs et des colis envoyés par ses admirateurs ont dû être rangés dans plusieurs salles de la forteresse tant leur nombre était important. Il a aussi reçu un colis de ses sucreries préférées. D'ailleurs, il n'a pas à se plaindre des conditions de sa détention. Il occupe une pièce très confortable au premier étage et Emil Maurice lui sert d'ordonnance. Vers midi, Hitler déjeune avec une quarantaine de membres du parti qui sont autorisés à lui rendre visite. Ils sont assis sous une grande croix gammée qui décore le plafond. Il n'est pas obligé de travailler ou de faire du sport, bien qu'il se promène souvent dans les jardins du fort. Le matin à 10 h, le *Führer* reçoit un rapport de ses lieutenants. Il reçoit aussi du courrier. Houston Stewart Chamberlain lui a écrit une lettre pour lui exprimer toute son amitié et Goebbels a estimé que les propos tenus par Hitler lors de son procès étaient « admirables ».

La cellule d'Hitler à la forteresse.

Les nazis s'infiltrent dans d'autres partis

Berlin, 4 mai
Le Parti nazi, dissous à la suite du putsch manqué, semble être déchiré par des querelles internes. Mais, en dépit de l'opposition d'Hitler, des membres importants du parti ont pu participer aux législatives. Et ils ont obtenu de bons scores. Röhm, Frick et Gregor Strasser, candidats du Parti national-socialiste de la liberté, sont ainsi devenus les premiers nazis à être élus au Reichstag. Le général Ludendorff a lui aussi été élu. Leur succès est en grande partie dû à la performance d'Hitler lors de son procès pour trahison, que l'électorat allemand semble avoir appréciée. En l'absence d'Hitler, les destinées du Parti nazi sont entre les mains d'Alfred Rosenberg. C'est Hitler qui lui avait confié ce poste peu avant d'être arrêté à Munich. Mais Alfred Rosenberg n'est pas pris au sérieux, particulièrement par les membres de l'aile extrémiste du Parti nazi tel Julius Streicher.

Il dicte son livre « Mein Kampf » à Hess

Landsberg, juillet
Hitler ne reçoit désormais plus de visiteurs dans sa prison. Il est bien trop occupé à écrire *Mein Kampf* (Mon combat), une œuvre qui doit exposer ses idées politiques et aussi raconter sa vie. Il avait commencé par taper une première version à la machine, puis il a préféré dicter son texte à Rudolf Hess, qui est rentré d'Autriche pour rester au côté de son *Führer*. Hess a ainsi remplacé l'horloger Emil Maurice, qui faisait office de secrétaire. Amman, lui aussi détenu à Landsberg, est déçu par la qualité de l'ouvrage. C'est pourtant Amman qui a suggéré à Hitler qu'il gagnerait de l'argent en écrivant un tel livre. Adolf Hitler voit *Mein Kampf* comme une œuvre philosophique majeure et il tient à en lire des extraits à ses amis chaque samedi soir. Ceux-ci ont parfois du mal à cacher leur ennui, mais ils n'oublient jamais d'applaudir le chef du Parti nazi.

Même ses admiratrices lui rendent visite

Landsberg, juin
Les pensionnaires habituels de la forteresse de Landsberg ne peuvent recevoir des visiteurs que pendant six heures par semaine. Cette règle ne s'applique pas à Hitler. Il reçoit chaque jour des dizaines de cadres du Parti nazi, simples admirateurs, politiciens ou militaires. Hitler a même été autorisé à voir son chien, un berger allemand. Il a aussi reçu la visite de ses amies, telles Hélène Bechstein ou Winnifried Wagner. Ces femmes semblent être fascinées par Hitler. Ce dernier a également reçu la visite de l'épouse du chef des SA, Karin Goering, dont le mari se trouve en Suède, où il se remet tant bien que mal de sa blessure et s'est replongé dans sa morphinomanie.

Dédié, le 15 avril 1925, à Karin Goering, qui lui avait rendu visite en prison.

Remis en liberté sur parole après neuf mois

Adolf Hitler quitte la forteresse. Il passera les fêtes de Noël avec ses amis.

Landsberg, 20 décembre
Adolf Hitler vient d'être libéré sur parole après avoir purgé neuf mois de la peine de cinq ans à laquelle il avait été condamné. Il a quitté la prison la casquette à la main, vêtu d'une traditionnelle culotte de cuir et protégé du froid par un manteau. Il a posé quelques instants pour les photographes puis il s'est engouffré dans une voiture et a disparu. Son comportement en prison ayant été exemplaire, il aurait pu être libéré plus tôt si Ernst Röhm n'avait pas provoqué les autorités allemandes en reconstituant les unités SA sous le couvert de chorales ou de clubs sportifs. L'organisation *Frontbann* que dirige Röhm compte désormais 30 000 hommes. Hitler va retrouver un parti virtuellement en ruines et secoué par de vives dissensions. Des jeunes comme Josef Goebbels, Otto et Gregor Strasser ont influé sur les partisans. Hitler est conscient de la crise. En réalité, il a laissé le parti dépérir afin que personne ne puisse prendre sa place en son absence.

L'économie du Reich se redresse peu à peu

Munich, décembre
La colère sociale que les nazis ont si bien su exploiter s'estompe peu à peu en raison du redressement de l'économie du pays. Les dernières troupes françaises et belges ont quitté la Ruhr, le plan Dawes pour un règlement définitif du problème des réparations de guerre a enfin été accepté. Les Américains investissent en Allemagne et la population peut trouver des emplois et de quoi se nourrir. Les Allemands retrouvent leur confiance. Cela a eu un effet sur les résultats des récentes législatives. La droite a perdu 50 % de ses voix alors que celles des sociaux-démocrates sont en hausse de 30 %.

1925

De 35 à 36 ans

15 janvier. Hans Luther forme un nouveau gouvernement à Berlin avec, pour la première fois, la participation de nationalistes.

Mars. Gregor Strasser accepte de devenir chef du Parti nazi pour la région nord, à condition d'être traité en égal par Hitler.

31 mars. Ludendorff, le candidat nazi à la présidentielle, ne remporte que 211 000 voix sur un total de 27 millions.

7 avril. Hitler est apatride. Il a renoncé à sa nationalité autrichienne pour ne pas risquer l'expulsion.

1er septembre. Ernst Thälmann prend la direction du Parti communiste allemand.

Septembre. Heinrich Himmler quitte son poste de secrétaire auprès de Gregor Strasser. Goebbels lui succède.

15 septembre. Goering est à l'hôpital de Langro, en Suède, où il subit une cure de désintoxication pour soigner sa morphinomanie.

16 octobre. Le traité de Locarno, qui garantit les frontières en Europe, réconcilie l'Allemagne et ses anciens ennemis.

25 octobre. Démission des ministres nationalistes allemands pour protester contre le traité de Locarno.

9 novembre. Formation des « équipes de protection », les *Schutzstaffeln*, ou SS, du Parti nazi, dont les membres portent des chemises noires.

1er décembre. Les troupes britanniques quittent Cologne après cinq années d'occupation.

Autorisé à relancer le Parti nazi

Munich, 14 février
Adolf Hitler a reconstitué le Parti nazi, deux mois après sa libération. Heinrich Held, le Premier ministre bavarois, a accepté une requête faite par Hitler et a levé l'interdiction qui frappait le parti. Pour sauver la face, Adolf Hitler, qui a dû supplier Held, a affirmé à ses amis qu'il était allé voir le chef du gouvernement pour lui demander de libérer les autres nazis détenus à Landsberg. Il a été fraîchement reçu par Held, dont la foi catholique avait fait l'objet de critiques de la part des nazis. Hitler a prétendu que Ludendorff était à l'origine de ces attaques. Hitler a également admis que le putsch nazi avait été une erreur, prétendant que son intention était de défendre le pays contre les communistes. Il lui a promis de ne pas recommencer et juré qu'il respecterait désormais la loi. Après son entretien avec Hitler, Heinrich Held, un peu naïf, a dit à son adjoint : « Cette bête sauvage a enfin été apprivoisée. Nous pouvons nous permettre de desserrer un peu ses liens. »

Röhm démissionne après une dispute

Munich, 16 avril
Röhm, l'ancien militaire qui a été le premier à reconnaître les qualités de politicien d'Hitler et qui était une des rares personnes à oser lui dire « tu », s'est disputé avec son *Führer* et a démissionné des SA. C'est la volonté d'Ernst Röhm de pouvoir se servir du *Frontbann* comme d'une unité indépendante, hors de toute forme de contrôle du parti, qui est à l'origine de la querelle. Hier, Adolf Hitler avait accusé Röhm de l'avoir trahi. Ce matin, Röhm a quitté non seulement les SA mais aussi le *Frontbann*. Il n'admet pas qu'Hitler ait maintenant décidé d'accéder au pouvoir dans la légalité et qu'il ne permette plus à ses hommes de main de continuer leurs actions violentes. Ernst Röhm pense partir en Bolivie pour y devenir conseiller militaire. Un autre membre des SA, Hermann Kriebel, sorti de prison avec Hitler, est lui aussi parti en exil. Il fait route vers Shanghai, en Chine, pour tenter d'y faire fortune.

Il ressoude ses partisans avec un discours

Sur cette photo figurent les membres de la première escorte d'Hitler en 1925. On reconnaît, de gauche à droite, Julius Schaub, Julius Schreck, Adolf Hitler, Hansjörg Maurer et Friedrich Schneider. Ces hommes sont prêts à tout.

Munich, 28 février
Hitler n'a décidément rien perdu de sa verve. Il lui aura suffi d'un seul discours pour unifier un parti qui semblait au bord de l'éclatement. Hier soir, il a parlé pendant deux heures devant quelque quatre mille fidèles entassés dans la brasserie Burgerbrau, rendue célèbre par le putsch manqué. Il a officiellement proclamé la reconstitution du parti, annoncée par le journal *Völkischer Beobachter*, qui est à nouveau dans les kiosques. Plusieurs des leaders du parti étaient absents : Strasser, Röhm, Rosenberg et Goering. Mais le discours d'Hitler a été un peu trop efficace. Ce matin, le gouvernement lui a en effet interdit de parler à nouveau en public.

Hindenburg a été élu président du Reich

Hindenburg, héros et monarchiste.

Berlin, 26 avril
14 700 000 Allemands ont apporté leurs voix au maréchal Paul von Hindenburg, héros de Tannenberg et monarchiste, lors de l'élection présidentielle. Ce militaire, qui est à la retraite depuis juillet 1919, est âgé de 77 ans. Il est un mythe vivant et s'est laissé convaincre par les partis de droite et les milieux industriels de se porter candidat contre Wilhelm Marx, l'ancien chancelier, qui a été distancé d'un million de voix. Marx était soutenu par les socialistes et les centristes. Le vote des femmes a été important pour la victoire du vieux soldat. Les Allemandes voient en lui un homme qui représente les valeurs traditionnelles et la sécurité. Mais Adolf Hitler méprise Hindenburg. Il le traite de « vieux cheval », tout en appréciant les prises de position très nationalistes du maréchal, qui a promis de faire respecter les lois.

« Mein Kampf » déçoit par son style obscur

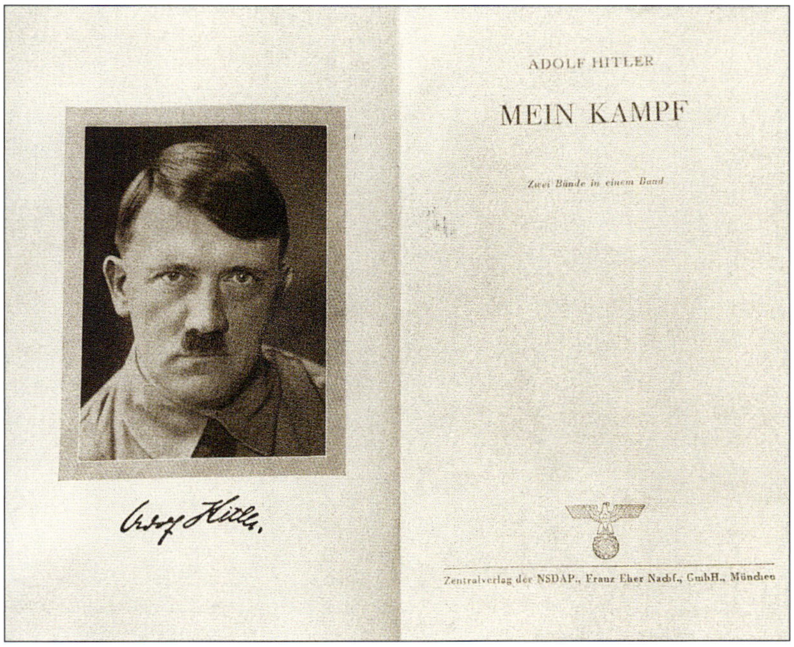

Munich, 18 juillet
Mein Kampf, écrit par Hitler lors de son séjour en prison, vient d'être publié. Le style souvent obscur et répétitif de l'ouvrage a déçu bon nombre de lecteurs, et ce en dépit des efforts qui ont été déployés par Rudolf Hess et par le père Bernhard Stempfle, un journaliste, pour le rendre plus accessible. Adolf Hitler développe dans les 400 pages du livre un programme raciste. Il trace à grands traits une politique qui prévoit de débarrasser l'Europe des Juifs. L'auteur menace également la France, accusée par lui de livrer le Vieux Continent à « l'odieuse race » des Africains.

Privé de discours, il prend des vacances

Berchtesgaden, août
Privé de sa meilleure arme politique en raison de l'interdiction qui lui est faite de parler en public, Hitler a de moins en moins envie de s'occuper des affaires du Parti nazi. Il n'ose pas violer l'interdiction par crainte d'être expulsé ou renvoyé en prison. Il passe donc de plus en plus de temps à Haus Wachenfeld où il est heureux de retrouver Geli. Agée de 17 ans, elle est la fille de sa demi-sœur Angela. Egalement privé des revenus que lui rapportaient tous ses discours, il vit de ses droits d'auteur de *Mein Kampf* et des articles qu'il fait publier dans des revues nazies. La duchesse de Sachsen-Anhalt, une divorcée qui admire le *Führer*, lui fait parvenir 1 500 marks par mois. Les Wagner et les Hanfstaengl lui versent aussi des sommes substantielles. Cela ne plaît guère aux autres membres du parti, d'autant que les adhésions sont nettement en baisse depuis quelque temps. Ils veulent que leur chef réagisse vite.

Hitler loue une maison à Berchtesgaden

Berchtesgaden, 15 juillet
Hitler, qui habite un deux pièces triste à Munich depuis sa sortie de prison, vient de louer une petite maison, Haus Wachenfeld. Située à 150 km au sud-est de Munich, elle surplombe le joli petit village de Berchtesgaden, dans la région de l'Obersalzberg. Elle a été construite par un industriel munichois. Adolf Hitler, qui verse un loyer de cent marks à la veuve du propriétaire, profite pleinement de la vue superbe qu'offre le site et adore se promener dans la forêt voisine. C'est sa toute première demeure depuis la mort de sa mère. Angela Raubal, sa demi-sœur, est venue avec ses filles, Geli et Friedl, pour lui servir de femme de ménage. Adolf Hitler est fatigué de la politique et préfère passer son temps libre avec sa nièce, la jeune et jolie Geli Raubal qui a 17 ans.

Geli Raubal est la nièce d'Hitler.

Haus Wachenfeld, une belle maison où Adolf Hitler peut oublier la politique.

Les Strasser le défient, Goebbels l'insulte

Hanovre, 22 novembre
Goebbels n'a pas hésité à traiter Hitler de petit bourgeois au cours d'une réunion convoquée par les frères Strasser. Cela illustre bien le malaise qui s'est installé au sein du parti depuis qu'Hitler l'a délaissé. Gregor Strasser, lui, a profité de la réunion pour réclamer que toutes les propriétés des anciens membres de la monarchie soient saisies. Hitler, qui reçoit régulièrement de l'argent de la noblesse, est contre. Il y voit une escroquerie juive. Hitler s'était fait représenter à cette réunion par Gottfried Feder, qui a été le seul, avec Richard Ley, à défendre avec force la position du *Führer*. Josef Goebbels a même tenté d'empêcher Feder de participer aux débats. Les frères Strasser l'ont ainsi emporté, et, quand Fedel a voulu protester, Goebbels, qui est le secrétaire de Gregor Strasser, a réclamé que « ce petit bourgeois d'Hitler soit expulsé tout de suite » du Parti nazi.

Le plus redoutable des tribuns en pleine action

Munich, automne
L'homme qui avait photographié Adolf Hitler perdu dans la foule lors de la déclaration de guerre de 1914, Heinrich Hoffmann, a pris une série de clichés remarquables du *Führer* en train de mimer un de ses propres discours. Ces étonnantes photos ont été prises à Munich, dans le studio d'Hoffmann. Pendant qu'un tourne-disque diffusait l'enregistrement du discours, surtout lors du passage où Hitler déclare qu'« une alliance dont le but n'est pas la guerre n'a aucun sens ni aucune valeur », Adolf a pris une série de poses dramatiques. Ces photographies montrent la manière dont ce redoutable orateur réussit si bien à électriser les foules. Mais le photographe semble avoir été trop bon, car, quand Hitler a regardé les négatifs, il a immédiatement dit à Hoffmann de les détruire. Malgré sa promesse de le faire, ce dernier les a rangés avec les autres photos d'Hitler qu'il garde soigneusement dans sa collection privée. Heinrich Hoffmann devient le photographe personnel d'Hitler. Il est le seul à être autorisé à le côtoyer. Cet ancien caméraman de l'armée, qui a hérité du magasin de photographie de son père à Munich, a rencontré Hitler en 1919. Il a compris la fascination qu'il pouvait exercer. Hoffmann a adhéré au Parti nazi en 1920. Hitler lui rend souvent visite pour prendre une tasse de café et des sucreries. Il aime aussi visiter son studio, car l'on y trouve souvent de jolies filles, dont la fille d'Hoffmann, Henny. Adolf flirte avec elle, ce qui ne déplaît pas à son père car le photographe est sûr qu'Hitler a un bel avenir devant lui. Mais Hoffmann sait que c'est en fait Geli, la jeune nièce du *Führer*, qui intéresse Hitler. Il en est navré, mais il sait qu'il fait désormais partie de l'entourage d'Hitler. S'il ne s'occupe pas de politique, il voit dans cette amitié avec Hitler une bonne façon de devenir célèbre et riche. Homme très ambitieux et excellent dans la manière de conduire ses affaires, il est convaincu que la collection de photographies d'Adolf Hitler qu'il constitue lui sera fort utile un jour, et qu'elle vaudra beaucoup d'argent, même si le maître du Parti nazi ne les apprécie pas toutes.

1926

De 36 à 37 ans

13 mars. La SDN refuse l'adhésion de l'Allemagne.

1er avril. Le ministre des Affaires étrangères Gustav Stresemann déclare à Berlin que l'Allemagne devrait peu à peu retrouver sa position de grande puissance.

24 avril. Signature d'un pacte d'amitié germano-soviétique prolongeant le traité de Rapallo.

13 mai. Coup d'Etat militaire en Pologne du maréchal Jozef Pilsudski.

17 mai. Le social-démocrate Wilhelm Marx devient chancelier après la démission de Hans Luther.

22 mai. A Munich, Hitler obtient le contrôle total du Parti nazi.

Septembre. Hitler écrit au fisc allemand : « Je n'ai pas en ce moment les moyens de payer mes impôts ; je dois lever un emprunt pour pouvoir vivre. »

7 octobre. L'Italie adopte un régime fasciste ; l'opposition est interdite et Benito Mussolini jouit des pleins pouvoirs.

Automne. Poussé par sa seconde épouse, Mathilde von Kemnitz, Erich Ludendorff crée le Tannenbergbund, un mouvement qui s'oppose aux « pouvoirs supranationaux » des Juifs, des jésuites et des francs-maçons.

10 décembre. Le prix Nobel de la paix est attribué conjointement à Aristide Briand (France) et Gustav Stresemann (Allemagne).

10 décembre. Parution du deuxième volume de *Mein Kampf.*

Belges et Anglais évacuent Cologne

Cologne, 30 janvier
Les drapeaux britannique et belge qui flottaient sur Cologne depuis huit ans ont été retirés à 15 h. Une demi-heure plus tard, les dernières troupes belges et anglaises ont quitté la ville devant une grande foule qui était descendue dans les rues de la cité pour manifester sa joie. Devant la cathédrale gothique, consacrée en 1880, de nombreuses personnes ont passé la nuit, malgré le froid glacial, pour enfin fêter le départ des soldats étrangers. La fanfare d'un régiment anglais a joué des airs américains comme *Swanee* et *Yankee Doodle Dandy*. C'est en 1918 que Londres avait décidé d'occuper la fière cité de la rive gauche du Rhin. Konrad Adenauer, bourgmestre de Cologne depuis 1920, a demandé qu'un jour de vacances soit accordé aux enfants des écoles afin qu'ils puissent fêter « Cologne libérée ». Adenauer, issu d'une famille catholique locale, est membre du Parti centriste.

La volte-face de Goebbels surprend Strasser

Adolf Hitler a finalement gagné l'épreuve de force contre Gregor Strasser.

Bamberg, 14 février
Hitler a gagné son bras de fer avec les deux frères Strasser. L'épreuve de force a duré toute la journée. Adolf Hitler, arrivé dans la salle où se tenait la réunion avec un groupe de ses partisans, a réussi à démolir les arguments de Gregor Strasser, défenseur d'une approche gauchiste du national-socialisme. Les deux frères comptaient bien sur Goebbels pour les défendre, mais ce dernier s'est levé et, au lieu de les soutenir, a déclaré qu'ils avaient tort. Josef Goebbels a ajouté qu'ils n'avaient d'autre choix que d'admettre leur erreur et de se soumettre une fois pour toutes au *Führer.*

Hitler amoureux de sa jeune nièce Geli

Obersalzberg, printemps
Hitler est amoureux de Geli, sa jolie nièce brune, qui est de dix-neuf ans plus jeune que lui. Elle l'appelle « oncle Alf » et le mène par le bout du nez. Elle se fait accompagner à l'Opéra par Hitler, puis au café Heck, à Munich. Quand il fait beau, Geli et Henny Hoffmann se font conduire à la campagne par Adolf, à bord de la grosse Mercedes noire qui appartient au parti. Les deux jeunes femmes adorent pique-niquer sur les rives du lac Chiemsee. Geli a une belle voix et Hitler lui a payé des leçons de chant. Bien qu'il ne lui résiste pas souvent, Hitler n'autorise pas Geli à porter des robes qu'il juge trop décolletées. Il est aussi jaloux et se fâche lorsque des jeunes gens de son âge tentent de l'approcher. Son amour pour sa nièce l'empêche de se consacrer aux affaires du Parti nazi. Adolf Hitler se sent coupable car c'est une situation dans laquelle il avait juré de ne pas se trouver. Les dirigeants du parti n'aiment pas voir leur chef passer tant de temps avec la belle Geli et lui offrir des soirées avec l'argent du parti.

Le salut fasciste de Mussolini est adopté

Weimar, 4 juillet
Hitler, fasciné par les drapeaux, les insignes et les symboles nazis, vient d'adopter le salut fasciste de Benito Mussolini. Ce matin, debout dans sa Mercedes officielle, il a donné ce salut, le bras tendu, lorsqu'il a passé en revue cinq mille membres de son parti réunis à un grand meeting à Weimar. Hitler avait organisé cette réunion pour célébrer sa victoire sur les frères Strasser. Le meeting s'est tenu en Thuringe, un des *Länder* où Hitler est autorisé à parler en public. Il est résolu à écraser tout défi au sein du parti, à tel point que les seules motions qui peuvent encore être au programme des réunions des cadres du parti sont celles qui sont préalablement approuvées par « le premier président » du parti, c'est-à-dire Hitler lui-même.

Adolf Hitler fait la démonstration du salut fasciste à ses partisans nazis.

Le Reich admis à la Société des Nations

Genève, 8 septembre
C'est par un télégramme, envoyé il y a tout juste deux jours, que Gustav Stresemann, le chef de la diplomatie allemande, a appris que l'assemblée de la Société des Nations avait voté à l'unanimité l'octroi d'un siège permanent à son pays. Le Reich fait ainsi un retour remarqué sur la scène internationale. L'entrée de l'Allemagne à la SDN pourrait aussi aider à renforcer cette organisation basée à Genève qui souffre toujours de l'absence de l'URSS et des Etats-Unis. Le Français Aristide Briand, qui préside les travaux de la SDN, est heureux de la réconciliation. Il a déclaré à l'assemblée : « Arrière les fusils et les canons ! Place à l'arbitrage, à la sécurité et à la paix ! »

Un succès pour Gustav Stresemann.

Une Irlandaise tire sur Benito Mussolini

Rome, 7 avril
Ce matin, Mussolini a été attaqué par une Irlandaise de 62 ans sortie d'un asile psychiatrique, Mlle Violet Gibson. Blessé au nez, il pâlit à la vue d'un peu de sang qui coulait, mais fit bonne figure devant la foule en s'écriant : « N'ayez pas peur, les balles passent mais Mussolini reste. » Cet attentat, le troisième dont il est la cible, ne semble pas être politique. Mlle Gibson, la fille d'un lord irlandais, a été arrêtée. Peu après cette tentative d'assassinat, l'homme fort de l'Italie a lancé une déclaration de guerre idéologique, présentant le fascisme comme étant l'« antithèse nette, catégorique et décidée du monde démocratique tout entier ».

Convaincre à tout prix les anciens soldats

Weimar, octobre
Le chef du parti a tenu à rencontrer les représentants des associations créées par des anciens militaires. La plus importante est le *Stahlhelm* (le casque d'acier). Résolu à accéder au pouvoir dans la légalité, Hitler veut convaincre ces groupes de s'unir aux nazis, ce qui apporterait au moins un million de voix supplémentaires. Il sait qu'il est peu connu du grand public en dehors de la Bavière, et ce malgré la notoriété que lui a donnée le putsch de 1923. Les photos de lui qui paraissent dans d'autres régions doivent d'ailleurs être marquées d'une croix au-dessus de lui, afin que le public puisse le reconnaître. Le Parti nazi ne compte actuellement que 42 000 adhérents attitrés, et la classe ouvrière est dominée par les socialistes et les communistes. Les anciens militaires qu'Adolf Hitler a rencontrés ont rejeté ses avances car le *Führer* a tenu à demeurer le chef incontesté du parti.

Il n'est pas très connu en province.

Hitler nomme Goebbels gauleiter de Berlin

Munich, 1er novembre
Goebbels, l'homme qui réclamait, il y a juste un an, l'expulsion du parti de ce petit bourgeois d'Hitler, s'est pleinement rallié au *Führer*. Hitler vient de le nommer gauleiter (chef de district) de Berlin. La tâche de Goebbels ne sera pas facile car la capitale est un fief des communistes. En plus, cette section berlinoise du parti est déchirée par des querelles et devra probablement être dissoute avant d'être reconstituée. Goebbels devra aussi affronter l'opposition des deux frères Strasser, qui le considèrent comme un traître à la cause nazie et envers eux. Ils sont soutenus par les gauchistes et ont leur propre maison d'édition. Cette bataille sera certainement difficile. Goebbels a néanmoins d'assez bons atouts, face aux Strasser. Il est plus habile que Gregor Strasser et il est un aussi bon orateur qu'Hitler. Josef Goebbels est surtout un homme qui n'a jamais eu le moindre scrupule. Il est capable de tout pour parvenir à ses fins.

La verve de Goebbels, chef de la propagande, fait oublier son infirmité.

Un nouveau chef pour les Chemises brunes

Munich, novembre
Les Chemises brunes, ces unités de choc des SA qui n'avaient plus de chef depuis la démission de Röhm, ont un nouveau commandant. En effet, Adolf Hitler vient de nommer Franz Pfeffer von Salomon, l'ancien leader du *Freikorps*, à la tête des Chemises brunes. Le capitaine von Salomon aura aussi un rôle politique puisqu'Hitler lui a écrit pour lui dire que « l'entraînement des SA devra être guidé par les besoins du parti plutôt que par des considérations militaires ». Hitler veut que les SA considèrent que l'anéantissement du marxisme est la priorité absolue. Cette tâche, selon Hitler, ne doit pas être accomplie en secret, mais lors de grandes manifestations. « Notre mouvement pourra ainsi atteindre ses buts en conquérant les esprits et pas avec du poison, des poignards ou des pistolets. » Afin de sceller les liens entre le parti et les SA, Adolf Hitler a organisé une cérémonie au Théâtre national de Weimar, où les SA ont pu faire acte d'allégeance au parti. A l'issue d'une cérémonie qui tenait du mystique, chaque unité SA a reçu une bannière conçue par le *Führer* et « bénie » par lui.

1927

De 37 à 38 ans

31 janvier. Fin du contrôle militaire interallié en Allemagne.

Février. Le gouvernement interdit le recrutement de nazis par l'armée, arguant que « le Parti nazi s'est fixé comme but le renversement de l'Etat constitutionnel du Reich ».

23 mars. Affrontements entre des communistes et des hommes de main de Goebbels à la gare de Lichterfelde-Ochs.

1er mai. Adolf Hitler tient sa première réunion politique à Berlin.

15 juillet. La situation en Autriche est tendue. Grèves et manifestations se succèdent. Le palais de justice est incendié.

Eté. A Berlin, Josef Goebbels fonde le journal *Der Angriff* pour faire concurrence au journal des frères Strasser. Hitler répond aux Strasser, qui sont furieux, qu'il ne peut pas contrôler Goebbels.

Août. L'agronome Richard Walther Darré adhère au Parti nazi.

Automne. Adolf Eichmann est représentant de la compagnie pétrolière Vacuum Oil.

14 novembre. Staline l'emporte sur ses adversaires politiques. Léon Trotski et Grigori Zinoviev sont exclus du Parti communiste. Staline est pratiquement le maître absolu de l'URSS.

31 décembre. Le film *Der Grosse Sprung*, dernier d'une série d'œuvres tournées dans les Alpes par Arnold Frank, est le succès cinématographique de l'année en Allemagne. L'actrice allemande Leni Riefenstahl en est la star.

Les nazis créent un gouvernement fantôme prêt à diriger le pays

Munich, janvier
Le Parti nazi a du mal à recruter de nouveaux adhérents, mais Hitler n'a pas hésité à constituer une sorte de gouvernement fantôme, capable de prendre les rênes du pouvoir dès le moment venu. Le *Führer* a demandé à Gregor Strasser, un homme avec lequel il ne s'entend pas mais dont il reconnaît les qualités, de créer une véritable bureaucratie nazie, avec des responsables pour les affaires étrangères, l'agriculture, la culture, les affaires sociales, l'économie et les questions raciales. Des unités d'auxiliaires du parti ont été mises en place. C'est ainsi que les ligues nationales-socialistes s'occupent des professions libérales. Les Jeunesses hitlériennes, de leur côté, recruteront parmi les jeunes Allemands.

Adolf Hitler n'ignore pas l'importance de convaincre les jeunes Allemands.

Il peut à nouveau parler en public

Munich, 9 mars
Adolf Hitler vient de prononcer son premier discours public depuis deux ans. Il a en effet réussi à convaincre les autorités bavaroises, qui ne le considèrent plus comme un danger, de lever l'interdiction qui le frappait. Il a donc prononcé une allocution très applaudie au cirque Krone. Le *Führer* était entouré de SA et de grands drapeaux frappés de la croix gammée. La teneur de ses propos n'a pas réellement changé depuis 1925, mais l'assistance a apprécié sa façon énergique de parler, ses saluts nazis et les airs martiaux joués par une fanfare des Chemises brunes.

Hitler achète la villa de Berchtesgaden

Berchtesgaden, été
Avec les droits d'auteur de son livre *Mein Kampf*, Adolf Hitler a enfin pu acheter la maison qu'il louait à la montagne, Haus Wachenfeld. Le livre ne lui rapporte pas autant qu'il avait espéré et il ne lui reste plus grand-chose pour meubler la villa. Heureusement, ses amis fortunés sont là pour l'aider. Les Wagner lui ont donné des draps, et les meubles ont été choisis et payés par Hélène Bechstein. Il a en outre acquis une Mercedes au moteur suralimenté.

L'incendie du palais de justice à Vienne, le 15 juillet, est devenu une affaire politique après que des soldats eurent abattu des émeutiers de gauche.

Il est critiqué au sein même du parti

Munich, août
Des voix s'élèvent contre Hitler au sein de la hiérarchie du Parti nazi. On critique en particulier la façon dont il passe son temps avec la jolie Geli et le fait qu'il puise dans les caisses du parti pour emmener la jeune femme en balade alors qu'il devrait consacrer tout son temps à s'occuper des intérêts des nazis. Les leaders nazis n'apprécient pas non plus l'arrogance de leur chef. Les plus radicaux d'entre eux sont aussi opposés à sa volonté de conquérir le pouvoir légalement et préfèrent le putsch. Même Goebbels, un de ses fidèles, a déclaré que si les méthodes légales échouaient, ils feraient une révolution.

Himmler devient le chef adjoint des SS

Munich, automne
Heinrich Himmler, un éleveur de poules devenu secrétaire de Gregor Strasser, est nommé *Reichsführer* des SS, la garde prétorienne d'Adolf Hitler. Il est ainsi devenu l'adjoint d'Erhard Heiden. Himmler est le fils d'un enseignant. C'est un homme d'apparence calme mais ambitieux et capable d'être impitoyable. Hitler l'a choisi parce qu'il se méfie du chef des SS qui est un ancien informateur de la police. Le *Führer* veut faire des unités SS des troupes d'élite pour lesquelles il a choisi la devise : « Mon honneur est ma loyauté. »

Goering est guéri et revient en Allemagne

Berlin, décembre
Ayant bénéficié d'une amnistie, Hermann Goering a pu rentrer en Allemagne, où il a immédiatement réintégré le Parti nazi. Il est fort utile à Hitler, car il lui permet de garder ses contacts dans l'aristocratie de Berlin. Goering est rentré seul car Karin souffre de la tuberculose et se fait soigner en Suède. Toujours aussi passionné d'aviation, Goering a pu trouver du travail comme consultant auprès des compagnies aériennes qui sont de plus en plus nombreuses en Europe.

Les nazis se réunissent à Nuremberg

Vêtu d'une chemise brune, Adolf Hitler passe en revue ses SA qui défilent sur la place du marché de Nuremberg.

Nuremberg a bien reçu les responsables du mouvement national-socialiste.

Nuremberg, août
Cette vieille cité impériale est toute pavoisée de drapeaux nazis et de croix gammées. Elle résonne du son des bottes. Hitler y a rassemblé plus de 15 000 nazis à l'occasion de la fête annuelle du parti. Le site est idéal pour un tel événement : Julius Streicher, gauleiter de la Franconie, en a fait le fief des antisémites. C'est Hitler lui-même qui a organisé cet énorme rassemblement. Il a loué des trains pour faire venir ses partisans, de tout le pays, avec bannières et fanfares. Pour la première fois, tous ont le même uniforme : une chemise brune. Même Hitler, qui les jugeait peu élégantes, en porte une. Comme d'habitude, son discours a été très applaudi. Dressé dans sa voiture, il a passé en revue ses troupes, qui le saluaient au cri de « Heil Hitler ». Mais il n'y a pas eu que des festivités militaristes. Les sujets politiques ont été abordés. Les cadres du parti ont discuté de la situation sociale dans le pays, du manque de soutien des intellectuels dont souffre le Parti nazi ainsi que de l'état inquiétant des finances du parti. Adolf Hitler et ses amis trouvent que Nuremberg est une ville fort accueillante pour les nazis.

1928

De 38 à 39 ans

Janvier. Le général Wilhelm Groener, qui avait conseillé au kaiser d'abdiquer, devient ministre de la Défense.

29 janvier. Accord germano-lituanien sur un règlement négocié de leur contentieux sur le territoire de Memel.

4 février. A Vienne, les nazis protestent contre l'arrivée de la danseuse noire américaine Joséphine Baker.

20 mai. Robert Ley, un ami d'Hitler, est élu au Parlement prussien.

Printemps. Martin Bormann est chargé des finances du Parti nazi en Thuringe et devient membre du commandement suprême des SA.

Juin. Hermann Müller, un social-démocrate, devient chancelier allemand après la démission de Wilhelm Marx.

Juin. Adolf Hitler a écrit un nouveau livre, qu'il a dicté à Max Amman. Cet ouvrage qui n'est pas publié traite du Sud-Tyrol, sous contrôle italien.

20 septembre. A Rome, le Grand Conseil fasciste remplace la Chambre des députés.

28 septembre. Après la Bavière, la Prusse lève l'interdiction de discours d'Adolf Hitler.

6 novembre. Herbert Hoover est élu Président des Etats-Unis.

19 novembre. Gustav Stresemann, le chef de la diplomatie allemande, déclare que Berlin n'échangera pas la Rhénanie contre une réduction de ses réparations de guerre.

30 décembre. L'Allemagne compte deux millions de chômeurs.

Un revers électoral pour le Parti nazi

Berlin, 20 mai
Les élections législatives allemandes se sont soldées par un sérieux revers pour les nazis et les autres partis de droite, et ce au profit des sociaux-démocrates. Le vote nazi est tombé de 3 à 2,6 %, tandis que celui des sociaux-démocrates passe de 26,05 à 29,8 %. Ce revers est attribué à l'amélioration de la situation économique du pays, suite aux efforts de Stresemann et de Hjalmar Schacht, le président de la Reichsbank, la Banque centrale. C'est ce dernier qui a réussi à bien contrôler le taux d'inflation. Les nazis, devenus le neuvième parti allemand, disposent encore de douze sièges à l'assemblée du Reichstag.

Goebbels se moque du Reichstag

Berlin, 27 mai
Josef Goebbels, élu au Reichstag la semaine dernière, a révélé au grand jour l'intention des nazis de détruire cette institution. « Nous entrons au Reichstag, déclare-t-il, afin de nous emparer des armes de la démocratie qui se trouvent dans son arsenal. Nous sommes devenus députés pour faire en sorte que ce soit l'idéologie de Weimar qui nous aide à écraser la République. » Hitler, lui, n'a pas pu se présenter aux législatives car il est apatride et donc non éligible. Mais il soutient pleinement les plans de son lieutenant Goebbels.

Hitler s'en prend à Gustav Stresemann

Munich, 22 septembre
Le succès de Gustav Stresemann sur la scène internationale irrite Hitler. Ce soir, à une réunion des cadres du parti, il a donné libre cours à sa bile. Il faut, a-t-il proclamé, que tous les Allemands cessent de croire en des choses qui sont impossibles « telles que la réconciliation, la solidarité, la paix, la compréhension, la Société des Nations. Nous détruirons ces concepts impossibles à réaliser. Il n'y a qu'un seul droit dans le monde, le nôtre. Et ce droit deviendra notre propre puissance ».

L'Allemagne signe le pacte Briand-Kellogg

Le ministre allemand Gustav Stresemann est acclamé dans les rues de Paris.

Paris, 27 août
Au Quai d'Orsay, les représentants de soixante-quatre nations ont signé un pacte de renonciation à la guerre. Parmi les Etats signataires figurent l'Allemagne, la Belgique, les Etats-Unis, la France, la Tchécoslovaquie, la Grande-Bretagne, la Pologne, le Japon et l'Italie. Cet accord restera l'œuvre d'Aristide Briand, ministre français des Affaires étrangères, et de Frank Kellogg, son homologue américain. La signature de ce pacte suscite une vague de soulagement en Europe, car il porte un coup aux extrémistes tel Hitler, des hommes qui préfèrent la vengeance et la guerre à la réconciliation et la paix. L'Allemagne n'est plus au ban des nations. La presse s'en félicite et titre : « La guerre millénaire est mise hors la loi » ou encore « Les noces spirituelles de Briand et de la paix ». La confiance en ce pacte est telle qu'aucune notion n'est précisée dans son texte : on a ignoré l'idée d'agresseur, de sanction et même du cas de légitime défense.

Une des photos préférées d'Adolf Hitler : une fillette lui offre des fleurs.

Un magnat de la presse contrôle la droite

Berlin, 21 octobre
Le richissime Alfred Hugenberg, ancien président de la société Krupp devenu le propriétaire d'un influent groupe de presse et de compagnies cinématographiques, vient d'être nommé à la tête du Parti national populaire allemand. Ce nationaliste fervent souhaite utiliser ses journaux pour renverser la République. Il a de l'argent et le soutien des grands patrons de l'industrie, ainsi que des groupes comme le *Stahlhelm* et la Ligue pangermanique. Mais il n'a pas d'hommes capables d'imposer ses vues par la force. Il veut donc recruter Hitler et ses unités de SA et de SS, mais ce dernier ne prend pas Hugenberg et ses partisans de droite très au sérieux.

Le richissime Alfred Hugenberg.

Goebbels dirige la propagande des nazis

Munich, novembre
Adolf Hitler a apprécié la façon dont Goebbels s'est occupé des communistes dans leur fief de Berlin et dont il l'a emporté sur les frères Strasser. Il lui a donc confié l'action politique et psychologique à mener sur le peuple allemand. Goebbels va ainsi pouvoir donner libre cours à ses talents d'orateur. Il est tout aussi efficace que le *Führer*, bien que son style soit glacial et n'enflamme pas comme celui d'Hitler. Goebbels fait tout pour promouvoir le culte du *Führer* et pour tourner les ennemis du Parti nazi en dérision. Goebbels a trouvé dans le parti la meilleure façon de surmonter son handicap et il se donne corps et âme à la cause des nazis.

Goebbels, un polémiste très doué qui s'efforce dans ses discours de démolir les ennemis d'Adolf Hitler.

Pour les nazis, le monde ne compte que des amis ou des ennemis

Munich, décembre
En politique, Hitler ne fait pas dans la nuance : on est pour lui ou contre lui. Toute personne qui cherche à rester neutre doit être persuadée, par la force si besoin est, de se rallier aux thèses nazies. Les ennemis, eux, doivent simplement être anéantis. Adolf Hitler a peut-être choisi de rester dans la légalité, mais ses SA n'hésitent pas à en découdre, lors de batailles rangées dans les rues de Munich, avec les communistes. Les deux groupes adverses lancent des opérations commando destinées à perturber les meetings politiques. Les autres ennemis des nazis, des hommes comme ce Stresemann qui soutiennent la République, sont tous dénoncés. Les alliés potentiels, tel Alfred Hugenberg, sont, eux, tolérés tant qu'ils restent utiles aux intérêts du Parti nazi. Tous ceux qui, au sein même du parti, pourraient lancer un défi à Hitler sont surveillés de très près. Pour Hitler, les vrais amis sont ceux qui soutiennent aveuglément leur *Führer*. Il y a ceux qui croient réellement en sa politique, comme Hess et Rosenberg. Il y a également ceux qui suivent Hitler par cynisme et par ambition personnelle, comme Goebbels et Goering. Puis il y a des gens comme les Hanfstaengl, les Wagner ou les Bechstein qui ont vu en Adolf Hitler le sauveur de leur nation. Il y a, par ailleurs, de riches industriels comme Fritz Thyssen qui pensent pouvoir se servir d'Adolf Hitler, puis le rejeter.

Les amis : les hommes de main d'Hitler qui font acte d'allégeance au nazisme.

Les ennemis : les communistes qui sont prêts à affronter les troupes de SA.

Emil Maurice était l'amant de Geli

Munich, décembre
L'année qui s'achève aura été très difficile pour la vie sentimentale d'Hitler. Il a découvert que Geli, la jeune femme dont il est amoureux mais avec laquelle les rapports sont restés platoniques, avait un amant. Il s'agit d'Emil Maurice, un cadre du parti qui a aidé Hitler à écrire *Mein Kampf* et qui a été son garde du corps et son chauffeur. Geli aime bien être gâtée par Hitler, mais elle se sent parfois en prison. Elle aime la liberté. Elle aime surtout sortir et s'amuser. Maurice en a profité pour la séduire. Leur aventure était bien connue par les dirigeants du Parti nazi et on disait même que Geli et Emil allaient se marier. Hitler a été le dernier à savoir ce que faisait la jeune femme pendant qu'il assistait à des réunions politiques. Il a piqué une crise de rage lorsqu'Emil lui a tout avoué. Il a même failli le battre avec son fouet. Emil Maurice a été limogé sur-le-champ, puis Hitler s'en est pris à Geli. Il lui a interdit de voir d'autres hommes car il pense qu'elle lui appartient. Leurs relations ont repris comme si rien ne s'était passé. Hitler l'emmène au concert ou au restaurant. Ils font des balades en voiture à la campagne. Mais Geli est bien triste. Emil Maurice, quant à lui, a intenté une action en justice dans l'espoir de retrouver son poste dans les instances dirigeantes du Parti national-socialiste.

1929

De 39 à 40 ans

6 janvier. Adolf Hitler nomme Heinrich Himmler *Reichsführer SS* et le place ainsi seul à la tête des sections SS.

25 mars. Le parti de Mussolini remporte 99 % des voix aux législatives italiennes.

11 avril. L'Allemagne refuse l'asile politique à Léon Trotski, en conflit ouvert avec Staline.

1er mai. Huit morts et cent quarante blessés à la suite de violences entre communistes et forces de l'ordre à Berlin.

Eté. Hitler place Baldur von Schirach, qui n'est âgé que de 22 ans, à la tête de la Ligue des étudiants nationaux-socialistes.

18 août. Le célèbre roman d'Erich Maria Remarque *A l'Ouest rien de nouveau* est interdit dans les bibliothèques de l'armée autrichienne.

22 septembre. Heurts entre communistes et nazis à Berlin.

30 septembre. Premier vol d'un appareil propulsé par des fusées. Il est l'invention de l'Allemand Fritz von Opel.

3 octobre. Julius Curtuis devient ministre des Affaires étrangères à la suite du décès de Gustav Stresemann.

Novembre. Alfred Rosenberg fonde la Ligue combattante pour la culture allemande. Son but est de lutter contre « l'art dégénéré ».

30 novembre. Les Alliés évacuent la Rhénanie.

8 décembre. Victoire des nazis aux municipales en Bavière.

10 décembre. Le prix Nobel de littérature est attribué à l'Allemand Thomas Mann pour *la Montagne magique*.

Les nazis combattent le plan Young

Berlin, 9 juin
Le plan qui fixe les dommages de guerre dus par Berlin, signé à Paris il y a deux jours, a suscité un tollé de protestations en Allemagne. Basé sur les propositions d'Owen Young, un banquier américain, ce plan est mal accueilli, surtout par la droite nationaliste. Le plan prévoit que l'Allemagne devra payer une somme de près de huit milliards de dollars en trente-sept annuités. Le Reich se devra ensuite de payer 22 annuités, dont le montant n'a pas encore été fixé. Autrement dit, l'Allemagne va devoir payer jusqu'en 1988. Gustav Stresemann est déçu car il aurait en effet souhaité un accord nettement moins défavorable, même si le plan Young est plus modéré que celui élaboré par Charles Dawes en 1924. Hitler et son parti ont promis de faire obstacle au plan Young.

La droite organise des manifestations pour protester contre le plan Young.

Le Führer revient à Nuremberg pour la fête annuelle du parti

La « bannière de sang » : Hitler s'apprête à « consacrer » les étendards des nouvelles unités en les touchant avec la bannière utilisée lors du putsch de 1923.

Nuremberg, 4 août
Pendant deux jours, Adolf Hitler a organisé la plus grande fête que le Parti nazi s'est jamais offerte. La paisible cité de Nuremberg, devenue le fief de l'antisémite virulent Julius Streicher, a été envahie par des nazis en uniforme, venus de tout le pays à bord de trente trains loués par le parti. Aujourd'hui, lors du défilé de clôture, pas moins de 60 000 SA ont été passés en revue par leur *Führer*. La fête a également été marquée par les cérémonies mystico-militaristes qu'affectionnent les nazis. Vingt-quatre nouveaux étendards ont été consacrés en étant placés contre la bannière qui avait été brandie lors du putsch de 1923. Avec le temps, les nazis ne voient plus ce putsch comme un fiasco, mais comme un incident héroïque où des camarades étaient prêts à mourir pour la cause. La présence à Nuremberg d'Emil Kirdof, un des hommes d'affaires les plus riches et puissants du Reich, a ravi Hitler, dont il était l'invité d'honneur. Kirdof contrôle en effet les énormes fonds de l'Association des métallurgistes du nord-ouest et ceux du syndicat des mineurs, en fait la trésorerie des grands patrons des aciéries et des mines de la Ruhr. Emil Kirdof réunit donc toutes les qualités pour devenir un allié très utile pour Hitler et son parti.

L'argent d'Hugenberg mérite une alliance

Berlin, septembre
Adolf Hitler a finalement accepté la collaboration d'Alfred Hugenberg pour lutter contre le plan Young, et cette alliance s'avère fort utile pour le *Führer*. Il a accès aux fonds du capitaliste Hugenberg et peut mener sa campagne contre le plan comme bon lui semble. Afin d'éviter d'être critiqué par les anticapitalistes au sein du Parti nazi, Hitler a choisi Gregor Strasser pour le représenter à la commission financière du parti. L'alliance avec Hugenberg a permis à Hitler de se faire passer pour un politicien responsable. Les journaux d'Alfred Hugenberg se font l'écho des propos d'Hitler et les caisses du parti ne sont plus vides. Hitler et son nouvel allié viennent de lancer un projet de loi qui réclame l'arrêt des versements des réparations de guerre, l'arrestation et l'inculpation du ministre Gustav Stresemann, qui se trouve accusé de haute trahison, et la fin de « l'assujettissement du peuple allemand ». Il est certain de bloquer le plan Young.

Le chalet de ses rêves selon ses plans

Anny Winter a été engagée comme gouvernante.

Berchtesgaden, novembre
Hitler a commencé à transformer la villa dans la montagne qu'il avait d'abord louée, puis achetée. Il a fait appel à ses talents d'architecte et a conçu un bâtiment plus grand qui sera érigé sur le site où se trouve l'actuelle maison. Le nouveau chalet aura le style traditionnel de la région et s'appellera Berghof. Il aura un toit pentu, car Hitler déteste les toits plats : « Une maison au toit plat fait oriental, oriental fait juif, et juif fait bolchevique », affirme-t-il. Dans le même temps, Hitler a loué un neuf pièces au 16 Prinzregentenstrasse, dans un quartier cossu de Munich. Geli y a sa propre chambre et Hitler a embauché une gouvernante pour s'occuper de cet appartement si vaste. Le temps où Hitler était obligé de dormir à la belle étoile dans les rues de Vienne est bien loin.

Le chalet Berghof à Berchtesgaden a été entièrement imaginé par Hitler.

Le krach de Wall Street menace le Reich

Le « jeudi noir » : épargnants et spéculateurs suivent la chute de la Bourse.

Berlin, 24 octobre
La catastrophe financière qui s'est abattue sur Wall Street constitue une grave menace pour l'économie du Reich. Le pays, qui se remet peu à peu des années noires de l'après-guerre, est très vulnérable puisque la reprise économique est en grande partie financée par des prêts venus de l'étranger. Cet argent a déjà été investi et l'Allemagne n'est pas en mesure de rembourser ses prêts à court terme. Le terrible krach de la Bourse américaine, où les titres ont perdu plus de 30 % de leur valeur en quelques heures, menace aussi la stabilité de l'Allemagne. Tensions sociales et manifestations vont se succéder et elles seront exploitées par deux groupes : les communistes et les nazis. La guerre pour prendre le contrôle des masses va débuter.

L'Allemagne perd un grand homme d'Etat

Berlin, 3 octobre
Stresemann, l'ancien chancelier du Reich devenu un homme d'Etat très respecté, vient de mourir à l'âge de 51 ans. Né d'une famille modeste, Gustav Stresemann a d'abord été un excellent parlementaire et un fort habile négociateur. Devenu ensuite ministre des Affaires étrangères, il a conclu des accords internationaux majeurs, tels que le plan Young. Il était détesté par les nazis, qui ont tenté de le faire arrêter pour haute trahison. Ce matin, le *Times* de Londres écrivait : « La mort de Herr Stresemann est catastrophique non seulement pour l'Allemagne, mais aussi pour le monde entier. » Il était aussi respecté à Paris.

Le ministre Gustav Stresemann.

Echec du plébiscite organisé par la droite

Berlin, 22 décembre
Le plébiscite contre le plan Young organisé par l'extrême droite a été un échec, puisqu'il n'a recueilli que 14 % des voix. Le projet de loi que Hitler avait déposé au Reichstag, avec son allié Hugenberg, est rejeté. En dépit de ces revers, Hitler n'est pas mécontent. Il en a profité pour se débarrasser d'Alfred Hugenberg, en le rendant responsable de tout. Une fois de plus, le *Führer* s'est servi d'un homme avant de l'écarter dès qu'il n'était plus utile aux intérêts des nazis. Un tel cynisme a choqué ce grand patron de presse.

1930

De 40 à 41 ans

6 mars. Hitler publie un document dans lequel il expose sa politique agricole, qui a en fait été écrit par Walther Darré.

27 mars. Démission du cabinet Müller à la suite de désaccords économiques en son sein.

30 mars. Heinrich Brüning forme un gouvernement de coalition centriste.

22 mai. A l'hôtel Sansouci de Berlin, Adolf Hitler s'entretient depuis hier matin avec Otto Strasser. Hitler défend ses liens avec les capitalistes ; Strasser l'accuse de vouloir faire échouer la révolution sociale.

30 juin. Les dernières troupes d'occupation françaises quittent la Rhénanie.

4 juillet. Otto Strasser démissionne du Parti nazi, mais son frère Gregor en reste membre. Otto demande aux « vrais socialistes » de le suivre.

18 juillet. Brüning dissout le Reichstag, qui a refusé ses propositions fiscales.

25 juillet. Hitler a repris les parts de Gregor Strasser dans sa maison d'édition dont il fait cesser les activités.

15 septembre. Hermann Goering, Josef Goebbels, Heinrich Himmler, Robert Ley, Sepp Dietrich et Alfred Rosenberg figurent parmi les nazis élus au Reichstag.

6 octobre. Brüning s'entretient avec Hitler suite au bon résultat des nazis aux élections.

30 novembre. Succès du Parti nazi aux municipales de Brême.

11 décembre. Après l'Autriche, l'Allemagne interdit le film *A l'Ouest rien de nouveau* de Lewis Milestone.

Frick devient le premier ministre des nazis

Thuringe, 23 janvier
Wilhelm Frick fut un des premiers députés nazis élus au Reichstag en 1924. Il vient d'être nommé ministre de l'Intérieur de la Thuringe. C'est la première fois qu'un membre du Parti nazi devient ministre dans un gouvernement provincial allemand. Ses liens avec les nazis remontent au début des années 20. Fonctionnaire de police à Munich, Frick avait été le contact d'Hitler au commissariat central de la ville. Il avait écopé de quinze mois de prison avec sursis pour son rôle dans le putsch manqué de 1923. Frick veut interdire le jazz, expulser les antinazis de la police de la Thuringe et faire une campagne de propagande antisémite à grande échelle.

Le nouveau ministre de l'Intérieur.

« Horst Wessel Lied » est l'hymne du parti

Berlin, 5 mars
Josef Goebbels a transformé Horst Wessel, un proxénète membre des SA qui aime aussi composer des chansons, en un véritable héros nazi. Wessel, âgé de 23 ans, a été tué par balles en février dernier lors d'une bagarre avec des communistes. Il avait composé une marche que Josef Goebbels apprécie. Le *Horst Wessel Lied* est devenu la marche officielle du Parti nazi, au même titre que le *Deutschland über Alles*. L'appareil de propagande du parti présente Wessel comme un jeune héros du Reich qui n'a pas hésité un instant à « offrir sa vie au mouvement nazi et à l'Allemagne sacrée ».

Hindenburg paraphe enfin le plan Young

Berlin, 13 mars
Le Reichstag a approuvé, hier, le plan Young. Ce matin, le président Hindenburg a finalement paraphé le texte. Il n'avait guère d'autre choix, mais sa décision a été accueillie avec fureur par les nazis. Josef Goebbels a même demandé ironiquement si le chef de l'Etat était toujours en vie. Il est vrai qu'Hindenburg est âgé de 82 ans. L'approbation par Berlin de ce plan risque de rester lettre morte car l'Allemagne, dont l'économie subit les effets dévastateurs du krach de Wall Street, n'est pas en mesure de verser les annuités prévues par le plan Young pour le remboursement de ses réparations de guerre. Cela ne peut que réjouir les nazis, qui avaient combattu ce plan.

La crise répand la misère en Allemagne

Berlin, juin
La misère, conséquence directe de la dépression économique, frappe une nation qui a vécu douze années d'inflation. Le désespoir se répand au même rythme que le chômage. Des familles entières se suicident lorsque l'entreprise familiale fait faillite. Les classes moyennes ne sont pas épargnées. De plus en plus d'Allemands écoutent les propos des extrémistes de tous bords.

Calme et serein, Hitler pique-nique à la montagne. La crise œuvre pour lui.

Otto Strasser se fait expulser de la salle

Son frère Gregor est plus diplomate.

Berlin, 30 juin
Adolf Hitler vient de frapper un grand coup contre son rival Otto Strasser. Il avait demandé à Josef Goebbels d'évincer Strasser du parti et Goebbels ne s'est pas fait prier. Lors d'une réunion de la section berlinoise du parti, Goebbels s'est écrié : « Ceux qui ne s'adaptent pas seront foutus dehors ! » Lorsqu'Otto Strasser a tenté de discuter, il a été expulsé manu militari de la salle par un groupe de SA. L'avenir d'Otto au sein du parti paraît compromis. Hitler est ravi car il redoute que les théories socialistes défendues par Otto Strasser ne fassent fuir les riches industriels qui apportent leur soutien financier au parti.

Score stupéfiant des nazis aux législatives

Les élus nazis au Reichstag, en uniforme, fêtent leur victoire avec Hitler.

Berlin, 14 septembre
Les élections législatives viennent de montrer à l'évidence la crise de la démocratie en Allemagne. Ce sont en effet les partis extrémistes qui enregistrent les gains de voix les plus spectaculaires. Plus encore que le succès du Parti communiste, qui est passé de 23 sièges à 77, c'est la poussée nazie, qui les fait passer de 12 à 107 sièges au Reichstag, qui a étonné les Allemands. Les résultats en voix montrent que, derrière les sociaux-démocrates (SPD), les nazis (18,3 %) et les communistes (13,1 %) sont devenus les deux formations parlementaires les plus importantes. Le Parti nazi est le grand vainqueur du scrutin et devient de ce fait assez important pour envisager de former une coalition gouvernementale avec le bloc modéré.

Courtiser l'armée pour obtenir son appui

Leipzig, 25 septembre
Hitler comparaissait en qualité de témoin à décharge devant la cour de Leipzig qui juge trois officiers accusés d'avoir participé à des actes de propagande nazie. Il a saisi cette occasion pour courtiser l'armée. Il a promis aux militaires que quand les nazis seront au pouvoir il créera une « armée populaire allemande », ajoutant que le rôle des SA est de défendre le parti, pas de rivaliser avec l'armée. Il s'est aussi engagé à mettre en place une « cour de justice nazie ». Les officiers présents n'ont pas été convaincus.

Hitler plaide devant la cour de Leipzig en faveur de trois jeunes officiers.

Les députés d'Hitler siègent en uniforme

Berlin, 13 octobre
La nouvelle session parlementaire au Reichstag a commencé par un scandale. Forts des résultats du scrutin qui ont permis à leur parti de passer de douze à cent sept élus, les nouveaux députés du Parti nazi se sont présentés sanglés dans leurs uniformes. Le port de l'uniforme est formellement interdit, comme celui de médailles militaires ou encore le port de brassards ornés de la croix gammée. Lorsque les élus nazis ont brandi le bras droit en criant « Heil Hitler », les députés communistes leur ont répondu en criant : « Vive la Révolution ! » Cela n'a pas manqué de déclencher des scènes de chaos, ce que souhaitait Hitler puisqu'il veut montrer que le Reichstag n'est qu'une institution inutile et éliminer l'assemblée le plus vite possible.

Revenu, Ernst Röhm prend la tête des SA

Munich, octobre
Hitler a réussi à convaincre Ernst Röhm de rentrer en Allemagne pour devenir à nouveau le commandant des Chemises brunes. C'est Adolf Hitler qui avait pris ce poste le mois dernier à la suite du limogeage de Franz von Salomon. Le *Führer* avait reproché à ce dernier de ne pas être capable de contrôler ses troupes. La colère gronde en effet chez les SA. Peu avant les élections de septembre dernier, des SA avaient saccagé les bureaux berlinois du Parti nazi pour réclamer une hausse salariale. Josef Goebbels avait dû faire intervenir la police. Hitler espère que Röhm sera en mesure de rétablir la discipline.

Le nouveau chef des SA a quitté l'Amérique du Sud à la demande d'Hitler.

Geli serait jalouse de la belle Eva Braun

Munich, octobre
Heinrich Hoffmann, le photographe personnel d'Hitler, a une nouvelle assistante. Eva Braun a 18 ans et elle est assez jolie. Elle tente d'attirer le regard du *Führer* qui, toujours aussi amoureux de Geli, ne semble pas très attiré par elle. Cela n'empêche pas Geli d'être terriblement jalouse. Elle n'est peut-être pas amoureuse d'Hitler, mais elle adore le train de vie qu'il est en mesure de lui offrir. Hoffmann avait présenté Eva à Geli à l'occasion de la fête de la bière, l'*Oktoberfest*. Il lui avait dit que la jeune femme était sa nièce, pensant au lien familial entre Hitler et Geli. Eva profite de chaque visite d'Hitler au studio pour tenter de le séduire.

1931

De 41 à 42 ans

1er janvier. Ernst Röhm, le nouveau commandant des Chemises brunes, réorganise les SA, qui disposent désormais d'un QG et d'un état-major.

29 janvier. La Société des Nations blâme les mesures de discrimination prises par la Pologne à l'encontre de la minorité allemande de Haute-Silésie.

11 mai. Retentissante faillite de la banque autrichienne Crédit-Anstalt.

22 juin. Le président Hoover propose à l'Allemagne un moratoire d'un an sur les réparations de guerre.

13 juillet. En raison de la crise financière, les banques allemandes ferment leurs portes au public jusqu'au 5 août.

Juillet. Reinhard Heydrich adhère au Parti nazi.

Eté. Sepp Dietrich est promu général dans les SS.

Eté. Le journaliste économique Walther Funk adhère au Parti nazi et devient conseiller financier d'Hitler.

Automne. L'ingénieur Fritz Todt, un des premiers à avoir adhéré au Parti nazi, est élevé au rang de colonel dans les SS.

15 novembre. Victoire électorale des nazis dans le Land de Hesse.

12 décembre. Hitler déclare à des journalistes américains et anglais qu'il est un démocrate.

12 décembre. Goebbels épouse Magda, une riche divorcée.

30 décembre. Création d'un parti d'inspiration nationale-socialiste aux Pays-Bas par Adalbert Smit.

A Munich, la Maison brune est le nouveau siège du Parti nazi

Munich, 1er janvier
L'immeuble qui va accueillir le siège du Parti nazi est à la mesure de ce qu'Hitler pense de son avenir. C'est grâce aux donations faites par ses riches amis industriels qu'Hitler a pu acquérir le palais Barlow, un des bâtiments de la Briennerstrasse. Il l'a alors fait entièrement rénover par Paul Troost, un architecte naval. Hitler y dispose d'un grand bureau où trône un portrait de Frédéric II le Grand et un buste de Mussolini. Hitler a placé sur son bureau une photographie de lui-même qui porte l'inscription : « Rien ne se produit dans ce mouvement sauf ce que je veux. » Il se sent très à l'aise dans le décor quelque peu prétentieux du nouveau siège munichois du Parti national-socialiste.

L'impressionnant édifice a été financé par les amis fortunés d'Adolf Hitler.

Oswald Mosley crée le Nouveau Parti

Londres, 28 février
Sir Oswald Mosley, qui s'est brouillé avec le Parti travailliste à la suite du rejet de ses théories économiques radicales, a annoncé la création du Nouveau Parti. L'aristocrate anglais affirme que ce sera un parti d'action qui s'efforcera « par des méthodes modernes de mobiliser l'énergie, la vitalité et la virilité afin de sauver la nation ». A ceux qui le critiquent pour ses idées proches du fascisme, Oswald Mosley vient de répondre sèchement : « Les seules méthodes que nous allons utiliser seront des méthodes anglaises. Nous allons compter sur des poings anglais. »

Ernst Röhm écrase une mutinerie des SA

Berlin, 18 mars
Ernst Röhm a réussi à mater une mutinerie de ses SA, organisée par Walter Stennes, chef de la section berlinoise des Chemises brunes. Ce Stennes, qui est contre les consignes d'Hitler interdisant la violence sur la voie publique, avait le contrôle de l'appareil du parti à Berlin, ce qui a obligé Josef Goebbels à s'enfuir. La réaction d'Adolf Hitler ne s'est pas fait attendre : il a remplacé Stennes par Edmund Heines, un homosexuel et un meurtrier, et a envoyé Röhm à Berlin pour désarmer les partisans de Stennes.

Les SA et SS ont leur centre de formation

Munich, juin
Un centre d'entraînement pour les chefs des SA et des SS vient d'ouvrir ses portes à Munich. Cela s'inscrit dans le cadre de la réorganisation par Röhm des forces du Parti nazi. Ernst Röhm contrôle désormais les SS, dont les officiers reçoivent un entraînement poussé. Les SA, dont les effectifs s'élèvent maintenant à 100 000 hommes, ont besoin d'être encadrés et il reste très difficile de les contrôler car ils sont toujours prêts à se battre.

Un aristocrate d'extrême droite.

De jeunes et disciplinés militants nazis participent à un meeting du parti.

Fritz Thyssen introduit Hitler chez les riches

Munich, août
Fritz Thyssen, le patron des Aciéries unies et héritier d'une belle fortune, s'avère bien utile pour Adolf Hitler. Cet industriel, qui voit en Hitler le sauveur du Reich, a déjà beaucoup donné aux fonds du parti. Le siège flambant neuf de Munich a été en grande partie financé par lui. Cet homme d'affaires est aussi fort bien placé pour présenter Hitler à divers industriels qui ont été déçus par le gouvernement de Heinrich Brüning et qui cherchent un homme fort et capable de faire face à la « menace bolchevique ». Hitler a déjà recruté Emil Kirdof ainsi que le financier Hjalmar Schacht. C'est Goering qui avait présenté Hitler à Schacht, il y a quelques mois. Ce dernier lui a déclaré qu'il avait choisi de soutenir le Parti nazi parce qu'il souhaitait l'Allemagne grande et puissante. Il a ajouté que, pour atteindre ce but, il était même prêt à s'allier avec le diable.

Thyssen, un millionnaire bien utile.

La mort étrange de Geli

Munich, 18 septembre
Geli, la femme qu'aimait Hitler, a été tuée d'une balle dans le cœur ce matin alors qu'elle se trouvait dans sa chambre fermée à clé. A côté du corps se trouvait le pistolet d'Adolf Hitler, un Browning 6,35 mm. C'est Hess qui a informé Hitler du drame alors que le *Führer* se rendait à Hambourg. Hitler a immédiatement regagné Munich, où circule déjà la rumeur que Geli Raubal a été tuée par Himmler parce qu'elle aurait été sur le point de faire des révélations sur les pratiques sexuelles du chef des nazis. Il semble néanmoins que la jeune femme se soit suicidée. Elle supportait difficilement, en effet, de rester cloîtrée à la maison et avait été très vexée de ne pas avoir été autorisée par Hitler à aller suivre des cours de chant à Vienne. Hier soir, lorsqu'Hitler a quitté l'appartement de Munich, elle s'est penchée par la fenêtre et a hurlé : « Alors, tu ne me laisses pas aller à Vienne ? » Hitler a répondu « Non » et s'est engouffré dans sa voiture.

Geli avait 23 ans. Elle est ici avec sa mère Angela, la demi-sœur d'Hitler.

Ce « caporal bohémien » lasse Hindenburg

Berlin, 10 octobre
Adolf Hitler a rencontré le président Hindenburg pour la première fois ce matin. Le *Führer* tenait beaucoup à cet entretien car il pense que cela le place sur un pied d'égalité avec le chef de l'Etat. Il a même convoqué Goering à la réunion, organisée par le général Schleicher à la demande d'Hitler, bien que Goering était en Suède, au chevet de son épouse qui est mourante. L'entretien n'a pas été un succès. Hitler était nerveux et, lorsqu'Hindenburg lui a demandé de soutenir le gouvernement et de contrôler ses partisans violents, Adolf Hitler s'est lancé dans un long discours qui a fatigué le président. Le chef de l'Etat a estimé après la réunion que ce « caporal bohémien ferait peut-être un bon ministre des Postes, mais pas un chancelier ».

Karin Goering meurt de tuberculose

Stockholm, 17 octobre
Karin Goering, dont le mari a dû rentrer à Berlin il y a une semaine, vient de mourir de tuberculose. La défunte, qui souffrait d'épilepsie, avait toujours eu une santé fragile mais était une femme courageuse. Ce fut elle qui sauva son mari en 1923, lorsqu'il fut grièvement blessé pendant le putsch des nazis. Karin l'emmena clandestinement en Suède via l'Autriche et l'Italie. Cette jolie aristocrate suédoise avait quitté son premier mari pour épouser Goering qu'elle aimait sincèrement. Son ex-mari s'était toutefois montré fort généreux lors du divorce et c'est une femme riche que Goering épousa. Il s'étaient connus d'une façon assez extraordinaire : Goering avait posé son avion en panne de moteur dans la propriété du père de Karin.

Hitler mal à l'aise lors d'une rencontre avec des réactionnaires

Goering est en tenue noire à ce défilé de SA qui attire beaucoup de monde.

Bad Harzburg, 11 octobre
Adolf Hitler, irrité par l'échec de son premier entretien, hier, avec le président von Hindenburg, vient de passer un mauvais moment à Bad Harzburg. Le *Führer* assistait à une réunion de la droite réactionnaire, organisée par Alfred Hugenberg qui veut célébrer la création d'un front uni de l'opposition. Tous ceux que déteste Hitler étaient présents : de vieux aristocrates, des politiciens en queue-de-pie ainsi que des généraux prussiens moustachus et croulant sous leurs médailles. Ses proches lui avaient pourtant conseillé de ne pas y aller. Hitler, sachant qu'il avait perdu la face, est reparti juste après le défilé de ses SA, qui étaient moins nombreux que les *Stahlhelm.* En guise de riposte à cette vexation, il envisage de rassembler 100 000 SA à Brunswick prochainement et de les faire défiler dans la ville.

1932

De 42 à 43 ans

4 janvier. Le chancelier Heinrich Brüning annonce que l'Allemagne ne paiera plus de réparations de guerre.

2 février. Une délégation allemande conduite par le général Werner von Blomberg participe à la conférence sur le désarmement de la SDN.

13 mars. Hindenburg devance Hitler au premier tour de l'élection présidentielle.

1er avril. Adolf Eichmann adhère au Parti nazi.

1er mai. Joachim von Ribbentrop adhère au Parti nazi.

25 mai. Violents affrontements au Parlement prussien entre députés communistes et nazis.

30 mai. Démission du chancelier Brüning, en conflit avec le président Hindenburg.

1er juin. Franz von Papen, le candidat soutenu par le général Schleicher, devient chancelier.

16 juin. Levée de l'interdiction frappant les SA et les SS.

Juin. Otto Hahn, fondateur de l'école de Salem, interdit à ses élèves d'adhérer au Parti nazi.

13 août. Hitler refuse le poste de vice-chancelier dans le cabinet von Papen.

1er septembre. Cinq nazis sont condamnés à mort pour le meurtre d'un communiste, mais leur peine est commuée en détention à perpétuité.

1er novembre. Une rumeur circule à Munich. La maîtresse d'Hitler, Eva Braun, aurait tenté de se suicider.

8 novembre. Le démocrate Franklin Delano Roosevelt est élu Président des Etats-Unis.

Adolf Hitler devient citoyen allemand

Brunswick, 25 février
Adolf Hitler, né en Autriche, a enfin pu devenir citoyen allemand. Cela lui permettra de se présenter à la prochaine élection présidentielle, où il espère pouvoir l'emporter sur le président sortant, Hindenburg. Il a eu bien du mal à obtenir ce statut. Il avait tenté une première fois en 1929, lorsque Wilhelm Frick, un des chefs de la police de Munich, avait essayé de le faire naturaliser. Six mois plus tard, lorsque Frick avait été nommé ministre de l'Intérieur de la Thuringe, Hitler avait tenté sa chance à nouveau. Il avait profité d'une loi qui stipule que, lorsqu'une personne est fonctionnaire dans un des Länder du Reich, elle bénéficie automatiquement de la citoyenneté allemande. Frick avait donc tenté de nommer Hitler chef de la police du village d'Hildeburghausen, mais la ruse a été découverte et Frick a dû faire marche arrière. Puis un nazi, Klagges, ministre de l'Intérieur du Brunswick, a tenté de nommer Adolf Hitler professeur afin qu'il puisse requérir la citoyenneté, mais des enseignants s'y sont opposés. Finalement, il a réussi à décrocher le poste d'attaché à la chancellerie du Brunswick à Berlin. Le tour était ainsi joué et le *Führer* est ravi d'être enfin citoyen d'un pays qui a encore beaucoup à espérer de lui.

Candidat à la présidence, il choisit l'avion pour sillonner le pays

Berlin, 8 avril
Candidat à la présidence du Reich au deuxième tour du scrutin, Hitler parcourt tout le pays en avion. Cette méthode assez originale de faire campagne a été imaginée par Josef Goebbels. Cela permet au candidat nazi d'augmenter singulièrement le nombre de réunions électorales. La presse nazie claironne : « Hitler au-dessus de l'Allemagne. » A chaque escale, Adolf Hitler fait sensation : les électeurs se ruent vers son avion. Ce matin, une tempête a cloué au sol beaucoup d'avions, mais celui d'Hitler a pu se rendre à Düsseldorf pour un grand meeting. Goebbels y a affirmé qu'Adolf Hitler venait une fois de plus de démontrer qu'il a l'étoffe d'un vrai héros.

Le Rohrbach Roland, un solide monoplan à trois moteurs, a été loué à la Luft Hansa pour transporter Hitler pendant une campagne conçue par Goebbels, qui veut présenter le Parti nazi comme un espoir de progrès et d'avenir.

Il a su séduire les industriels du Reich

Düsseldorf, 27 février
Vêtu d'un costume rayé, Hitler a parlé pendant près de trois heures à quelques-uns des hommes d'affaires les plus puissants du pays. Dans son discours au Club industriel, il leur a promis de « détruire le marxisme en Allemagne, de telle sorte qu'il n'en reste même plus les racines ». Hitler a peu à peu réussi à convaincre les industriels, initialement sceptiques, tant et si bien qu'à la fin de sa longue allocution Fritz Thyssen a lancé un « Heil ! Herr Hitler ! » que d'autres patrons ont repris.

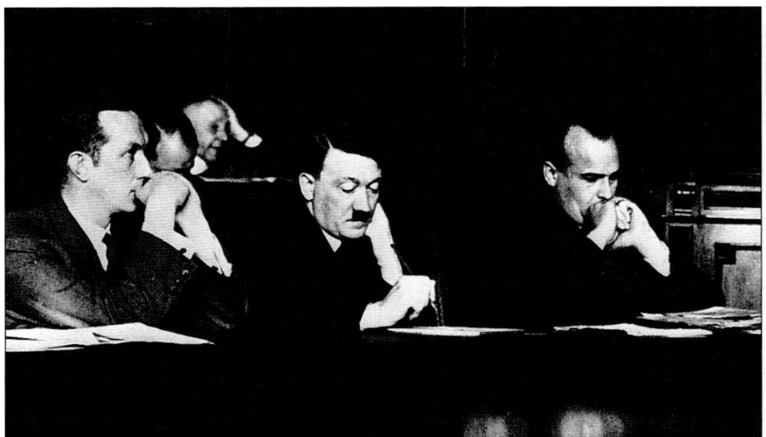

Le 18 janvier à Berlin, Hitler répond de l'accusation d'avoir diffamé Walter Stennes, membre des SA, qu'il a accusé d'être un informateur de la police.

Devancé par Hindenburg à l'élection

Berlin, 10 avril
Hindenburg, le vieux soldat, a réussi à obtenir une majorité absolue de 53 % au deuxième tour de l'élection à la présidence. Il a battu Hitler, qui n'a recueilli que 36,8 % des voix, un score néanmoins honorable puisque le candidat du Parti nazi gagne deux millions de voix par rapport à son résultat du premier tour. Les grands perdants sont les communistes, dont le candidat, Ernst Thälmann, n'a pu totaliser que 10,2 %, perdant 3 % par rapport au premier tour. Hitler a notamment bénéficié d'un report de voix nationalistes lors du deuxième tour. Le succès du leader nazi est surtout dû aux efforts de Goebbels, qui a organisé une série de meetings pour que le *Führer* puisse mieux faire passer son message. Les deux hommes ont déjà lancé la campagne en vue des élections régionales dans le Wurtemberg, en Prusse, à Berlin, et à Hambourg. Ils sont tous deux fatigués. « On n'a plus le temps de réfléchir, les choses vont trop vite. Toute notre vie est devenue une folle course vers le pouvoir », écrit Josef Goebbels à un ami.

Premier tour de scrutin du 13.3.1932
Votes non nuls exprimés 37,65 millions

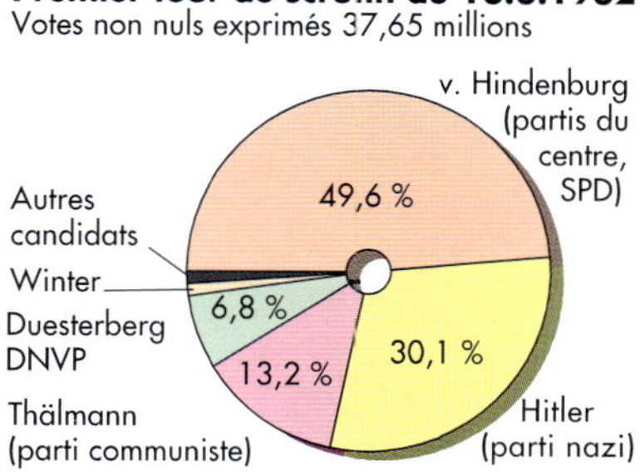

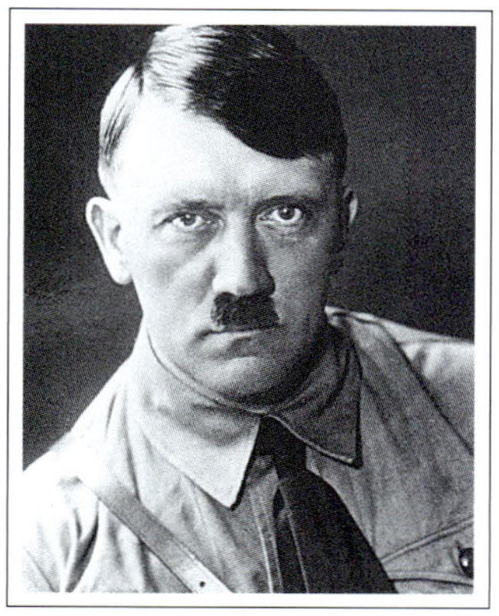

Adolf Hitler

Paul von Hindenburg

Deuxième tour de scrutin du 10.4.1932
Votes non nuls exprimés 36,49 millions

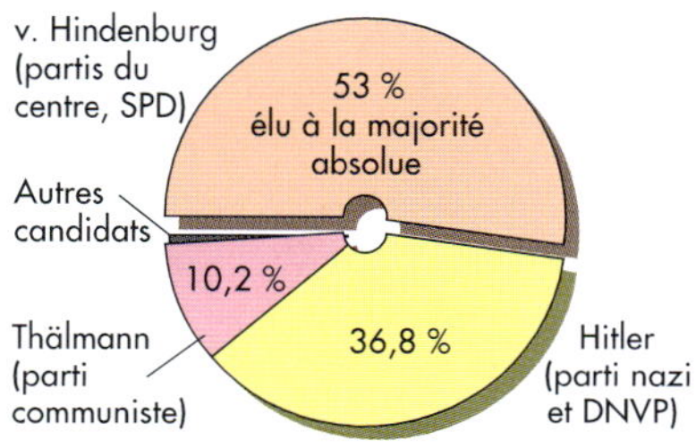

Von Papen dissout le Reichstag

Berlin, 4 juin
Le nouveau chancelier allemand, Franz von Papen, un politicien sans grande envergure, a été contraint de dissoudre le Parlement. La mesure fait suite à la démission, le 30 mai dernier, du chancelier Brüning, qui avait été lâché par le président Paul von Hindenburg et contre lequel le général Schleicher intriguait. Von Papen, un homme dont la carrière diplomatique avait été entachée par l'échec de sa tentative de constituer une bande de saboteurs aux Etats-Unis, pendant la guerre, fut alors nommé chancelier. Von Papen a dû former un cabinet placé au-dessus des partis. Ses opposants l'appellent le Cabinet des barons. Mais, pour réussir, il avait besoin du soutien des nazis au Reichstag. Hitler n'a joué aucun rôle dans ces intrigues, bien que Goebbels l'ait tenu au courant. Quand Franz von Papen a demandé au Parti nazi de le soutenir, Hitler a accepté, à condition que von Papen organise de nouvelles élections et qu'il lève l'interdiction qui pesait sur les SA et les SS.

Les SA et les SS interdits en Allemagne

Berlin, 14 avril
Fort de sa victoire aux élections, le président Hindenburg a publié un décret-loi interdisant les SA et les SS dans tout le Reich. La violence de ces unités de choc avait suscité un tollé de protestations, mais c'est en fait la découverte d'un complot nazi visant à renverser le gouvernement qui a motivé cette mesure. Röhm veut faire annuler le décret-loi mais Hitler l'en a dissuadé. Mais cela n'a pas empêché le *Führer* de camoufler les SS et les SA au sein du parti, en les faisant passer une nouvelle fois pour de simples clubs sportifs.

Echec électoral en Prusse et aucune majorité

Berlin, 25 avril
Une fois de plus, les nazis n'ont pas réussi à obtenir la majorité absolue à un scrutin. Lors des élections au Parlement prussien, le Parti nazi a toutefois remporté suffisamment de sièges pour obliger la coalition au pouvoir, des sociaux-démocrates et des centristes, à avoir besoin de la coopération des nazis. Le verdict des urnes a été le même à Berlin, à Hambourg et dans le Wurtemberg : les nazis n'ont pas remporté assez de sièges pour détenir la majorité absolue. Hitler commence d'ailleurs à s'en inquiéter.

C'est la découverte d'une tentative de putsch qui a motivé leur interdiction.

Hitler fête son anniversaire à bord de l'avion Rohrbach Roland qu'il a loué.

Eva Braun devient la maîtresse d'Hitler

Munich, été
La pétillante Eva Braun, assistante du photographe Hoffmann, a réussi à séduire Hitler : elle est devenue sa maîtresse. Il l'a installée dans un appartement de Munich et s'y rend aussi souvent que discrètement. Eva cherchait à provoquer Hitler depuis qu'elle l'avait vu dans le studio d'Hoffmann, avant la mort de Geli Raubal. Cet homme lui avait plu dès le premier regard. Il se peut même que la jalousie qu'éprouvait Geli à son égard ait pu contribuer à son suicide. Eva a 20 ans et son amant en a 43. Ce dernier reste bouleversé par la mort de Geli. Cela ne l'a pas empêché d'être sensible à Eva qui est plus docile et plus délicate que Geli. Elle l'appelle « Herr Hitler » mais ne sort jamais avec lui. Seuls quelques amis très intimes sont au courant de leur liaison.

Eclatante victoire des nazis aux élections

Berlin, 31 juillet
Les élections au Parlement se sont soldées par l'étonnante victoire du Parti national-socialiste. Les nazis sont ainsi devenus la première force politique en Allemagne, avec 37,4 % des voix et 230 sièges au Reichstag. Les sociaux-démocrates (SPD) sont loin derrière, avec 26,1 % et 133 sièges seulement. Les communistes (KPD) n'ont obtenu que 14,5 % des voix et 89 sièges. Les centristes ont reçu 12,5 % des voix et 75 sièges. Hitler est content mais un peu déçu car les nazis n'ont pas la majorité absolue des 608 sièges que compte le Reichstag. Le *Führer* espère bien monnayer son succès. Il présentera une série d'exigences à Schleicher, l'éminence grise du Parlement, dont la toute première sera bien entendu d'être immédiatement nommé chef du gouvernement allemand.

Hindenburg humilie le chef des nazis

Berlin, 13 août
Arrivé hier dans la capitale du Reich avec la ferme conviction qu'il serait nommé chancelier, Hitler vient de subir un camouflet qu'il n'est pas près d'oublier. Convoqué par Franz von Papen et le général Schleicher, le *Führer* s'est vu offrir le poste de vice-chancelier dans le cabinet de von Papen. Fou de rage, il s'est mis à hurler qu'il allait massacrer tous les marxistes et a demandé aux deux hommes la permission de lâcher ses SA dans les rues de Berlin. Ils lui ont répondu qu'il leur fallait l'avis du président. Toujours furieux, Adolf Hitler s'est alors rendu chez Josef Goebbels. Puis, convoqué chez le chef de l'Etat, Hitler est allé à la présidence et a dit à Hindenburg qu'il devait être nommé chancelier. Le président lui a répondu qu'il ne saurait donner les rênes du pouvoir à un parti aussi intolérant que le Parti nazi. Hindenburg a ensuite, indique un communiqué officiel, « exhorté Herr Hitler à diriger, au nom du Parti national-socialiste, l'opposition avec courtoisie et sans oublier ses responsabilités envers la patrie et le peuple allemand ». Pour Adolf Hitler, qui avait tenté en vain de faire valoir qu'il avait respecté toutes les règles de la démocratie, l'humiliation est totale.

Adolf Hitler promet son soutien inconditionnel aux SA assassins

Le « Führer » avec des membres des redoutables SA, ses sections d'assaut.

Berchtesgaden, 22 août
Hitler s'est engagé à soutenir cinq membres de ses SA qui ont battu à mort un jeune mineur communiste polonais à Potempa, en Silésie. Peu après leur condamnation à mort, le chef des nazis de Silésie, Edmund Heines, en uniforme SA, s'est levé devant le tribunal et a menacé de se venger. Dehors, d'autres Chemises brunes manifestaient bruyamment en scandant « Heil Hitler ! » Puis un message envoyé par Hitler a été lu : il déclare aux meurtriers que « face à cette condamnation monstrueuse, je me sens lié à vous par une loyauté sans bornes. Notre honneur dépend maintenant de votre libération ». Ce télégramme, qui révèle au grand jour les liens étroits existant entre Adolf Hitler et les éléments les plus violents du mouvement nazi, trouble certains de ses partisans, dont les riches industriels. Ceux-ci veulent surtout éviter de s'allier à un homme qui défend des assassins. Hitler a peut-être commis une erreur, mais il a envoyé ce message dans le but de rétablir son contrôle sur les SA. En effet, les attaques lancées par ces unités contre des communistes n'ont pas cessé de se multiplier depuis le récent succès électoral des nazis. Ernst Röhm et d'autres cadres des SA incitent même Hitler à lancer un coup d'Etat. La situation à Berlin est devenue explosive.

Goering est élu président du Reichstag...

Berlin, 30 août
Un accord entre nationalistes, nazis et catholiques centristes vient de permettre à Hermann Goering d'être élu président du Reichstag. C'est la première fois qu'un nazi occupe ce poste et Goering est ravi. Il apprécie le palais qui est réservé exclusivement à l'usage du président du Parlement et tout le cérémonial qui entoure cette nouvelle fonction. Le chef du gouvernement, Franz von Papen, avait préféré ne pas voir un nazi être nommé président du Reichstag. Un incident a marqué la prise de fonctions de Goering : sa prestation de serment a été présidée par Klara Zetkin, 84 ans, doyenne du Parlement et communiste. Elle a dénoncé avec force le nazisme.

Après quinze jours, il dissout l'assemblée

Berlin, 12 septembre
De nouvelles élections vont devoir être organisées en Allemagne. En effet, le chancelier von Papen a perdu un vote de confiance, par 512 voix contre 42, et Goering a dissous le Reichstag. Ce sont les députés communistes qui ont provoqué ce vote. Hitler a alors conseillé aux élus nazis de voter avec les communistes contre von Papen. Ce dernier avait tenté de parer la manœuvre. Il avait obtenu du président Hindenburg un décret lui permettant de dissoudre le Parlement avant le vote. Mais le nouveau président, Goering, n'en a pas tenu compte. Cela a permis aux députés de voter contre von Papen et il faut élire un nouveau chancelier du Reich. Hitler est candidat...

Von Schirach réunit 50 000 jeunes nazis

Le chef des Jeunesses hitlériennes.

Potsdam, 27 octobre
Baldur von Schirach, le chef des Jeunesses hitlériennes, a rassemblé 50 000 jeunes Allemands dans la cité historique de Potsdam. C'est son *Führer* en personne qui a présidé la cérémonie au cours de laquelle ces jeunes ont fait acte d'allégeance à Hitler et au Parti nazi. Les jeunes, tous vêtus d'une chemise blanche et portant des bannières frappées de la croix gammée, ont défilé devant le chef des nazis. Adolf Hitler a félicité von Schirach pour son succès dans le recrutement des jeunes. Baldur von Schirach les convainc avec un mélange d'antisémitisme, de nationalisme et de romantisme païen.

Une crise menace de détruire le Parti nazi

Gregor Strasser accuse Hitler de mener l'Allemagne tout entière à la ruine.

Berlin, 8 décembre
Le Parti nazi est en crise à la suite de la démission de Gregor Strasser, qui s'est disputé avec Adolf Hitler hier à l'hôtel Kaiserhof. Strasser, à qui le général Kurt von Schleicher avait proposé le poste de vice-chancelier, a demandé à Hitler d'entrer au gouvernement. Hitler a refusé et a accusé Strasser de vouloir le trahir et de chercher à remplacer le *Führer* à la tête du parti. Strasser a ensuite écrit une longue lettre à Hitler dans laquelle il l'accuse ouvertement de chercher à détruire le Parti nazi et de conduire l'Allemagne à la ruine. Cela a suffi à déclencher une grave crise qui menace la survie même du mouvement. D'ailleurs, Hitler a dit à Josef Goebbels : « Si le parti éclate, je mettrai fin à mes jours avec une balle de pistolet. »

Hitler photographié sur une jetée construite sur une plage de la Baltique.

Un recul électoral inattendu

Berlin, 6 novembre
Les Allemands ont été appelés aux urnes pour la cinquième fois depuis le début de l'année, mais ce scrutin n'a pas éclairci la situation, loin s'en faut. Le Parti nazi dispose toujours du plus grand nombre de députés au Parlement, mais il compte 34 sièges de moins et perd deux millions de voix. Il a notamment perdu des voix au profit des nationalistes, et les communistes sont passés de 89 à 100 sièges. Hitler est le seul nazi à rester optimiste face aux résultats très décevants du scrutin. Le Parti nazi souffre surtout de la perte de confiance des gros industriels. Les sommes importantes qu'ils versaient sont en baisse depuis qu'ils ont vu que les nazis coopéraient avec les communistes lors d'une grève des transports dans la capitale. Un autre facteur qui peut avoir contribué au score du Parti national-socialiste est que les Allemands sont fatigués de se rendre aux urnes.

Schleicher devient chancelier du Reich

Berlin, 2 décembre
Le président Hindenburg vient de nommer le général von Schleicher à la tête du gouvernement. C'est la dernière en date d'une série de manœuvres politiques qui avaient débuté avec la démission de Franz von Papen. Paul von Hindenburg avait alors demandé à Hitler, « au nom de l'amitié qui nous unit depuis le champ de bataille », de former un gouvernement de « concentration nationale ». Mais Hitler avait exigé d'être nommé à la tête d'un régime de type présidentiel, une demande aussitôt repoussée par Hindenburg « parce qu'un tel cabinet deviendra une dictature de parti ». Alors que Franz von Papen pensait pouvoir reprendre la chancellerie, Kurt von Schleicher a produit un document qui indiquait que l'armée craignait un risque de guerre civile dans cette hypothèse. Hindenburg a alors cédé, la mort dans l'âme, et a fait appel à von Schleicher.

1933

De 43 à 44 ans

11 janvier. Négociations secrètes chez Ribbentrop à Dahlem entre Hitler et Franz von Papen.

23 janvier. Des agents nazis assassinent Formis, qui avait créé une station de radio antinazie clandestine à Prague pour le compte du Front noir dirigé par Otto Strasser.

16 février. L'écrivain Heinrich Mann quitte l'académie des Arts de Prusse pour protester contre les nazis.

3 mars. Arrestation d'Ernst Thälmann et d'autres dirigeants communistes.

9 mars. Les nazis occupent le Parlement bavarois et en expulsent les députés.

9 mars. Le général von Epp est nommé gouverneur de Bavière. Himmler devient chef de la police munichoise.

12 mars. Hindenburg interdit le drapeau de la République de Weimar.

17 mars. Création de la garde d'Hitler, la *Leibstandarte Adolf Hitler*, forte de 120 hommes et dirigée par Sepp Dietrich.

28 mars. Goebbels organise le boycottage des magasins tenus par des Juifs à Berlin.

26 avril. Hermann Goering, ministre de l'Intérieur de Prusse, fonde la Gestapo, la police secrète d'Etat.

9 juillet. Concordat entre le Vatican et le régime nazi.

26 juillet. Loi de stérilisation visant à « améliorer la race allemande ».

1er décembre. Hess et Röhm sont nommés ministres sans portefeuille.

Adolf Hitler est chancelier du Reich

Le président Hindenburg serre la main du « caporal bohémien ».

Berlin, 30 janvier

Hitler a réussi à atteindre son but. A midi, il était nommé chancelier du Reich par le président Hindenburg et, ce soir, les SA ont organisé une grande manifestation dans Berlin pour célébrer cette victoire. Le triomphe d'Hitler est d'autant plus étonnant que son parti semblait être au bord de l'éclatement et croulait sous une dette de douze millions de marks. La crise financière des nazis était telle que les SA devaient faire la quête dans les rues de Berlin et des autres grandes villes. Strasser, parti en vacances en Italie, n'a pas pu bloquer les ambitions d'Hitler. Le moment décisif a été l'instant où il est devenu évident que Schleicher ne pourrait pas former un cabinet viable. Von Papen, se sentant trahi par von Schleicher, a organisé une rencontre secrète avec Adolf Hitler à Cologne, chez le banquier Kurt von Schroeder. Franz von Papen proposa à Hitler de former avec lui un gouvernement de coalition dans lequel ils auraient chacun le rang de chancelier. Adolf Hitler lui répondit qu'il entendait être le seul chef du gouvernement, ajoutant toutefois qu'il accepterait de travailler avec des hommes de von Papen. Ils ne se sont pas entendus, mais le problème de la dette du Parti nazi fut réglé à la suite d'un accord avec les amis banquiers de von Schroeder. Puis Hitler, Hindenburg, von Papen et Hugenberg, chef des nationalistes, entamèrent des négociations, en présence du fils du chef de l'Etat, Oskar Hindenburg, dans lesquelles Josef Goering joua un rôle majeur. Von Papen a informé Hindenburg, il y a deux jours, qu'il n'était pas en mesure de former un gouvernement. Un accord fut alors conclu : Hitler serait chancelier, von Papen serait vice-chancelier et Alfred Hugenberg ministre de l'Economie. Le général von Blomberg a été nommé ministre de la Défense. Le cabinet ne compte que deux nazis : Goering, ministre sans portefeuille, et Wilhelm Frick, ministre de l'Intérieur. Mais Adolf Hitler est satisfait car les deux hommes occupent des postes clés. Hitler devient, à 43 ans, chancelier du Reich. Il est loin de ses débuts misérables en Autriche. Le nouvel homme fort de l'Allemagne est prêt à tout pour s'accrocher au pouvoir, un pouvoir qu'il ne semble d'ailleurs pas avoir la moindre intention de partager.

Nuit de victoire pour les nazis qui organisent une retraite aux flambeaux de la porte de Brandebourg à la chancellerie.

Hitler réunit l'état-major du Parti nazi

La première photo du nouveau chancelier. Goering est à ses côtés, Goebbels et Röhm sont derrière lui. Himmler porte l'uniforme des SS et Frick est assis.

Berlin, 31 janvier
Les principaux dirigeants nazis se sont réunis au siège de leur parti à Berlin, l'hôtel Kaiserhof, pour fêter la nomination d'Hitler au poste de chancelier et pour consolider leur emprise sur les rênes du pouvoir. Hitler a déjà entamé ce processus. Hier, lors de la première réunion de son cabinet, Adolf Hitler a indiqué qu'il n'hésiterait pas à dissoudre le Parlement et organiser des élections si le Parti centriste n'acceptait pas de soutenir son gouvernement. En tant que chef du gouvernement, le *Führer* disposerait alors de moyens importants pour mener campagne contre ses adversaires. Hugenberg a compris le danger, mais von Papen, qui pense pouvoir se débarrasser des nazis au moment opportun, lui a conseillé de ne rien faire. Puis, ce matin, Hitler s'est entretenu avec Mgr Kaas, le chef des centristes, qui lui a demandé d'agir dans le respect de la Constitution. Hitler a rejeté cette « demande impossible » avant de se rendre au Kaiserhof. Selon Josef Goebbels, les dirigeants nazis ont « mis au point une stratégie de lutte contre la terreur rouge. Pour l'instant, nous ne prendrons pas de contre-mesures. La soif bolchevique de révolution doit tout d'abord être détruite. Nous frapperons lorsque le moment propice sera venu ».

Goering courtise les magnats allemands

Berlin, 20 février
Le président du Reichstag a reçu dans sa résidence privée vingt-cinq des hommes les plus riches et les plus influents du pays. Ils y ont écouté Hitler, qui n'a pas caché ses plans : « Nous voici prêts pour les dernières élections. Quel qu'en soit le verdict nous ne reculerons pas. Si le scrutin ne tranche pas, dans un sens ou dans l'autre, nous devrons recourir à d'autres moyens, voire à d'autres armes. » Goering, lui, a été tout aussi franc : il a demandé de l'argent à ces hommes d'affaires, dont Krupp von Bohlen, ajoutant : « Votre sacrifice sera plus facile à supporter si l'on comprend bien que les vainqueurs du scrutin seront au pouvoir pendant dix ans, peut-être un siècle. » Enthousiasmés par une telle perspective, les industriels se sont engagés à contribuer tout de suite pour trois millions de marks.

L'ordre est de tuer l'adversaire politique

Nul n'oserait tenter de troubler un meeting électoral organisé par les nazis.

Berlin, 22 février
Le Parti nazi mène une campagne électorale violente. Les militants des autres partis sont agressés et leurs réunions sont attaquées. La police n'intervient pas. Goering, ministre de l'Intérieur de Prusse, vient de créer une force de police auxiliaire qui compte déjà 50 000 hommes, presque tous venus des SA ou des SS. Il leur a dit : « Chaque balle qui sera tirée par un pistolet de la police sera ma balle. Si cela est considéré comme étant un meurtre, alors je suis un meurtrier, car j'en ai donné l'ordre. J'accepte la responsabilité. »

Le nouveau chancelier a compris l'importance du monde agricole allemand.

Josef Goebbels, ministre de la Propagande, épouse Magda, qui a un fils d'un premier mariage. On aperçoit Adolf Hitler en arrière-plan.

Un criminel met le feu au Reichstag

Berlin, 27 février
Un terrible incendie est en train de dévaster le Parlement. Le sinistre est d'origine criminelle. A son arrivée, Goering, le premier dirigeant nazi à se rendre sur les lieux, a déclaré à Rudolf Diels, le chef de la Gestapo : « Le soulèvement des communistes a commencé. Ils vont frapper. Il n'y a plus un instant à perdre. » Informé de ce sinistre au cours d'une soirée qu'il passe chez les Goebbels, Hitler s'est exclamé : « Cette fois, nous les tenons ! ». Et il s'est ensuite précipité au Reichstag, roulant à près de cent à l'heure dans la ville. Sitôt arrivé sur place, Adolf Hitler s'est écrié : « Plus de pitié. Chaque responsable communiste doit être abattu et les députés communistes pendus. » Peu après, il a déclaré à Sefton Delmer, un des journalistes présents sur les lieux : « Dieu fasse que ceci soit vraiment l'œuvre des communistes. Vous assistez là au début d'une ère nouvelle et grandiose dans l'histoire de l'Allemagne. » Un communiste a déjà été arrêté. Il s'agit de Marius van der Lubbe, un Néerlandais qui est simple d'esprit. Les SA l'avaient appréhendé, il y a quelques jours, pour avoir parlé de mettre le feu au Reichstag. Mais il avait été libéré et errait ce soir dans les décombres du Parlement. Pour certains, Van der Lubbe est un suspect un peu trop parfait. Ils notent qu'un tunnel relie le Reichstag au palais de Goering.

« Vous n'êtes plus des esclaves », dit le chancelier aux Allemands

Königsberg, 4 mars
Hitler a prononcé son tout dernier discours à la veille des élections qu'il compte bien remporter. Il était tout spécialement éloquent en déclarant : « Redressez la tête. Vous n'êtes plus des esclaves enchaînés. Vous êtes libres à nouveau, grâce à Dieu. » Les cloches de la cathédrale ont retenti et le public a entonné un hymne de joie. Les paroles d'Hitler ont été diffusées dans tout le pays, réduisant au silence les autres partis. Après la fin du discours, des « flambeaux de la liberté » ont été allumés sur les crêtes des collines de la région de Königsberg, alors que des milliers de SA armés défilaient dans les rues de la ville au son des fanfares. Le chancelier n'a rien perdu dans l'art d'impressionner par le grandiose.

La nouvelle arme d'Hitler : son discours est radiodiffusé dans tout le pays.

Les libertés civiques sont supprimées

Berlin, 28 février
Affirmant que la destruction par le feu du Reichstag démontre que les communistes préparaient un coup d'Etat, Hitler a réussi à convaincre le président Hindenburg de signer un décret pour « la protection du peuple et de l'Etat ». Cette mesure supprime en réalité l'application de l'article 7 de la Constitution du pays, qui garantit les libertés civiques et individuelles des citoyens. Ce texte permet l'application de la peine de mort en cas de « troubles de l'ordre public » commis par toute personne armée. En réalité, cette ordonnance donne à Adolf Hitler les pouvoirs dictatoriaux qu'il voulait. Déjà, ses SA, arborant le brassard blanc de membres de la police auxiliaire, font brutalement irruption chez tout ce qui est suspecté d'être communiste, ou simplement ennemi des nazis. Plusieurs centaines d'Allemands ont été enfermés dans les camps des SA. Même l'immunité des députés du Reichstag n'est pas respectée. Les membres du Parti social-démocrate allemand, le SPD, ne peuvent plus faire campagne : ils ont été privés de parole. Plus rien ne peut empêcher les SA de sévir.

Encore un scrutin qui le déconcerte

Berlin, 5 mars
En dépit de l'extrême brutalité de sa campagne électorale, marquée par l'arrestation d'opposants, le Parti nazi ne remporte pas le succès qu'il escomptait à cette nouvelle élection. Les 17 277 180 voix qu'il a obtenues lui donnent en tout 288 sièges au Parlement. En ajoutant les 52 sièges gagnés par ses alliés nationalistes, cela donne une faible majorité aux nazis. Hitler est déçu, mais il sait que ses représentants sont capables d'imposer leur volonté au Reichstag car les députés du PC sont en fuite ou ont été arrêtés, et ce malgré les 4 848 058 voix que les communistes ont encore récoltées. Goebbels vient d'ailleurs de déclarer : « Nous avons gagné. La victoire est importante, bien que les chiffres ne veulent plus rien dire car nous sommes devenus les seuls maîtres du Reich et de la Prusse. »

Goebbels lui organise une belle cérémonie

Le sens du grandiose et les cérémonies à caractère mystique de Goebbels.

Potsdam, 21 mars
Josef Goebbels s'est surpassé. Il a organisé une grande cérémonie qui doit marquer l'ouverture officielle de la nouvelle session du Reichstag. L'événement s'est déroulé en l'église de Potsdam où repose Frédéric le Grand. Adolf Hitler, en redingote, a accueilli Hindenburg. L'assemblée comptait des généraux en uniforme de gala et des députés du Parti nazi. Le prince héritier était assis derrière la chaise vide du kaiser. Le drapeau impérial et celui à la croix gammée étaient déployés côte à côte. Cette cérémonie doit conforter l'image du *Führer* en l'associant aux symboles du glorieux passé militaire de l'Allemagne. Hitler trouve que Goebbels est un homme admirable.

Les nazis font brûler des livres en public

Berlin, 10 mai
Des milliers de livres que les nazis considèrent comme étant marxistes, « anti-allemands » ou « dégénérés » ont été brûlés en public, devant les universités de Munich et de Berlin. Parmi les ouvrages détruits figurent les écrits de Heinrich Mann, d'Erich Maria Remarque, de Max Brod et d'Upton Sinclair. Les SA vident les bibliothèques du Reich. A Munich même, les nazis disent aux enfants : « En voyant se consumer ces livres anti-allemands, pensez à l'amour de la Patrie qui doit sans cesse brûler dans vos cœurs. »

Une nuit d'autodafé en Allemagne au nom de l'uniformisation intellectuelle.

A Dachau, premier camp de concentration

Dachau, 20 mars
Les prisons du Reich sont pleines à craquer. Elles sont remplies de ceux qui n'ont pas accepté de se plier aux théories du Parti nazi. Himmler, le commissaire à la police de Munich, vient de construire, près de la ville, le premier *Konzentrationslager*, un nom qui rappelle les camps créés par les Anglais pendant la guerre des Boers. Ce camp a été aménagé dans les locaux désaffectés d'une ancienne usine à poudre. Une série de camps similaires vont être créés, dont un à Oranienburg et un autre à Sachenhausen, près de Berlin. Ils doivent être réservés aux détenus politiques. Selon Goering, qui est en charge du projet, les camps sont des centres de « réhabilitation ».

Hitler jouit désormais des pleins pouvoirs

Berlin, 23 mars
Réuni dans des locaux provisoires à l'Opéra Kroll, le Reichstag vient de signer son arrêt de mort. Il a en effet voté la loi sur les pleins pouvoirs. Cela va permettre au *Führer* de gouverner par décret. Lorsque les élus sont arrivés dans la salle, ils ont été accueillis par des hommes des SA scandant : « Nous voulons la loi, ou il y aura du feu et du sang. » Quand le chef du SPD, Otto Wels, a annoncé son opposition au projet de loi, Hitler lui a répondu : « Je me moque de vos voix. L'Allemagne sera libre sans vous. Le glas a sonné pour vous. » La loi a donc été votée, par 441 voix contre 94. Alors, les nazis ont entonné le *Horst Wessel Lied* et salué de la main droite. Le président Hindenburg ne peut plus contrôler Hitler.

« L'homme à qui le Ciel a donné la volonté d'agir dispose de la capacité de gouverner », affirme Hitler.

Juifs et syndicalistes deviennent les cibles

Berlin, 7 avril
La « nazification » de l'Allemagne s'accélère. En effet, la seconde loi de normalisation met définitivement fin aux fondements fédéraux, tels qu'ils avaient été prévus par la Constitution. Dix-huit nazis ont été nommés gouverneurs de Länder en récompense de leur fidélité à Hitler. Les Juifs et les gauchistes ne sont pas admis dans la fonction publique. Les SA sèment la terreur alors que Josef Goebbels fulmine contre les « vampires juifs ». Les SA ont même expulsé le directeur de l'Opéra de Dresde, Fritz Busch. Nul n'est plus à l'abri de cette vaste épuration. Les syndicats sont eux aussi pris pour cibles : leurs bureaux sont fermés et leurs leaders arrêtés. Les postes ainsi libérés sont immédiatement occupés par des sympathisants nazis au chômage. La terreur s'installe en Allemagne.

Les vexations n'ont pas de limites.

Vacances à la montagne pour Adolf et Eva

Berchtesgaden, été
Le *Führer*, fatigué après les intenses activités de ces derniers mois, prend un peu de repos. Il passe en effet ses vacances avec Eva Braun dans son chalet de montagne. Adolf Hitler lit beaucoup, notamment les histoires de cow-boys de Karl May. Adolf et Eva vont aussi pique-niquer sur les rives du lac Chiemsee. De temps à autre, Hitler passe la soirée à la brasserie Heck, dans la capitale de la Bavière, où il retrouve ses vieux amis. Il leur a expliqué qu'il avait besoin de repos pour « préparer la nouvelle phase » de son combat. Mais Goebbels et Goering lui avaient demandé de rester à Berlin.

Les usines produisent des souvenirs de l'accession au pouvoir d'Hitler : médaillons, badges et exemplaires de *Mein Kampf* sont très populaires.

Ernst Röhm veut une révolution nazie

Berlin, juin
Ernst Röhm est devenu un homme puissant. Il contrôle en effet deux millions de SA, soit vingt fois plus d'hommes que l'armée. Il ne cesse de réclamer une véritable révolution nationale-socialiste. Röhm veut se débarrasser une fois pour toutes des aristocrates, des généraux prussiens, des riches propriétaires terriens et des financiers. « Nous avons lancé la révolution. Il ne faut pas que nous la laissions être trahie à mi-chemin, nous, les garants incorruptibles de cette révolution allemande. » Hitler n'est pas d'accord avec les thèses de Röhm, car il estime que le pays a besoin de stabilité.

Le NSDAP devient le parti unique

Berlin, 14 juillet
Adolf Hitler vient de consolider son emprise sur le pouvoir en décrétant que le NSDAP serait désormais le parti unique dans le Reich. Toute violation de ce décret est passible d'une peine de trois ans de prison. Cette mesure ne changera pas grand-chose car le SDP a été dissous le mois dernier pour « subversion ». Alfred Hugenberg a été obligé de démissionner du gouvernement et le Parti nationaliste qu'il dirige s'est autodissous « volontairement ». Le Parti centriste a également disparu, il y a dix jours, alors que tous les chefs communistes étaient arrêtés. Il ne reste plus que le Parti nazi.

Goebbels en charge de la « Kultur »

Berlin, 22 septembre
Josef Goebbels, le ministre de la Propagande, a reçu la responsabilité de tous les aspects de la culture. Il a été nommé à la tête de la chambre culturelle du Reich, un organisme dont le but est de rassembler les créateurs sous la direction du Reich. Il se compose de sept départements : les beaux-arts, la musique, le théâtre, la presse, la littérature, la radio et le cinéma. La liberté culturelle de la République de Weimar est révolue et les artistes sont menacés.

Hitler s'occupe des autoroutes du Reich

Il a donné le premier coup de pelle.

Francfort, 23 septembre
Le *Führer* a donné le premier coup de pelle pour l'autoroute qui doit relier Francfort à Darmstadt. Puis sept cents ouvriers se sont mis au travail. L'autoroute fera partie du réseau prévu par le responsable des routes et autoroutes du Reich, Fritz Todt. De nombreux emplois vont être créés et le transport deviendra rapide dans tout le pays. Ces projets font tous partie de la bataille pour l'emploi que le régime nazi a lancée pour relancer l'économie.

Les journalistes sont passibles des camps

Berlin, 4 octobre
Tout journaliste qui enfreindra la nouvelle loi sur la presse finira dans un camp de concentration. Il faut désormais être citoyen allemand, de race aryenne et ne pas avoir épousé une Juive pour pouvoir être patron de presse. Cette loi signifie que de nombreux propriétaires de journaux vont se retrouver au chômage. La loi stipule que ceux qui « offensent l'honneur et la dignité » du Reich seront envoyés dans les camps. Ces mesures sont déjà appliquées.

L'Allemagne a claqué la porte de la SDN

Un fouet à la main, Hitler arrive à une réunion pour expliquer sa décision.

Berlin, 14 octobre
A la surprise générale, Hitler vient d'annoncer que le Reich se retirait de la Société des Nations et de la conférence pour le Désarmement. Cette décision est motivée, selon lui, par « les exigences humiliantes et déshonorantes » de certaines autres puissances. Ce premier coup d'éclat d'Hitler à l'étranger est une réponse aux dernières demandes des Alliés au sujet des armes allemandes. Dans un discours radiodiffusé, Hitler a souligné que « le peuple allemand et son gouvernement sont humiliés par le refus de donner une égalité des droits au Reich ». Hitler a fait savoir qu'il proposerait aux Allemands de l'approuver sur cette question par voie de référendum.

Un Reichstag sans opposition et sans Juif

Berlin, 14 novembre
Le Parlement a ouvert sa session à l'Opéra Kroll, suite à l'incendie du Reichstag. Mais ce n'est plus une institution démocratique. En effet, il n'y a plus d'opposition, plus de femmes et pas de Juifs. Seuls sont présents les élus nazis, qui fêtent leur victoire au référendum d'avant-hier. Le retrait allemand de la SDN a été approuvé par 95 % des votants. La liste unitaire nazie au Parlement a rassemblé 92,1 % des suffrages qui étaient exprimés.

Le 16 octobre. A Munich, Hitler assiste au festival organisé pour marquer la pose de la première pierre de la future maison de l'Art allemand.

Tous les écoliers doivent être endoctrinés

Berlin, 6 novembre
Hitler a décidé de s'occuper de la prochaine génération d'Allemands. Dans une allocution qu'il vient de prononcer, il a annoncé : « Quand quelqu'un refuse de nous rejoindre, je lui dis calmement : votre enfant nous appartient, vous allez mourir. Vos descendants sont déjà dans le nouveau camp. Ils ne connaîtront que cette nouvelle communauté. » Des mesures ont déjà été prises. Maintenant, tous les enseignants doivent être membres de la Ligue des enseignants nazis et les cours seront préparés par des pédagogues nazis. Les scouts et tous les autres mouvements de jeunesse qui ne sont pas nazis sont interdits. Les enfants âgés de plus de 6 ans doivent faire partie des Jeunesses hitlériennes de leur région.

Hitler en compagnie de von Schirach, le chef des Jeunesses hitlériennes.

Robert Ley fonde « La Force par la Joie »

Berlin, 15 novembre
Robert Ley, un alcoolique notoire qui est à la tête du Front allemand du travail, le seul syndicat autorisé dans le Reich, vient de fonder une nouvelle organisation, *Kraft durch Freude* (la Force par la Joie). Son but inavoué est d'organiser des fêtes et des sorties pour cacher le fait que le mouvement syndical allemand n'a plus aucune puissance réelle. « Tout ouvrier doit se voir comme étant un soldat de l'économie », a souligné Robert Ley.

Peine de mort pour Marius van der Lubbe

Leipzig, 22 décembre
Au terme d'un procès de trois mois, le jeune maçon néerlandais Marius van der Lubbe, qui a reconnu avoir incendié le Reichstag, est condamné à mort. Van der Lubbe est âgé de 24 ans. Il a été reconnu coupable d'attentat contre la sûreté de l'Etat. Malgré la sévérité de la peine, les nazis ne sont pas contents du verdict car les juges ont acquitté Gueorgui Dimitrov, un communiste bulgare. Au cours du procès, Dimitrov avait rendu Goering furieux : « Je ne suis pas venu ici pour être accusé par vous. Vous êtes un escroc qui aurait dû être pendu il y a longtemps », lui a hurlé Hermann Goering. Les trois autres inculpés, deux communistes bulgares, Popov et Tanev, ainsi que Ernst Torgler, l'ancien chef des élus communistes au Reichstag, ont eux aussi été acquittés. Les nazis n'ont pas réussi à faire admettre aux juges leur théorie selon laquelle l'incendie du Reichstag n'était que partie d'un vaste complot communiste.

Le Néerlandais Van der Lubbe a été reconnu coupable.

Gueorgui Dimitrov, un communiste bulgare, est acquitté et libéré.

1934

De 44 à 45 ans

10 janvier. Van der Lubbe, l'incendiaire du Reichstag, est décapité.

17 février. A Vienne, des centaines de personnes sont tuées au cours de la répression d'une insurrection socialiste.

1er avril. Goering nomme Himmler chef adjoint de la Gestapo en Prusse.

14 avril. Ribbentrop devient commissaire du Reich pour le désarmement.

30 avril. Hitler nomme un officier des SA, Bernhard Rüst, ministre de la Science, de l'Education et de la Culture populaire.

2 mai. Hitler crée le Tribunal du peuple pour juger les traîtres.

1er juillet. Reinhard Heydrich est promu général dans les SS.

3 juillet. Démission du vice-chancelier Franz von Papen.

13 juillet. Himmler devient responsable des camps de concentration. Les camps sont gérés par les unités SS arborant la tête de mort et commandées par Theodor Eicke.

29 juillet. Kurt von Schuschnigg devient chancelier autrichien après l'assassinat de Dollfuss.

24 août. Hitler publie ses « dix commandements » sur la « pureté corporelle » au moment du choix d'un mari ou d'une épouse.

1er octobre. L'armée allemande compte 300 000 hommes, trois fois plus que le nombre autorisé par le traité de Versailles.

16 octobre. Hitler gardera à vie les titres de *Führer* et de chancelier du Reich.

Les projets du Führer menacés

L'armée réclame des sanctions contre Röhm

Les deux millions de SA de Röhm se sentent frustrés et laissés pour compte.

Berlin, 20 février
Hitler se sent menacé par Ernst Röhm et ses SA, un an après son arrivée au pouvoir. Les SA estiment qu'ils n'ont pas réellement bénéficié de la « révolution hitlérienne ». Ils veulent des grosses Mercedes et des postes importants au sein du régime. Il est difficile pour Hitler d'ignorer leurs demandes car les SA comptent plus de deux millions d'hommes, dix fois plus que l'armée. Ernst Röhm, lui, se verrait bien ministre de la Défense. Il n'est que ministre sans portefeuille. L'armée, qui avait aidé Adolf Hitler à accéder au pouvoir, exige des mesures contre les unités de SA. Hitler sait qu'il doit agir vite car les Chemises brunes menacent la stabilité du régime.

Hitler fourbit ses armes contre les SA

Mer du Nord, 12 avril
Ce n'est pas une croisière qu'Hitler a entreprise en mer du Nord. Il est à bord du croiseur *Deutschland* pour assister à de grandes manœuvres navales, mais surtout pour préparer une épreuve de force avec les SA. Avec lui se trouvent le général von Blomberg, ministre de la Défense, le général von Fritsch, commandant en chef de l'armée, et l'amiral Erich Raeder, commandant de la marine. Hitler a réussi à les convaincre de l'aider à préparer la succession du vieux maréchal Hindenburg qui est malade. En échange, il s'est engagé à freiner les ambitions de Röhm et des SA, promettant aux officiers que l'armée resterait la première force d'Allemagne. Les deux parties qui passent cet accord conclu en mer du Nord sont assez satisfaites, tout comme le sont Paris et Londres qui sont préoccupés par la montée en puissance des SA. Adolf Hitler avait aussi promis de réduire les effectifs des unités SA à Anthony Eden, au cours de la récente visite qu'il avait faite à Berlin.

Hindenburg a signé un testament secret

Berlin, 11 mai
Le président Paul von Hindenburg sait qu'il ne lui reste plus longtemps à vivre. Le maréchal vient donc de parapher le testament politique que lui avait préparé Franz von Papen, bien qu'il ait changé le texte original. La version initiale suggérait que la monarchie serait rétablie après sa mort. Hindenburg a convoqué von Papen et lui a dit qu'il pensait que les Allemands devraient choisir eux-mêmes le type de régime. Le chef de l'Etat a exprimé sa préférence pour la monarchie constitutionnelle dans le message privé envoyé à Hitler. La version définitive du testament du maréchal, qui est toujours considéré en Allemagne comme un héros, a été remise, scellée, à son fils, Oskar. Le chef de l'Etat a demandé à ce dernier de la garder au plus grand secret jusqu'à sa mort.

Des vacances sont imposées aux SA

Berlin, 7 juin
Hitler a ordonné aux SA de partir en vacances jusqu'à la fin juillet et de ne pas emporter leurs uniformes. Cela fait suite à l'entretien de cinq heures qu'ont eu Hitler et Röhm, il y a trois jours, pour tenter de régler leurs différends. Selon Hitler, il a supplié Röhm de mieux contrôler ses Chemises brunes afin d'éviter une véritable catastrophe. Il a aussi critiqué le comportement brutal des SA, dont les dirigeants se livrent à toutes sortes de fraudes, de crimes et de perversions sexuelles. Certains vivent comme des princes grâce aux fonds nazis, et la police ne peut rien faire contre eux. Mais Röhm a rejeté en bloc toutes les accusations et il a invité Hitler à une conférence avec les responsables des SA le 30 juin prochain à Bad Wiessee. Le *Führer* a accepté l'invitation.

Le Reich est menacé par l'instabilité

Berlin, 10 juin
La crise qui secoue le Parti nazi, où il est question d'épurations et de putschs, se répand à travers le pays. La population du Reich, qui a du mal à comprendre les centaines de décrets et lois promulgués au cours des six derniers mois, se sent un peu dépassée par la nouvelle réalité : les camps de concentration, la perte des libertés civiques traditionnelles et la persécution des minorités du pays. Le malaise est tel que Goebbels a décidé de lancer une campagne pour lutter contre « les pessimistes et les râleurs ». Mais les Allemands sont surtout inquiets. Ils sont préoccupés par l'état de leur économie. Le pays compte six millions de chômeurs et la persécution des Juifs affecte les entreprises, dont bon nombre sont en faillite. Partout, la tension se fait sentir à tous les niveaux.

par la mégalomanie d'Ernst Röhm et de ses SA

Echec du sommet entre le Führer et le Duce

C'était le premier sommet qui réunissait les deux dictateurs européens.

Venise, 15 juin
Le « sommet des dictateurs » entre le *Duce* et Adolf Hitler n'a pas été un succès. Le *Führer*, préoccupé par la situation en Allemagne, est arrivé vêtu d'un vieil imperméable et d'un chapeau mou. Il faisait pâle figure face à un Mussolini resplendissant, en uniforme fasciste, le poignard à la ceinture. L'Italien s'est montré condescendant envers son hôte et lui a même suggéré de « faire le ménage chez lui ». Il y a aussi eu désaccord à propos de l'Autriche, qu'Hitler rêve d'annexer, alors que Mussolini se pose en protecteur de Dollfuss. Le *Duce* a même semblé ennuyé par les propos d'Hitler et il l'a à peine laissé parler, ce que le dirigeant du Reich n'a évidemment pas apprécié.

Von Papen a rendu les nazis furieux

Berlin, 17 juin
Le vice-chancelier allemand, Franz von Papen, vient de prononcer un discours courageux qui rend Hitler fou furieux. Dans son allocution à l'université de Marburg, il a plaidé pour la fin du règne de terreur nazi et pour un retour à la démocratie dans le Reich. Le discours avait été préparé par ses conseillers Edgar Jung et Herbert von Bose ainsi que par le chef de l'Action catholique, Erich Klausener. « Il est temps de s'unir dans la fraternité et le respect de tous nos concitoyens afin de ne pas troubler les efforts de personnes sérieuses et de réduire au silence les fanatiques », a dit von Papen. Adolf Hitler, informé du contenu de cette allocution à Gera, n'a pas du tout apprécié. Josef Goebbels a interdit la diffusion du discours par la radio et a tenté d'empêcher les journaux d'en rendre compte. Mais le texte avait été préalablement donné aux correspondants étrangers, et le Parti nazi n'a pas pu bloquer sa diffusion en Allemagne où ce texte est revenu par les pays voisins.

Goebbels et Goering à la rescousse

Hambourg, 26 juin
Le *Führer* est attaqué par la gauche comme par la droite et ses amis les plus proches tentent de le défendre. Il y a cinq jours, au cours d'une fête marquant le début de l'été, Josef Goebbels s'en est violemment pris aux conservateurs : « Ces gens-là ne comprennent que la force et ils vont la sentir. Ils ne parviendront pas à bloquer notre marche vers l'avenir car nous leur passerons dessus ! » s'est-il écrié. Il y a deux jours, Hess a stigmatisé à la radio tous ceux qui « jouent à faire la révolution » et qui trahissent Hitler, ce « grand stratège de la révolution ». Rudolf Hess s'est alors exclamé : « Malheur à ceux qui ne tiennent pas leurs engagements envers nous ! » Puis, à Hambourg, Goering vient d'exclure tout retour à la monarchie et il a condamné « la clique réactionnaire et égoïste ». Il a alors ajouté : « Si ces gens vont trop loin, alors je frapperai. Nous avons tant fait pour l'Allemagne. Celui qui a confiance en nous, nous soutient. Quiconque s'oppose à nous devra le payer de sa vie ! »

Paul von Hindenburg demande à Hitler de se débarrasser des SA

Neudeck, 23 juin
Le *Führer* craint que le chef de l'Etat allemand n'intervienne pour tenter de régler la crise qui secoue le Reich. Il le soupçonne même d'avoir incité von Papen à tenir ses récents propos explosifs. Hitler est donc venu voir le vieux maréchal dans son domaine en Prusse-Orientale. Il a d'abord été reçu par le ministre de la Défense, le général von Blomberg. Ce dernier a adopté un ton glacial et a informé le chancelier qu'Hindenburg l'avait prié de l'informer que le président imposerait la loi martiale et ferait appel à l'armée pour gouverner le pays si Adolf Hitler ne prenait pas immédiatement des mesures pour assainir le climat politique. Ce n'est qu'alors que Hitler a pu rencontrer le président Hindenburg. Ce dernier lui a confirmé qu'il ferait appel à l'armée en cas d'échec d'Hitler. A l'issue de cet entretien, le *Führer*, qui est persuadé que Franz von Papen, Paul von Hindenburg et même les militaires complotent contre lui, est reparti pour Berlin à bord de son avion. Il sait qu'il n'a plus aucun choix. Il va être obligé de tenir la promesse qu'il avait faite à l'armée et d'agir pour contrôler les SA de Röhm. S'il ne fait rien, le *Führer* sait qu'il risque de perdre le pouvoir et cela lui est intolérable.

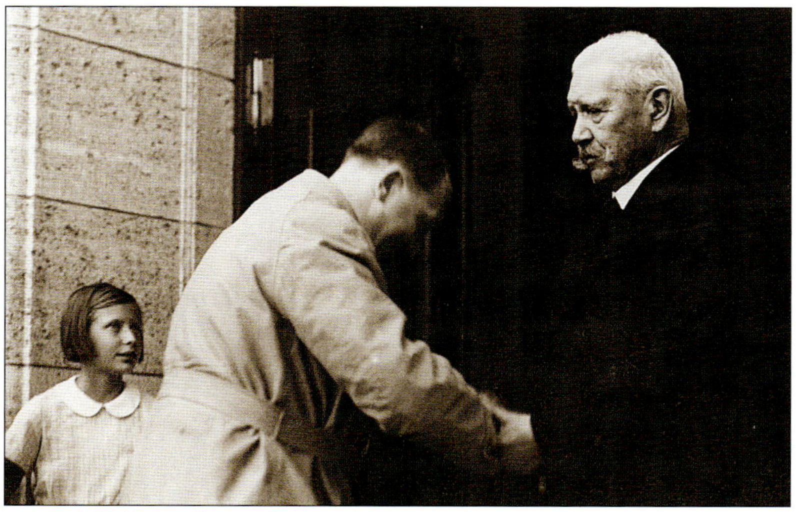

Le chef de l'Etat allemand n'a pas mâché ses mots lors de la rencontre.

Hommage solennel à Karin Goering

Forêt de Schorfheide, 21 juin
Hermann Goering vient d'enterrer son épouse Karin à Karinhall, le luxueux pavillon de chasse qu'il a fait construire en sa mémoire dans la forêt, à 45 km au nord de Berlin. La dépouille de Karin, décédée en Suède en 1931, a été transportée jusqu'en Allemagne avec tous les honneurs militaires. Des soldats en uniforme d'apparat ainsi que des cavaliers ont accompagné le cercueil jusqu'à Karinhalle, où attendaient Hitler et d'autres dirigeants nazis pour rendre un ultime hommage à celle qui était devenue la « mascotte du mouvement national-socialiste ». Une musique militaire a entamé la marche funèbre du *Crépuscule des dieux* de Wagner. Puis le cercueil a été placé dans un somptueux caveau en marbre. Goering a prévu d'être enterré au côté de sa femme.

1934

De 44 à 45 ans

7 juin. Röhm prend un « congé maladie » au sanatorium de Weissee, en Bavière. Il laisse son garde du corps à Munich.

14 juin. La Reichsbank impose un moratoire de six mois sur le versement des réparations.

18 juin. Hitler demande à l'amiral Raeder de ne pas révéler que le chancelier a commandé des sous-marins aux Pays-Bas et à l'Espagne.

20 juin. Goering avertit l'ancien chancelier Heinrich Brüning et Schleicher que leurs vies sont en danger. Brüning fuit à l'étranger mais Schleicher reste.

21 juin. Otto von Meissner, chef du secrétariat d'Hindenburg, informe Hitler du contenu du testament du président.

26 juin. Himmler informe les commandants des SS d'une révolte imminente des SA qui serait dirigée par Röhm.

30 juin. Le père Bernhard Stempfle, qui avait aidé Hitler à publier *Mein Kampf*, est abattu. Il en savait probablement trop sur la liaison entre Hitler et Geli Raubal.

30 juin. Gustav von Kahr, tenu par Hitler pour responsable de l'échec du putsch de 1923, est tué à coups de hache.

30 juin. Le critique musical Willi Schmid est enlevé par des SS à son domicile, à Munich. Ils l'ont confondu avec le chef des SA de la ville, Willi Schmidt, qui a déjà été tué.

30 juin. Karl Ernst meurt en pensant que son arrestation n'est qu'une plaisanterie organisée pour son mariage.

30 juin. Hitler nomme Viktor Lutze chef d'état-major des SA.

Hitler décide d'en finir avec les SA

La visite surprise de Josef Goebbels

Bad Godesberg, 29 juin
Josef Goebbels a rendu une visite inopinée à l'auberge des Tilleuls où Hitler séjourne à Bad Godesberg. Il est venu informer le chancelier des activités des SA et le rassurer. Il a eu des contacts secrets avec Röhm dans une brasserie de Munich. Josef Goebbels ne veut pas que le *Führer* doute de sa loyauté. Il est possible qu'Hitler ait suggéré ces rencontres afin de ne pas couper tout contact avec Röhm et rester informé sur les projets du chef des SA. Goebbels sait qu'Hitler connaît l'admiration qu'il avait pour Gregor Strasser et il tient à être prudent. Adolf Hitler avait aussi invité Viktor Lutze, le gauleiter d'Hanovre et *Obergruppenführer* des SA. C'est un homme en qui le *Führer* sait qu'il peut avoir une totale confiance.

Il voyage beaucoup mais ne se décide pas

Bad Godesberg, 30 juin
Visiblement très excité, Hitler a pris l'avion à 2 heures du matin pour se rendre à Munich, où il est résolu à régler définitivement le problème Röhm. Cela fait plus d'une semaine que le chancelier n'arrête pas de se déplacer. Une activité débordante qui cache le fait qu'il hésite à prendre une décision. Dans la soirée du 21 juin, il est allé dans son chalet pour se donner quelques jours de réflexion. Là, il semble avoir décidé de limoger Röhm et d'arrêter les chefs de district des SA. Cependant, de retour à Berlin, il a constaté que Goering et Himmler se préparaient à affronter une révolte des SA et que l'armée prenait ses dispositions. Le général von Fritsch a en effet placé l'armée en état d'alerte le 25 juin et Röhm a été expulsé de la Ligue des officiers du Reich. Le lendemain, Hitler a fait arrêter Edgar Jung qui avait aidé von Papen à écrire son discours de Marburg. Le matin du 28 juin, Hitler et Goering sont partis à Essen pour assister au mariage de Josef Terboven, le gauleiter local. Mais Goering est vite rentré à Berlin lorsqu'il a reçu un télégramme selon lequel Röhm avait placé les SA en état d'alerte. Hitler, lui, est resté à Essen. Hier, le *Führer* est allé visiter des chantiers en Westphalie, puis est revenu à Essen pour voir Alfried Krupp. De là, Hitler a expédié un message à Röhm pour lui confirmer qu'il viendrait, comme convenu, à Wiessee, le 30 juin à 10 h 30, pour s'entretenir avec lui. Hitler est alors rentré à Bad Godesberg. C'est là qu'il a appris que les SA se mettaient en branle. Adolf Hitler a donc foncé vers l'aéroport. Après la période de dépression qui le rendait incapable de décider, Hitler semble passer à une excitation incontrôlable.

Le 21 juin, Hitler assiste à la cérémonie organisée par Goering pour le transfert de la dépouille de Karin (p. 69).

La nuit des Longs Couteaux tourne au carnage

Ernst Röhm : arrêté par Hitler.

Röhm et Hermann Goering ont assisté au mariage du jeune Karl Ernst.

Goering a fait fusiller Strasser.

Röhm, Strasser, von Schleicher parmi les victimes de l'épuration

Berlin, 30 juin
Hitler a regagné Berlin ce soir, au terme d'une journée où le sang a coulé à flots. Un témoin raconte qu'à sa descente d'avion le *Führer* avait « le visage pâle, était mal rasé, à la fois hagard et bouffi. Sous sa mèche, Hitler avait le regard fixe et terne ». Himmler et Goering l'ont accompagné à sa voiture, vérifiant une liste de noms, ceux des morts. Les événements dramatiques ont débuté avant même qu'Adolf Hitler n'arrive à Munich à 4 h. C'est alors que deux dirigeants des SA ont été arrêtés. Le *Führer* a arraché leurs enseignes nazies et les a accusés de trahison. Puis il s'est rendu à l'hôtel Hanselbauer, à Bad Weissee, suivi par un convoi de SS et de policiers munichois. Brandissant son fouet et encadré par deux policiers armés, il a fait irruption dans la chambre de Röhm et s'est écrié : « Röhm, vous êtes en état d'arrestation ! » Dans la chambre voisine, Hitler a découvert Edmund Heines au lit avec un jeune homme. Ils ont tous deux été abattus par Emil Maurice, alors qu'Hitler a frappé avec son fouet un autre SA homosexuel, le comte Spreti. Ernst Röhm a été conduit à la prison de Stadelheim. D'autres chefs des SA, qui étaient arrivés à Bad Weissee pour assister à une « conférence » donnée par Hitler, ont également été enfermés dans la même prison. Hitler s'est alors rendu à la Maison brune et a dit à Sepp Dietrich de sélectionner des SS pour former un peloton d'exécution et d'aller fusiller tous les SA détenus à Stadelheim, à l'exception de Röhm. Entre-temps, Goering et Himmler étaient à Berlin où ils organisaient la rafle des SA et en profitaient pour régler de vieux comptes. Le général von Schleicher, l'ancien chancelier, était assis à son bureau quand cinq hommes l'ont abattu. Ils ont ensuite tué sa femme. Gregor Strasser, qui fut le numéro deux du Parti nazi, a été capturé chez lui, à Berlin, et a été tué dans la prison de la Gestapo, sur la Prinz Albrechtstrasse. Déjà arrêté, Edgar Jung a été tué dans sa cellule. Les deux hommes qui l'avaient aidé à préparer le discours de Marburg, Herbert von Bose et Erich Klausener, ont aussi été abattus dans leur bureau. Franz von Papen a eu de la chance : Goering l'a protégé. Il a été plus heureux que Karl Ernst, le SA qui aurait mis le feu au Reichstag en 1923. Alors qu'il se rendait à Brême pour sa lune de miel, sa voiture a été interceptée et il a été tué. Plus de cent personnes ont été fusillées à l'académie militaire de Lichterfelde et la tuerie se poursuit. A la fin de cette journée invraisemblable, Hitler se sentait bien au point de confier à sa secrétaire : « Voilà ! J'ai pris un bon bain et je me sens à nouveau aussi propre qu'un nouveau-né. »

Le bourreau d'Hitler : Sepp Dietrich.

PARMI LES MORTS

Otto Ballestedt
Herbert von Bose
Le général von Bredow
Karl Ernst
Edmund Heines
Hans Heyn
Peter von Heydebreck
Edgar Jung
Gustav von Kahr
Erich Klausener
Ritter Fritz von Krausser
Ernst Röhm
Le général von Schleicher
Madame von Schleicher
Willi Schmid
Le comte Spreti
Le père Bernhard Stempfle
Gregor Strasser

Pas de pitié pour Edmund Heines.

Abattus : Schleicher et sa femme.

Il prend le thé pendant que Röhm meurt

Hindenburg remercie Hitler pour avoir sauvé le peuple allemand.

Berlin, 1er juillet
Le *Führer* a organisé une *garden party* surréaliste pour les dirigeants nazis. Alors que ses hommes étaient toujours en train de massacrer des SA, Hitler prenait le thé et bavardait avec ses invités. Ernst Röhm a été la dernière victime. Quand on lui a donné un pistolet et une balle, il a refusé de se suicider : « Si on doit me tuer, que ce soit Adolf qui le fasse. » Lorsque les SS Michael Lippert et Theodor Eicke sont entrés dans sa cellule, Röhm a arraché sa chemise et leur a présenté son torse. Il n'y a, selon les autorités, que 77 morts, mais d'autres affirment qu'au moins mille personnes ont été tuées. De son côté, le président Hindenburg a félicité Hitler.

Des nazis abattent le chancelier autrichien

Engelbert Dollfuss est mort plusieurs heures après avoir été blessé parce qu'on lui a refusé des soins.

Vienne, 25 juillet
Le chancelier Dollfuss est décédé quelques heures après avoir reçu une balle dans le cou, tirée par des nazis autrichiens. D'autres nazis se sont emparés de la station radio de Vienne et ont annoncé la mort de Dollfuss. Les extrémistes ont alors tenté de négocier un sauf-conduit afin de pouvoir quitter le pays, mais les forces loyalistes ont réussi à faire échouer le putsch. Hitler a appris la nouvelle à Bayreuth, où il assistait à une représentation de *l'Or du Rhin* de Wagner. S'il semblait ravi, Hitler a démenti que Berlin était impliqué lorsqu'il a compris que le putsch avait échoué. Mussolini, lui, sait qui est responsable et il a envoyé des renforts à la frontière autrichienne.

Le Führer se place au-dessus de la justice

Berlin, 13 juillet
Au Reichstag, Hitler s'est efforcé de justifier l'horreur de la nuit des Longs Couteaux qui fait la une des quotidiens étrangers. Goebbels n'a pas pu censurer la presse. Hitler a accusé Schleicher, Strasser et Röhm d'avoir monté un coup d'Etat. Il a dénoncé aussi l'homosexualité et la corruption de Röhm et a déclaré : « Si on me fait des reproches et on me demande pourquoi je n'ai pas fait appel à la justice pour inculper ceux qui étaient coupables, je dirai qu'à ce moment difficile je me suis senti responsable du sort du peuple allemand et que j'étais devenu le juge suprême du Reich. » Un grand silence régnait dans l'assemblée et personne n'a rien osé dire.

Hindenburg mort, Hitler est maître absolu

Neudeck, 2 août
Le chef de l'Etat allemand, Paul von Hindenburg, vient de s'éteindre à l'âge de 86 ans, dans son domaine de Neudeck. Peu après, le régime nazi a proclamé la réunification des deux charges les plus importantes du Reich sur la personne d'Hitler, qui devient ainsi chef d'Etat et chef du gouvernement. Il va aussi devenir commandant en chef des armées du Reich. Cela signifie que les soldats allemands ne prêteront plus serment à « la nation et la patrie ». Ils vont maintenant devoir jurer fidélité au « *Führer* du peuple allemand ». En moins de deux ans, Hitler a réussi à prendre tous les pouvoirs.

Les SA remplacés par les SS de Himmler

Le patron des SS, H. Himmler.

Berlin, 20 juillet
Heinrich Himmler, l'ancien éleveur de poules, est désormais l'un des hommes les plus redoutés et les plus puissants du pays. Non seulement il est *Reichsführer* des SS, ce qui fait de lui le responsable des camps de concentration et du *Sicherheitdienst*, les services secrets, mais il est aussi le patron de la Gestapo, la police secrète d'Etat. Himmler avait utilisé ces organisations pour écraser Ernst Röhm et il vient d'être récompensé. Désormais, les SS constituent une force autonome. Himmler est à la tête du formidable appareil policier du Reich. Sa tâche est d'assurer que les Allemands restent loyaux à Adolf Hitler. Ses hommes sont aguerris et bien armés, leur discipline est sans faille et ils sont bien encadrés. Ils portent un uniforme noir et ont juré de mourir plutôt que de trahir leur *Führer*. Le seul nom de Heinrich Himmler répand la terreur chez les Allemands qui ne sont pas nazis.

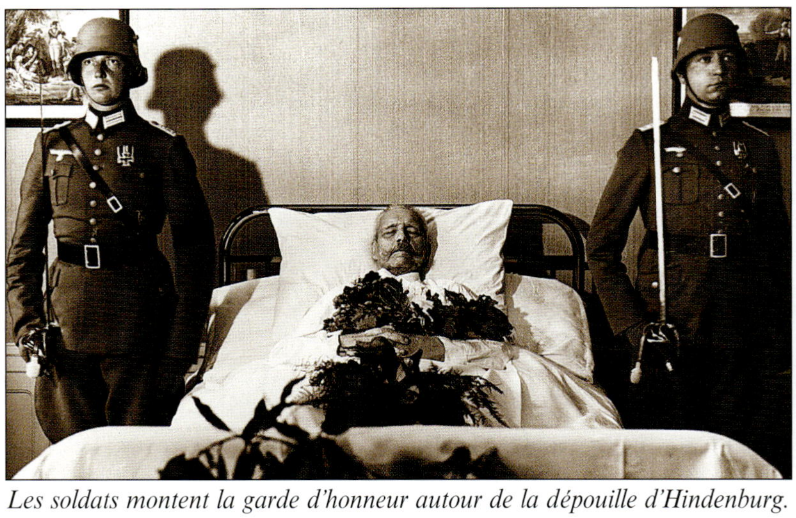

Les soldats montent la garde d'honneur autour de la dépouille d'Hindenburg.

Heydrich, un homme qui cache des secrets

Berlin, 10 août
Reinhard Heydrich, grand, blond et beau, est un champion d'escrime, un skieur accompli, un pilote et un très bon violoniste. Il est aussi craint que son chef, Himmler, et vient d'être promu général. Il dirige le SD, le service de sécurité des SS, ce qui lui donne accès à tous les dossiers sur les personnalités nazies et militaires dont il connaît les secrets les plus intimes. Mais il en cache un qu'il a fait disparaître des dossiers auxquels il a accès : il fut renvoyé de la marine par mesure disciplinaire et il a du sang juif dans les veines.

Speer lui a créé une cathédrale de lumière

L'architecte Speer a utilisé d'énormes projecteurs pour éclairer le meeting.

Nuremberg, 5 septembre
Albert Speer, l'architecte préféré d'Adolf Hitler, a créé une véritable cathédrale de lumière pour le grand congrès du Parti nazi. Il a en effet placé 130 gros projecteurs, conçus pour guider les batteries de DCA, autour du site où doit se tenir le meeting. Goering était opposé au projet, mais Hitler lui a répondu : « En utilisant autant de projecteurs, les autres pays vont penser que nous en avons des stocks inépuisables. » Les projecteurs lancent leurs rayons vers le ciel, constituant chaque fois une colonne de lumière. Ils ont été placés à douze mètres l'un de l'autre tout autour du stade.

L'égérie du IIIe Reich tourne à Nuremberg

Hitler félicite Leni Riefenstahl pour son film, « le Triomphe de la volonté ».

Nuremberg, 5 septembre
Leni Riefenstahl, une jeune actrice devenue metteur en scène, profite du congrès nazi pour tourner un film, *le Triomphe de la volonté,* à Nuremberg. Leni bénéficie de gros moyens. Elle dirige 120 personnes, dont 32 techniciens équipés de 30 caméras. Pour capter chaque aspect de la manifestation, 130 000 m de pellicule sont à sa disposition. Leni Riefenstahl filme une Allemagne qui, dans un grand élan mystique, vient acclamer son nouveau dieu. Des séquences clés exaltent la vie saine et familiale, l'harmonie virile et militaire et le bel enthousiasme des foules pour le *Führer*.

Hitler promet que le Reich vivra 1 000 ans

Nuremberg, 5 septembre
Trente mille bras se sont dressés et ont fait le salut nazi lorsqu'Hitler est arrivé, triomphant, dans la salle Leopold où se tient le congrès du NSDAP. Il a pris place à la tribune sous les cris de « Heil Hitler » et au son de la *marche de Bandenweiler*. Puis, comme le veut maintenant la tradition, Adolf Wagner, gauleiter de Bavière, a lu une proclamation du *Führer*. Le message était on ne peut plus clair : « Le mode de vie des Allemands est fixé pour les mille ans à venir. La période de nervosité du XIXe siècle est révolue. Il n'y aura pas de nouvelle révolution au cours des mille prochaines années ! » Adolf Hitler a des raisons de triompher. La mort de Hindenburg lui ouvre les portes du pouvoir suprême. Les SA ne sont plus une force militaire ou même politique. L'armée lui est totalement fidèle. Les politiciens de la vieille école comme von Papen se sont joints aux nazis. La prise de pouvoir d'Hitler a été, de surcroît, plébiscitée lors d'un référendum qui a été organisé, il y a quinze jours. Plus de 38 millions d'Allemands, près de 90 % des suffrages exprimés, lui ont accordé leur confiance, alors que seulement 4,3 millions de ses concitoyens ont refusé de soutenir son action.

Triomphant, Adolf Hitler est acclamé au congrès annuel de son parti.

L'armée devient jalouse des divisions SS

Berlin, 1er octobre
Des fortunes sont englouties pour renforcer les forces armées et pour les doter des équipements les plus modernes. Malgré cela, les soldats s'interrogent sur l'accord qui a été passé entre les généraux et le régime nazi. Certes, Hitler a tenu parole en se débarrassant de Röhm et de ses SA, mais maintenant les militaires sont confrontés à un adversaire bien plus redoutable : Heinrich Himmler et ses SS. Cette organisation, dont les membres se prennent pour des chevaliers teutoniques, attire de plus en plus de jeunes gens issus de l'aristocratie. D'une façon générale, les membres des SS sont supérieurs, intellectuellement et physiquement, aux SA, gros bras indisciplinés et bons buveurs de bière. L'académie où sont formés les officiers SS est enviée par les militaires, qui sont aussi jaloux des divisions spéciales des SS comme par exemple celle des « Tête de mort », qui est en charge de la sécurité dans les camps de concentration. Himmler garantit la « pureté raciale » de ses hommes et leur fidélité absolue au régime. Pour l'armée, c'est la qualité plus que le nombre des SS qui est une menace.

L'Eglise résiste encore au régime hitlérien

Bonn, 26 novembre
Un éminent théologien allemand, Karl Barth, vient d'être renvoyé de son poste d'enseignant à Bonn. Il a refusé de jurer fidélité au régime nazi. Cette très courageuse prise de position montre qu'il existe toujours une certaine résistance au nazisme dans les milieux ecclésiastiques. Le concordat signé entre le Vatican et Adolf Hitler et le démantèlement du parti catholique centriste ont rendu l'Eglise catholique incapable d'une action politique efficace. L'Eglise confessionnelle, liée aux protestants et dirigée par Martin Niemoller, un ancien commandant de sous-marins, mène la lutte contre les « Chrétiens allemands », un groupe présidé par le fanatique nazi Ludwig Mueller.

1935

De 45 à 46 ans

17 février. La journée de travail de huit heures est instaurée en Allemagne.

6 mars. Goering déclare qu'une armée allemande de 400 000 hommes ne suffit pas aux besoins de l'Allemagne.

11 mars. Goering révèle que la Luftwaffe, l'armée de l'air du Reich, a été constituée.

12 avril. Les « non aryens » sont interdits d'activité littéraire.

21 mai. Au Reichstag, Hitler se dit opposé à la guerre.

24 mai. Le pape Pie XI condamne la stérilisation par les nazis de 56 244 citoyens allemands jugés « inférieurs ».

30 mai. Le général von Blomberg devient commandant en chef de la Werhrmacht.

18 juin. Ribbentrop négocie l'accord naval anglo-allemand qui autorise Berlin à accroître sa marine jusqu'à ce qu'elle atteigne 35 % des unités de la Royal Navy.

8 août. Goering prend le contrôle des premiers services de télévision d'Allemagne.

30 septembre. Adolf Eichmann intègre les SD, les services de sécurité dirigés par Heydrich.

30 novembre. Les Allemands peuvent utiliser le refus de croire au nazisme comme une cause de divorce.

10 décembre. Le journaliste pacifiste et antinazi Carl von Ossietzky reçoit le prix Nobel de la paix. Hitler est furieux.

21 décembre. Les médecins juifs d'Allemagne sont obligés de démissionner des hôpitaux publics, en application des lois de Nuremberg.

La Sarre décide son retour au Reich

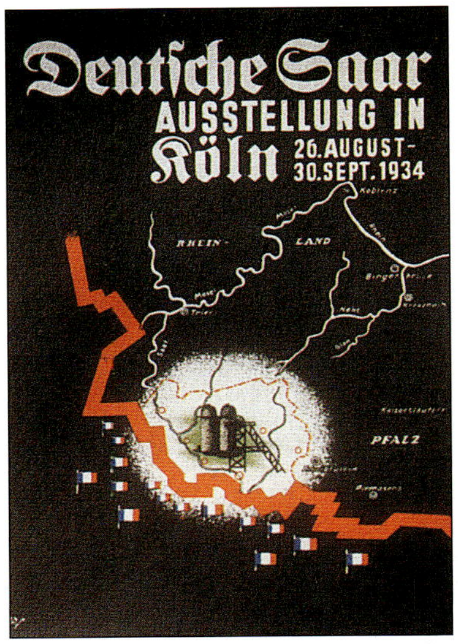

Une affiche : La Sarre est allemande.

Des Sarrois enthousiastes acclament Hitler au lendemain du référendum.

Berlin, 13 janvier

La population de la Sarre, région riche en charbon, administrée par la Société des Nations depuis 1919, a voté massivement en faveur de son retour à l'Allemagne. C'est un grand succès pour Adolf Hitler. Au total, 477 119 électeurs (90,8 %) ont voté pour leur rattachement au Reich, 46 513 se sont prononcés pour un statu quo et seulement 2 124 veulent le rattachement de leur province à la France. La Sarre avait été confiée à la SDN dans le cadre du traité de Versailles, qui avait aussi donné à la France l'exploitation et la propriété des riches gisements houillers en guise de réparations de guerre. Le résultat du scrutin ne faisait guère de doute. La SDN est restée à l'écart du vote, alors que les Allemands ont fait une campagne active, souhaitant la victoire totale. Pierre Laval, le chef de la diplomatie française, a même contribué indirectement à la victoire du Reich, car il estimait que cela améliorerait les relations entre Paris et Berlin. Laval semble avoir vu juste puisqu'Adolf Hitler vient de déclarer que l'Allemagne n'a plus de revendications sur le territoire de la France. Cela laisse supposer qu'il a abandonné ses revendications sur la Lorraine et l'Alsace. A Londres et à Paris, on espère que les propos apaisants du *Führer* vont mener à un règlement global avec le Reich qui aboutirait au démantèlement du traité de Versailles, un traité que le programme de réarmement nazi viole de façon évidente.

Adolf Hitler remercie le gouverneur.

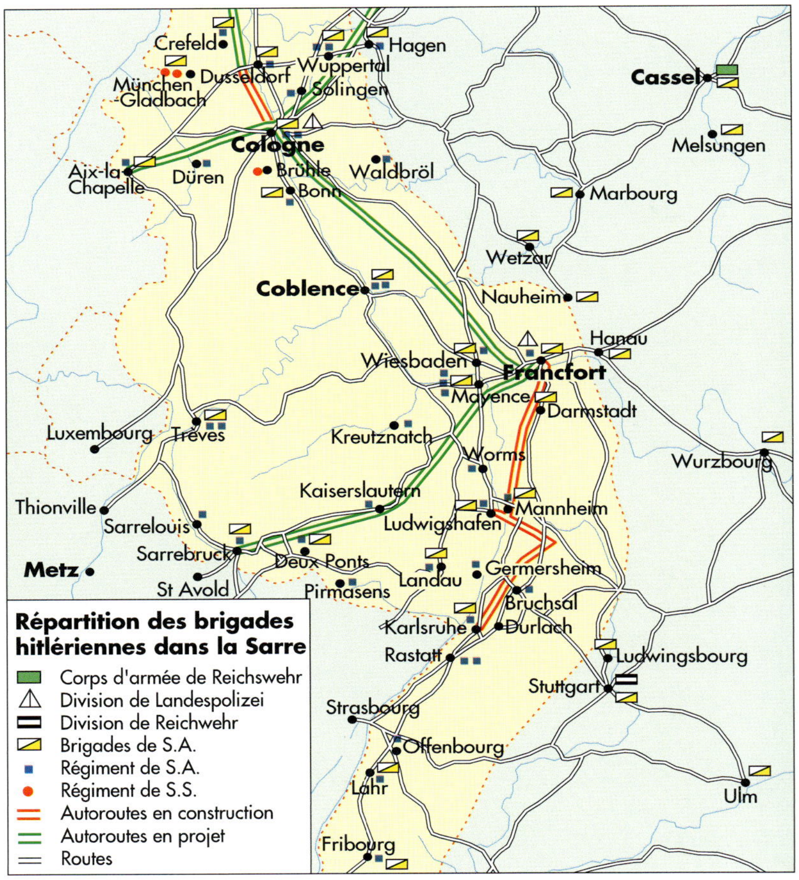

Le service militaire est rétabli en Allemagne

Berlin, 17 mars

Après le succès de la Sarre, Hitler a décidé de sortir ses griffes. Revenu hier de la montagne où il avait passé quelques jours dans son chalet, il a annoncé à la radio que l'Allemagne ne respecterait plus les contraintes militaires imposées par le traité de Versailles. Il a ainsi rétabli le service militaire obligatoire et décidé de mettre sur pied une armée qui sera formée de trente-six divisions, soit environ un demi-million d'hommes. C'est à peine si les Alliés protestent contre cette violation flagrante du traité. Ce n'est pas un hasard si ces mesures ont été annoncées à la veille du « Jour des héros ». Une grande fête a été organisée à l'Opéra Kroll. Il semble que tous les officiers du Reich étaient présents. L'uniforme bleu ciel de la Luftwaffe a ainsi été vu en public pour la première fois, aux côtés d'uniformes des anciens régiments impériaux et de ceux de la Werhrmacht. Le maréchal von Mackensen, qui fut officier sous le kaiser, arborait son uniforme de hussard de la Mort. Il était assis à côté d'Hitler. Une immense Croix de fer et des centaines d'étendards dominaient la salle. A l'issue de la cérémonie, Hitler a descendu Unter den Linden, les Champs-Elysées de Berlin, sous les acclamations de la foule. Une marche triomphale qui augure mal de l'avenir et de la stabilité du Vieux Continent.

Entraînement des appelés allemands.

Une intervention a réduit Hitler au silence

Berlin, 5 mai

Hitler s'est fait enlever un polype des cordes vocales, une opération rendue nécessaire par ses nombreux discours. Ses médecins lui ayant prescrit de ne plus parler pendant trois jours, il doit transmettre ses ordres par écrit. Le malade a été soulagé d'apprendre que la tumeur était bénigne, car il est obsédé par le cancer depuis la mort de sa mère. En réalité, le *Führer* a une santé très satisfaisante, même s'il a souffert de troubles pulmonaires quand il était enfant et qu'il a connu une vie de bohème pendant son adolescence. Tous ses problèmes sont d'origine psychosomatique. Il est incapable de consommer de la viande depuis la mort de Geli Raubal et il souffre de cauchemars et de crampes violentes à l'estomac depuis la nuit des Longs Couteaux. Il ne boit pas d'alcool et a horreur du tabac. Il a même dit à Eva Braun qu'il la quitterait si elle se mettait un jour à fumer. Il a des tendances maniaco-dépressives qui alternent des phases d'hyperactivité et des moments de grande lassitude. Adolf Hitler se passionne pour tout ce qui relève du domaine médical et il n'hésite pas à sermonner ses proches au sujet de leurs mauvaises habitudes. Ses conseillers ont noté que, chaque fois qu'il ne se sent pas bien, il ouvre son livre de médecine à la page consacrée au cancer. Hitler est avant tout un grand inquiet.

Il avait un polype aux cordes vocales.

Eva Braun tente de mettre fin à ses jours

Munich, 29 mai

La maîtresse d'Hitler, jeune femme un peu étourdie, a tenté de mettre fin à ses jours en avalant une dose massive de barbituriques. Eva n'est pas heureuse pour plusieurs raisons. Son amant ne sort jamais avec elle en public. Elle est jalouse quand il fréquente d'autres femmes et elle ne se sent pas libre. Hitler lui interdit le tabac, la danse et même les bains de soleil. Elle avait écrit dans son journal intime : « Adolf ne veut de moi que pour certaines choses. Ah, si seulement je ne l'avais jamais rencontré ! J'ai perdu tout espoir. » Sa tentative de suicide a amené son amant à lui avouer qu'il l'aimait.

Eva se sent délaissée et se demande pourquoi son amant la fait souffrir.

Magda Goebbels serait plus qu'une amie

Berlin, été

La ravissante Magda Goebbels a mis au monde un fils, Helmuth, et on affirme à Berlin que le père n'est autre qu'Hitler. Les rumeurs disent qu'Adolf et Madga ne se sont pas quittés au cours d'un séjour sur les côtes de la mer Baltique et qu'Hitler aurait confié à ses secrétaires qu'il avait poussé Magda à épouser Josef Goebbels pour la garder près de lui. Elle lui rappelle Geli Raubal. Quoi qu'il en soit, il ne fait aucun doute que Josef Goebbels a la réputation d'être un coureur de jupons. C'est aussi vrai qu'Hitler s'est toujours montré attentif et même paternel avec les enfants de la belle Magda.

Un mariage fastueux : Goering épouse la jeune actrice Emmy Sonnemann.

Le réarmement de l'Allemagne inquiète le monde

A Kiel, Hitler admire un des nouveaux U-Boote de la marine allemande.

Une formation de bombardiers Ju 52 survole une ville allemande.

Berlin, 1er septembre
Le programme de réarmement du Reich inquiète de plus en plus les autres puissances. L'armée de terre, la marine et l'armée de l'air sont en voie de se doter des équipements les plus modernes. Selon le récent traité naval anglo-allemand, le Reich peut renforcer sa marine, mais pas au-delà de 35 % de l'arsenal de la Royal Navy. Les chantiers allemands ont donc entrepris la construction de croiseurs lourds de 26 000 tonnes et de destroyers. Les sous-marins qui avaient été acquis dans le plus grand secret en Espagne, aux Pays-Bas et en Finlande ont déjà été livrés au Reich. Le rétablissement du service militaire obligatoire a aussi permis d'augmenter les effectifs de l'armée de terre. La société Krupp produit des blindés et des pièces d'artillerie lourde. Mais c'est surtout dans la Luftwaffe qu'Hitler investit. Deux millions d'ouvriers construisent des aéroports et des installations pour la force aérienne. Celle-ci dispose déjà de 1 888 avions de chasse, avec des appareils tels que les Messerschmitt Bf109 et Bf110 ou les bombardiers Heinkel 111 et Junkers 87. Plusieurs escadrilles de trimoteurs Junkers 52 sont en service. Goering a adapté l'industrie aéronautique pour qu'elle produise des appareils de combat et transforme un bon nombre d'avions civils en bombardiers. La Luftwaffe est devenue une arme redoutable et ses pilotes ont été, en partie, formés en Union soviétique.

Plus de rubans noirs sur les drapeaux

Berlin, 1er septembre
Les rubans noirs accrochés en signe de deuil aux drapeaux de l'armée du Reich depuis 1918 ont disparu. Ces rubans représentaient la défaite de l'Allemagne et son humiliation par le traité de Versailles. Leur retrait n'est pas qu'un geste symbolique. Il signifie que l'armée n'admet plus les contraintes imposées par le traité. Pour bon nombre d'Allemands, le temps est venu d'oublier la débâcle de 1918 et de songer à de nouveaux combats et surtout à de nouvelles et glorieuses victoires.

Une œuvre de Wagner pour inaugurer le nouvel Opéra national

Le salut hitlérien lui est rendu quand il prend place dans sa loge.

Berlin, 16 novembre
Les travaux de restauration sont achevés et l'Opéra national vient de rouvrir ses portes au public, avec une représentation des *Maîtres chanteurs de Nuremberg*, l'unique comédie lyrique de Wagner. Adolf Hitler, qui adore toutes les œuvres wagnériennes, a beaucoup apprécié. D'ailleurs, il prétend que quiconque veut comprendre l'Allemagne doit d'abord connaître Richard Wagner. Les diplomates étrangers qui étaient présents ont noté que l'orchestre ne comptait plus un seul musicien juif. Les autorités nazies ont décidé de tous les renvoyer.

Hitler proclame les lois raciales de Nuremberg

Les fêtes du parti nazi à Nuremberg sont toujours accompagnées de défilés militaires et de cérémonies imposantes.

Nuremberg, 15 septembre
Adolf Hitler vient de présenter à Nuremberg, devant le congrès du Parti nazi, un ensemble de lois dont le caractère raciste est franchement affirmé. Le *Führer*, dont l'arrivée sur le podium a été saluée par un tonnerre d'applaudissements et par une fanfare, a affirmé que ces lois étaient nécessaires pour « protéger le sang et l'honneur » allemands. Les lois ont été approuvées sur-le-champ par les députés du Reichstag réunis à Nuremberg. Elles sonnent le glas pour la communauté juive du pays. Elles ont pour but d'amener les Allemands à ne considérer leurs concitoyens juifs que comme des personnes de deuxième catégorie. La première loi prive de citoyenneté tout Allemand qui a du sang juif. L'article premier de la loi sur la protection du sang affirme : « Toute union entre un citoyen allemand et un Juif est interdite. Les mariages de cette nature conclus à l'étranger seront frappés de nullité » dans le Reich. L'article 2 stipule : « Tout rapport extraconjugal entre Juifs et Allemands apparentés est interdit. » L'article 3 ajoute : « Il est interdit aux Juifs d'employer sous leur toit des femmes allemandes qui seraient âgées de moins de 45 ans. » Enfin, l'article 4 précise : « Il est interdit aux Juifs de hisser le drapeau du Reich ou d'arborer ses couleurs ». La suite de ce texte est consacrée à une liste des peines de réclusion, en prison ou au pénitentier, prévues en cas d'infraction. Les Juifs sont donc traités comme des *Untermenschen*, des sous-hommes. A la fin de son discours, des soldats ont défilé aux côtés des nazis, ce qui constitue une première. Hitler a encore déclaré à ses troupes, massées au pied de la tribune officielle : « Notre glorieuse armée n'est pas morte ; elle dormait et s'est enfin réveillée. »

Les Italiens envahissent l'Abyssinie

Addis-Abeba, 2 octobre
Les troupes envoyées par le chef de l'Italie fasciste, Benito Mussolini, sont arrivées en Abyssinie à l'aube. Des milliers de soldats ont franchi la frontière avec l'Erythrée, sans la moindre déclaration de guerre. Dix-huit divisions italiennes déferlent sur le pays. Le général Emilio de Bono avance avec sa colonne blindée vers Adowa, un village où, en 1896, les Italiens avaient subi une humiliante défaite face aux Abyssiniens. Une autre colonne, dirigée par le général Graziani, est en route vers le nord. A Addis-Abeba, l'empereur Hailé Sélassié Ier a lancé un appel à ses différents chefs tribaux pour leur demander de résister aux Italiens, mais ses combattants sont équipés d'une façon vétuste. Hailé Sélassié a également demandé à la Société des Nations d'intervenir.

Les vaincus n'avaient que de vieux fusils pour lutter contre Mussolini.

Hitler bénéficie de la crise en Abyssinie

Genève, 10 octobre
L'invasion de l'Abyssinie par l'Italie est un véritable test pour la Société des Nations, et une intense activité diplomatique se déroule à Genève depuis une semaine. Le Royaume-Uni exige l'application de sanctions économiques contre l'Italie, mais peu d'autres pays soutiennent cette position. Paris est favorable à une approche plus diplomatique, car la France estime qu'Hitler représente un danger plus grave que Mussolini. Quoi qu'il advienne, le *Führer* ne peut que bénéficier de cette crise. Une défaite des Italiens affaiblirait Mussolini, le principal obstacle aux visées allemandes sur l'Autriche, et, dans le cas d'une victoire des forces italiennes, le *Duce* serait sans doute prêt à conclure un traité d'alliance avec Hitler.

1936

De 46 à 47 ans

6 janvier. A Prague, Otto Strasser est condamné à quatre mois de prison : il a installé un émetteur de radio clandestin.

25 janvier. Hitler déclare qu'il veut récupérer les colonies perdues par l'Allemagne.

29 mars. 99 % des électeurs allemands approuvent la réoccupation de la Rhénanie.

1er avril. Le service militaire est obligatoire en Autriche.

4 avril. Goering est nommé commissaire aux Matières premières.

24 mai. Succès du mouvement rexiste de Léon Degrelle aux élections générales belges.

3 juin. Le général Walther Wever, chef d'état-major de la Luftwaffe, meurt. Albert Kesselring lui succède.

17 juin. Himmler devient chef suprême de la police du Reich.

11 juillet. Signature d'un accord austro-allemand. Berlin reconnaît l'indépendance de l'Autriche, et Vienne accepte d'être un « Etat germanique ».

Juillet. Un premier groupe de Tsiganes est envoyé au camp de concentration de Dachau.

18 juillet. La guerre civile éclate en Espagne.

28 août. Arrestations massives de Témoins de Jéhovah en Allemagne.

21 septembre. Début des plus grandes manœuvres militaires allemandes depuis 1918.

10 octobre. Schuschnigg est le maître absolu de l'Autriche.

12 décembre. Edouard VIII renonce au trône d'Angleterre pour épouser Wallis Simpson.

L'Allemagne réoccupe la Rhénanie

Rhénanie, 7 mars
L'armée allemande a réoccupé la Rhénanie, rompant ainsi les accords internationaux qui étaient signés par le Reich dans le traité de Versailles et celui de Locarno. Les préparatifs du coup de force se sont déroulés dans le plus grand secret. Le général von Blomberg avait donné l'ordre que l'opération soit une « attaque-éclair surprise. » C'est Adolf Hitler lui-même qui a choisi le moment de frapper. Il a choisi d'attaquer ce matin pour riposter à l'approbation du pacte franco-soviétique par le Parlement français. Adolf Hitler est confiant. Il sait que Paris et Londres ne risquent pas d'intervenir contre l'attitude du Reich, comme ils ne l'ont pas fait pour stopper l'envoi de troupes de Mussolini en Abyssinie. Seuls trois bataillons allemands ont pénétré en Rhénanie, et le général von Blomberg est prêt à battre en retraite en cas d'intervention de la France. Jusqu'à présent, Paris n'a pas réagi. Londres, de son côté, a adopté une politique prudente. En attendant, la Wehrmacht profite de ces tergiversations pour occuper de plus en plus de villes et de villages rhénans. Berlin présente l'opération comme un simple rétablissement de la souveraineté allemande. Pour leur part, les habitants, qui n'ont pas vu un soldat allemand depuis 1918, ont accueilli les troupes allemandes avec joie. Ils sont libérés de l'occupation et leurs soldats sont des vainqueurs.

Un accueil enthousiaste pour les troupes allemandes arrivant en Rhénanie.

Adolf Hitler lance la « voiture pour tous »

Berlin, 26 février
Hitler est enthousiasmé par le projet que Ferdinand Porsche est venu lui soumettre. La « voiture du peuple » sera construite en grande série et la future auto s'appellera Volkswagen. Au prix de 990 deutsche Mark, elle sera très abordable. Son poids est de 650 kg, et le moteur qui développe 24 chevaux est situé à l'arrière. Il ne consomme pas plus de 6 litres aux 100 km. La Volkswagen doit être construite à Fallersleben, en Basse-Saxe. Elle sera disponible en deux versions : la limousine et le cabriolet. Adolf Hitler espère que ce projet fera pour l'Allemagne ce qu'Henry Ford a fait pour les Etats-Unis.

Hitler devant une maquette de la Volkswagen, conçue par Ferdinand Porsche.

Le pacte de Locarno est déchiré

Berlin, 7 mars
Quelques heures à peine après que son armée eut pénétré en Rhénanie, Adolf Hitler a dénoncé le pacte de Locarno, signé en 1925 par l'Italie, l'Allemagne, la France, la Grande-Bretagne et la Belgique. Cet accord reconnaissait les frontières des pays signataires et visait à établir une paix durable en Europe. En informant le Reichstag de la réoccupation de la Rhénanie, Hitler a affirmé que la conclusion d'un traité franco-russe a rendu caduc le pacte de Locarno. « L'Allemagne ne se sent plus liée par ce pacte », a déclaré Hitler. Le Reich « a rétabli à compter de ce jour sa souveraineté absolue » sur la Rhénanie, « dans l'intérêt des droits de son peuple et de la sécurité de ses frontières », a-t-il ajouté. Il a dit que le Reich « n'a pas d'autres exigences territoriales en Europe et que Berlin ne brisera jamais la paix ». Sachant qu'il ne s'arrêtera pas là et qu'il ne s'agit que d'une étape, les députés ont salué l'allocution d'Hitler par un tonnerre d'applaudissements.

Mussolini proclame son « empire fasciste »

Rome, 9 mai
L'armée du dictateur italien, avec ses bombardiers, ses gaz toxiques et son artillerie lourde, a gagné sa guerre coloniale contre les guerriers des tribus d'Abyssinie. Ce soir à Rome, Benito Mussolini lançait à la foule : « L'Italie a enfin son empire. C'est un empire fasciste car il porte la marque indélébile de la volonté et de la puissance de Rome. » Le roi italien porte maintenant le nom de Victor-Emmanuel, roi d'Italie et empereur d'Abyssinie. Les troupes de Mussolini n'ont eu aucun mal à conquérir un territoire de près de deux millions de km² et peuplé de douze à treize millions d'âmes. Mais Benito Mussolini n'est pas satisfait. Il estime que l'opération a duré trop longtemps et il a limogé le général de Bono. Cette victoire italienne a également porté un coup fatal à la crédibilité de la Société des Nations. Elle a été incapable de faire stopper cette agression.

Des jeunes Allemands sont enrôlés dans le service du Travail pour travailler dans des camps. Les jeunes femmes font un an de travaux agricoles.

Il écoute Wagner et décide d'aider Franco

Hitler, Winnifried Wagner, Goering et Goebbels au Festival de Bayreuth.

Bayreuth, 26 juillet
Alors qu'il assistait au Festival de Bayreuth, Hitler a décidé de venir en aide au général Francisco Franco qui a renversé le gouvernement de gauche de Casares Quiroga. Franco avait envoyé deux émissaires pour plaider sa cause à Berlin. Johannes Bernhardt, un industriel allemand, et le chef des nazis dans l'enclave de Tétouan, Adolf Langenheim, ont supplié Hitler de leur fournir des avions pour transporter les troupes d'Afrique du Nord vers le sud de l'Espagne. Le *Führer* ne s'est pas fait prier. Il a immédiatement demandé à Hermann Goering et au général von Blomberg de fournir des avions aux forces nationalistes de Franco. Vingt-deux avions-cargos Ju 52 et six chasseurs He 51 vont ainsi être expédiés à Tétouan. Hitler n'a pas agi par pur altruisme. Il sait qu'il est dans son intérêt d'aider le général Franco. Une victoire nationaliste en Espagne créerait un troisième Etat fasciste aux frontières de la France, qui se retrouve isolée.

L'athlète noir américain ose gagner devant Hitler

Un « ayren héroïque » figure sur les affiches des Jeux olympiques, mais c'est un athlète noir qui a été le vrai héros des Jeux de 1936.

Adolf Hitler acclame la victoire de l'un des concurrents allemands.

Berlin, 16 août
Pour Hitler, la fête olympique a été gâchée par cet athlète noir, Jesse Owens. Les XIes Jeux olympiques ont cependant été dominés par les athlètes allemands. Ils ont remporté 33 médailles d'or, le meilleur score des nations engagées. Adolf Hitler avait décidé que les Jeux de Berlin seraient un succès pour lui et pour le Reich. Afin d'éviter un boycott des Etats-Unis, il avait interdit les manifestations antisémites pendant la durée des Jeux. Certes, le stade olympique à Berlin était pavoisé de croix gammées, mais les nazis ont voulu être discrets. Tous ces efforts ont été réduits à néant par un seul athlète, un jeune homme qui n'a pas une goutte de « sang aryen » dans les veines ! L'Américain Jesse Owens a remporté quatre médailles d'or, et Hitler a quitté la tribune pour ne pas avoir à serrer la main d'un Noir.

Jesse Owens, la star des Jeux, en route vers une nouvelle victoire.

Ribbentrop est ambassadeur à Londres

Londres, 11 août
Joachim von Ribbentrop est nommé ambassadeur du Reich à Londres, à la suite du décès de l'ambassadeur Leopold von Hoesch. Hitler a choisi Ribbentrop, car il tient à améliorer ses relations avec Londres. Il admire la Grande-Bretagne et ne souhaite pas de crise avec elle. Ribbentrop, un homme pompeux et prétentieux, se vante d'être bien introduit dans le Tout-Londres. Il est vrai qu'il parle anglais parfaitement et qu'il a l'allure d'un authentique gentleman. Lorsque Hermann Goering a émis des craintes sur les capacités de Ribbentrop, Hitler a rétorqué que ce nouvel ambassadeur connaissait des ministres et des lords. Goering craint que ces personnes ne le connaissent comme il est vraiment.

Les Ribbentrop à Londres.

Goering est chargé de préparer la guerre

Berlin, 4 septembre
Hitler a placé Goering en charge du plan quadriennal. Il a deux priorités : faire en sorte que d'ici à la fin 1940 l'armée du Reich soit prête à faire la guerre et préparer l'économie du pays à un conflit. Le plan est fondé sur le principe que la guerre avec l'Union soviétique est inévitable. Les Allemands ont besoin de plus de « Lebensraum », d'espace vital. Pour réussir dans les délais, Goering sait qu'il devra agir vite mais il a de nombreux obstacles à surmonter. Il devra en particulier faire en sorte que le pays devienne autosuffisant en matières premières. Il va donc créer des industries de caoutchouc synthétique et développer celles du pétrole. Ces deux produits seront vitaux à tout effort de guerre.

Fascistes et antiracistes se battent dans l'East End de Londres

Londres, 11 octobre
Des bagarres d'une violence inouïe ont éclaté lorsque des dizaines de milliers de Londoniens ont essayé d'empêcher sept mille partisans du leader fasciste, Oswald Mosley, de défiler dans les quartiers juifs du East End. Ces affrontements ont commencé quand les manifestants fascistes ont tenté de franchir des barricades érigées par la population. Des combats très violents ont eu lieu dans Cable Street : des camions ont été renversés, des briques, des pavés et des bouteilles ont été lancés sur la police. Il y a eu 80 blessés, dont 15 policiers. Oswald Mosley a été évacué in extremis par ses amis et a ainsi évité l'arrestation.

Le leader fasciste anglais, sir Oswald Mosley, fait le salut nazi à ses partisans.

Himmler fonde ses « usines à bébés »

Berlin, 15 octobre
Himmler, chef des diverses polices du Reich, profite des connaissances en eugénique qu'il a accumulées en élevant des poules pour mettre en place un réseau de « Lebensborn », la production de bébés aryens. Dans des centres spécialisés, des SS et des jeunes filles blondes aux yeux bleus se rencontreront pour engendrer la race des seigneurs. Ces candidats devront d'abord prouver que leur sang est vraiment « pur » avant de passer à l'étape suivante. Chaque mois, une somme sera retenue sur le salaire des SS pour financer cette opération à travers l'Allemagne.

Josef Goebbels a organisé une exposition d'« Art dégénéré » à Munich qui comprend des œuvres saisies de Marc Chagall et d'Oskar Kokoschka.

La légion Condor vole au secours de Franco

Berlin, 25 octobre
Hitler a décidé que les forces du Reich doivent intervenir dans la guerre civile en Espagne. Dans un premier temps, neuf escadrilles de la Lutfwaffe, des unités de DCA et de communication vont partir pour venir en aide au général Franco. Le groupe d'intervention allemand a été baptisé la « légion Condor ». Il est placé sous les ordres du général Hugo Sperrle. Le colonel Wolfram von Richthofen, le cousin du célèbre « Baron rouge », sera son principal adjoint. La légion Condor aurait dû utiliser les chasseurs He 51 et les avions-cargos et bombardiers Ju 52. Hitler a toutefois demandé que ces appareils soient remplacés par des chasseurs Bf 109 et des bombardiers He 111. Les Heinkel et les Junkers ne sont pas aussi bons que les I-15 et les SB-2 fournis aux républicains par Staline. Pour dissimuler cette intervention allemande en Espagne, les hommes de la légion vont partir de Hambourg sous le couvert d'une banale croisière en mer. Mais nul n'est dupe, car la présence des nazis dans le conflit espagnol est connue de toute l'Europe depuis des mois et Hitler ne craint pas les réactions.

Le Duce est maintenant fier de son voisin

Hitler veut convaincre le chef de la diplomatie italienne, Galeazzo Ciano.

Milan, 1er novembre
Mussolini a annoncé que son pays et le Reich s'étaient mis d'accord pour former un « axe autour duquel les Etats européens qui sont animés par un désir de coopération et de paix pourront œuvrer ensemble ». Cet accord est dû, en vérité, à une initiative d'Hitler. Au cours de sa visite au Berghof à la fin octobre, le comte Ciano, ministre des Affaires étrangères italien, a été convaincu par Hitler de la nécessité de créer un front commun italo-allemand. Les deux pays lutteront contre le bolchevisme et contre les puissances occidentales. Cette proposition fut transmise au *Duce* qui s'empressa de donner son accord pour la création d'un axe Rome-Berlin.

Ce portrait d'Adolf Hitler a été distribué à des milliers d'exemplaires.

Pacte anticommuniste entre Tokyo et Berlin

Berlin, 25 novembre
Hitler vient de signer un pacte anti-Komintern avec le Japon, déclarant que l'accord « protégera la culture et la civilisation européennes, ainsi que la paix mondiale, de la menace du bolchevisme ». Les deux parties affirment qu'il n'y a pas de clauses secrètes au traité, ajoutant que des mesures de représailles seront prises à l'encontre de ceux qui « travaillent pour l'Internationale communiste (le Komintern) ou qui participent à ses activités subversives ». Le pacte nippo-allemand est, à première vue, similaire à l'accord conclu entre le Reich et l'Italie au début du mois. De nombreux diplomates pensent toutefois que le pacte comporte bien des clauses secrètes.

Eva a chassé la mère de Geli du Berghof

Berchtesgaden, décembre
Eva, la maîtresse d'Hitler depuis quatre ans, est devenue à 24 ans la maîtresse de maison au Berghof, la résidence de montagne du *Führer*. Hitler s'est séparé d'Angela Raubal, sa demi-sœur, avec qui Eva Braun ne s'entendait pas du tout. Leurs disputes étaient fréquentes. Angela était jalouse d'Eva. Elle ne pouvait supporter que son frère offre une maison ainsi qu'une voiture avec chauffeur à la jeune femme. Depuis la tentative de suicide d'Eva, Hitler s'occupe davantage de sa maîtresse. Il lui permet maintenant de le suivre dans ses déplacements officiels et ne cache plus leur liaison.

La chambre d'Eva dans le chalet.

Hitler déniche un médecin assez original

Berchtesgaden, Noël
Désespérant d'être enfin guéri des crampes à l'estomac dont il souffre depuis la nuit des Longs Couteaux et de cet eczéma qui l'empêche de porter des bottes, Hitler a fait appel à un médecin pas comme les autres. Le Dr Theodor Morrell, un homme chauve et mal habillé, est devenu célèbre en soignant des vedettes du théâtre et du cinéma. C'est lui qui a guéri le photographe Hoffmann en utilisant de nouveaux médicaments. Les médecins d'Hitler sont horrifiés à l'idée de voir Morrell soigner leur patient. Ils ne lui font pas du tout confiance et le prennent pour un vulgaire charlatan. Mais Hitler ne croit plus aux méthodes classiques et il vient d'inviter Morrell et son épouse à passer Noël avec lui et Eva au Berghof, à Berchtesgaden. Hitler espère que le docteur Morrell sera capable de le guérir.

1937

De 47 à 48 ans

2 janvier. A Londres, le ministre italien Ciano signe un accord qui reconnaît les intérêts des deux pays en Méditerranée.

15 janvier. Goering informe Mussolini qu'une union austro-allemande est inévitable.

30 janvier. Le gouvernement allemand garantit la neutralité de la Belgique et des Pays-Bas.

28 février. Putzi Hanfstaengl, l'une des amies les plus proches d'Hitler, fuit l'Allemagne.

Mars. *Le Mythe du vingtième siècle*, écrit par le philosophe nazi Alfred Rosenberg, s'est vendu à 500 000 exemplaires, un peu moins que *Mein Kampf*.

9 mars. Le Reich expulse deux mille personnes accusées d'actes criminels ou d'« offense à la morale publique ».

21 mars. *Mit brennender Sorge*, l'encyclique du pape Pie XI qui dénonce les nazis, est lue dans toutes les églises du Reich.

Mai. Arthur Seyss-Inquart, chef des nazis modérés autrichiens, est nommé conseiller d'Etat.

28 mai. Neville Chamberlain devient le Premier ministre britannique.

20 juin. Les nazis ferment les écoles catholiques de Bavière.

19 juillet. Hitler inaugure à Munich l'exposition d'« Art dégénéré ». Les grands noms de l'expressionnisme et du dadaïsme sont cloués au pilori.

13 octobre. Hitler s'engage à ne pas envahir la Belgique après le retrait belge de l'alliance avec la France et le Royaume-Uni.

6 novembre. L'Italie adhère au pacte anti-Komintern signé entre l'Allemagne et le Japon.

Les prix Nobel sont « verboten »

Berlin, 30 janvier
Aucun citoyen allemand n'est plus autorisé à accepter un prix Nobel. Cette mesure, décidée par Hitler, fait suite à l'attribution du Nobel de la paix 1935 à Carl von Ossietzky, un journaliste allemand pacifiste et antinazi. Le lauréat a eu la témérité de traiter Adolf Hitler de « rebelle petit-bourgeois efféminé, paresseux et lâche ». Carl von Ossietzky a été enfermé au camp de concentration d'Esterwegen à la suite de l'incendie du Reichstag. Le journaliste a été classé ennemi de l'Etat pour avoir révélé au public le programme de réarmement du régime nazi. Carl von Ossietzky est toujours dans ce camp et souffre de tuberculose.

Ribbentrop devient la risée de Londres

Londres, 4 février
Ribbentrop, traité de « marchand de champagne » par les humoristes de la presse britannique, est devenu la risée de Londres. Il ne réussit pas à faire passer le message nazi malgré toutes ses relations. Ce matin, il a provoqué colère et hilarité au palais de Buckingham quand il a adressé le salut nazi au roi George VI. Il est maladroit et vulgaire, ce qui choque le monde diplomatique. Il fait aussi peur car il a fait savoir aux émigrés qu'il s'en prendrait à leurs familles restées en Allemagne s'ils refusaient de coopérer avec lui.

Un cuirassé du Reich touché en Espagne

Ibiza, 29 mai
Des avions des forces républicaines espagnoles ont attaqué le cuirassé de poche allemand *Deutschland*, dans le port d'Ibiza. Le bâtiment a été touché par deux bombes dont une a pénétré dans le poste d'équipage, tuant 23 marins. La déflagration a aussi fait 83 blessés, dont 19 sont dans un état grave. Le *Deutschland*, envoyé en Espagne pour soutenir les forces franquistes, a pu quitter Ibiza après le raid aérien et fait route vers Gibraltar. Les victimes sont restées à bord du bâtiment endommagé.

La tragédie de Guernica

Les mécaniciens de la légion Condor préparent des bombardiers Heinkel.

Guernica, 26 avril
Un nouveau drame ensanglante la terre d'Espagne. La légion Condor a largué 50 tonnes de bombes sur la cité basque de Guernica, non loin de Bilbao. Le centre de la ville a été complètement rasé. Les Junkers 52 et les Heinkel 111 ont effectué des raids qui ont suscité des réactions d'horreur dans le monde entier. Les bombes ont tué plus de 1 500 civils et fait des centaines de blessés. Josef Goebbels prétend que les avions de la légion n'ont pas participé à cette attaque. Guernica accueillait à ce moment-là des milliers de réfugiés.

Le dirigeable a explosé

New Jersey, 6 mai
Le prestige de la technologie du Reich vient de prendre un coup. Le fleuron de l'aviation allemande, le zeppelin géant *Hindenburg*, gonflé à l'hydrogène, a pris feu et a explosé alors qu'il atterrissait à l'aéroport de Lakehurst, près de New York. Il y a 36 victimes, dont 13 passagers. Il y avait 97 personnes à bord. C'est une décharge d'électricité statique qui semble être à l'origine du drame. Cette catastrophe risque de mettre fin au transport par dirigeable. A Berlin, l'hypothèse d'un sabotage est loin d'être écartée.

Le zeppelin géant « Hindenburg » s'enflamme sur l'aérodrome de Lakehurst.

Le pasteur Niemoller arrêté pour sédition

Berlin, 1er juillet
Le père Martin Niemoller, qui avait reçu une médaille lorsqu'il était commandant d'un U-Boot pendant la guerre, vient d'être arrêté pour sédition. Comme beaucoup d'autres protestants, Martin Niemoller avait, au début, soutenu les nazis car il les voyait comme un rempart contre le bolchevisme et comme une source d'espoir de renouveau. Il avait été un des premiers à envoyer à Hitler un message de félicitations quand le Reich s'était retiré de la Société des Nations. Puis il est devenu l'ennemi des nazis quand ils ont voulu unifier les Eglises protestantes avec Ludwig Müller, « l'évêque du Reich ». Le pasteur Martin Niemoller a alors commencé à exprimer des opinions antinazies. Ces propos ont vite irrité Hitler, qui a déclaré à la presse que « Niemoller ne doit pas confondre liberté et licence ».

Le père protestant Martin Niemoller.

Berlin accueille un sommet de dictateurs

Berlin, 29 septembre
Mussolini a quitté Berlin ce soir au terme d'une visite d'Etat de quatre jours. Hitler a bien flatté son hôte italien. Le premier jour, Mussolini a nommé Hitler caporal d'honneur de la milice fasciste. C'est le plus grand honneur que le Parti fasciste italien puisse conférer. La contrepartie offerte par Hitler aura été la remise au *Duce* d'une décoration créée spécialement pour l'occasion ; la grande croix de l'ordre du Mérite de l'aigle allemand. Le *Duce* a aussi visité les usines d'armement de la Ruhr, qui tournent à plein régime. Le moment fort de cette rencontre s'est déroulé hier soir. Pas moins d'un million de Berlinois ont assisté aux discours des deux dictateurs. Mais l'événement a été gâché par la tempête qui s'est abattue sur la ville. Mussolini, en uniforme d'apparat, a été trempé. Il a même été bousculé par la foule qui cherchait à se mettre à l'abri des trombes d'eau. Hitler est néanmoins satisfait de ces journées : il a réussi à faire comprendre à son invité qu'il était le plus puissant.

Himmler inaugure Buchenwald

Buchenwald, 1er août
Heinrich Himmler a inauguré un nouveau camp de concentration à Buchenwald. Il s'ajoute à ceux de Dachau et Sachenhausen. Construit dans une forêt près de Weimar, le camp est destiné à accueillir des « ennemis » de l'Etat nazi, des Juifs, des journalistes, des religieux ou des élus. Ils seront à la merci des gardes du camp, les SS des unités « Tête de mort » qui battent les prisonniers à chaque occasion.

Le Dr Morrell guérit l'eczéma d'Hitler

Nuremberg, 5 septembre
Il a invité son médecin personnel, Theodor Morrell, au congrès annuel du Parti nazi. Adolf Hitler lui est très reconnaissant d'avoir guéri son eczéma et il peut enfin porter des bottes en cuir. Le médecin a aussi réussi à traiter les crampes dont Hitler souffre à l'estomac. Le Dr Morrell profite de sa célébrité pour soigner les chefs nazis et il espère décrocher un contrat pour fournir de la poudre antipoux à l'armée.

Adolf Hitler montre à Benito Mussolini la puissance militaire de l'Allemagne.

Hitler reçoit les proches des marins tués à Ibiza, dans les Baléares, lors de l'attaque aérienne contre le croiseur de poche allemand *Deutschland*.

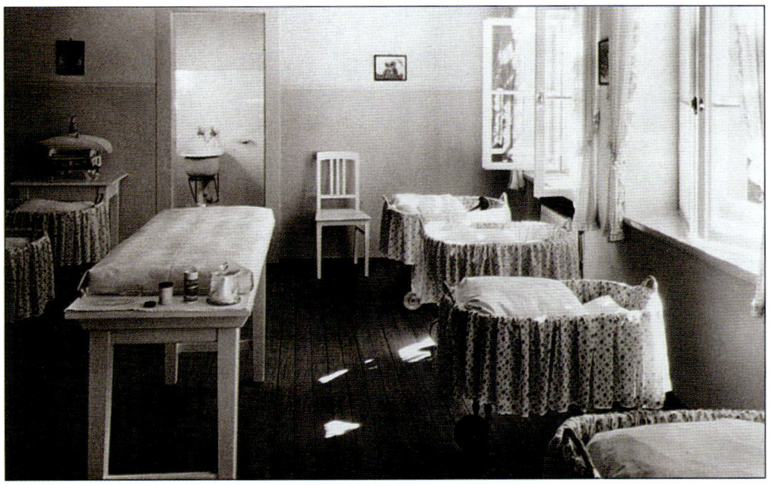

La « race des seigneurs » est née. Ils sont conçus dans les « Lebensborn » par des unions entre SS et des jeunes femmes « aryennes ».

Le duc de Windsor est reçu par Adolf Hitler

Hitler a reçu avec grand intérêt le duc de Windsor « en voyage d'études ».

Berlin, 22 octobre
Le duc de Windsor et la femme pour laquelle il a renoncé à la couronne d'Angleterre ont été reçus avec tous les honneurs par Hitler. Le duc et Wallis Simpson font ce voyage pour « étudier la situation sociale et les problèmes de logement ». Ils avaient déjà rencontré Hitler il y a quelques jours au Berghof. Adolf Hitler et les dirigeants nazis les ont accueillis les bras ouverts. Les Allemands ont en effet interprété cette visite comme une marque de sympathie pour leur régime. Les Allemands ont acclamé les Windsor tant à Berchtesgaden que dans les rues de la capitale. A Londres, par contre, ce séjour dans le Reich a suscité la consternation et la colère.

Les enfants doivent devenir de bons nazis

Berlin, 29 novembre
Un magistrat vient de statuer que tout parent allemand qui n'apprend pas à ses enfants à être de bons nazis risque de s'en voir retirer la garde. Sa décision fait suite à une affaire survenue à Waldenberg, en Silésie. Un couple de chrétiens pacifistes avait en effet refusé d'inculquer les théories nazies à ses enfants. Le juge a déclaré que la loi du Reich « confie l'éducation des enfants aux parents, à condition qu'ils soient élevés de la façon prévue par l'Etat et la nation ». Il a accusé les parents d'élever leurs enfants de telle façon que ces derniers deviendraient des « ennemis de l'Etat ». Son verdict est sévère : les enfants du couple ont été placés sous tutelle de l'Etat.

Hitler et des jeunes Allemandes fêtent le 40e anniversaire de Goebbels.

Un traité d'amitié entre Berlin et Varsovie

Berlin, 5 novembre
L'offensive de charme lancée par Hitler vient de porter ses fruits. L'Allemagne et la Pologne signent un traité d'amitié qui doit régler le problème de leurs minorités. C'est Goering qui a servi d'intermédiaire, se rendant à Varsovie pour tenter de persuader le commandant en chef des forces polonaises, le maréchal Rydz-Smigly, de la nécessité d'un tel pacte. Le Reich « accepte le statut territorial actuel », a dit Goering aux dirigeants polonais, ajoutant que « l'Allemagne n'attaquerait pas la Pologne et n'a plus l'intention de s'emparer du corridor de Danzig ». Après la signature, Hitler a répété ces promesses à l'ambassadeur de Pologne à Berlin, Josef Lipski.

Le maréchal polonais Rydz-Smigly a cru aux promesses des nazis.

Hitler et ses généraux préparent la guerre

Berlin, 5 novembre
Hitler a présidé une réunion secrète à la chancellerie. Y assistaient, outre le colonel Hossbach, le rapporteur, les principaux officiers du Reich : le général von Fritsch, commandant des armées de terre, le ministre de la Guerre, von Blomberg, l'amiral Raeder, le patron de la marine, et Goering, le commandant en chef de la Luftwaffe. Von Neurath, chef de la diplomatie, était lui aussi présent à la réunion, organisée dans le plus grand secret. Adolf Hitler a créé la surprise en leur présentant ses plans pour un conflit armé. Le seul sujet figurant à l'ordre du jour était la fourniture d'acier à l'armée. Adolf Hitler a déclaré que l'avenir du pays ne pourra être assuré qu'en créant plus « d'espace vital » pour le peuple allemand en Europe, ce qui laisse prévoir sans aucun doute un conflit généralisé. La Tchécoslovaquie et l'Autriche sont les premières cibles, a dit le *Führer*.

Les bannières des SS proclament : « Allemagne, réveille-toi. »

Le grand argentier des nazis démissionne

Schacht était un génie de la finance.

Berlin, 8 décembre
Le ministre des Finances, Hjalmar Schacht, qui a beaucoup fait pour rétablir l'économie de l'Allemagne, a démissionné pour protester contre la manière dont Hitler et Goering violent les lois pour financer leurs préparatifs de guerre. Hitler a tenté de dissuader Schacht de partir, bien qu'il n'ait aucune intention de cesser de puiser dans les caisses de l'Etat pour acquérir des armes, des navires de guerre et des avions de combat. Hitler a finalement dû accepter la démission de son ministre, un vrai génie de la finance qu'il aura du mal à remplacer. Le *Führer* a rappelé à son cabinet que « nous ne devons jamais oublier que si nous perdons ce sera la fin de tout ».

Eva ne lui sert que des repas végétariens

Le mariage d'une amie d'Eva Braun, Marion Schonmann, à Berchtesgaden.

Berchtesgaden, décembre
Les hauts responsables du régime nazi s'ennuient à mourir lorsqu'ils séjournent chez Adolf Hitler dans sa retraite près de Berchtesgaden. Le *Führer* s'y entoure de ses proches et de ses amis les plus fidèles. Chaque matin, il ne s'occupe que des affaires de l'Etat. Après un repas végétarien, il se rend à pied au salon de thé du village pour acheter des tartes à la crème, son péché mignon. Personne n'est autorisé à fumer chez Hitler. Avant de se coucher, il passe trois ou quatre heures à se faire projeter des films étrangers, puis il dîne et bavarde longuement avec ses hôtes. Il se couche rarement avant 3 h.

Les nazis font de Noël une fête païenne

Berlin, 25 décembre
Les nazis ont déchristianisé Noël. Ils en ont fait une fête païenne baptisée « Yuletide », où la croix chrétienne est remplacée par une croix gammée et les jeunes filles portent des robes décorées de symboles copiés dans des gravures qui reproduisent l'âge du bronze. Le nazi ne se voue plus à Dieu, mais au Reich et au *Führer*. Hitler veut faire renaître les cultes païens pour affaiblir l'Eglise. Mais il a été élevé dans la foi catholique et trouve ces cérémonies païennes un peu ridicules. Il préférerait une religion basée sur « la nature et le sang ». Ce matin, il a admis devant ses invités que ces fêtes païennes « ne remplaceront jamais la belle nuit de Noël des chrétiens ».

Les funérailles du général Ludendorff

Les nazis ont organisé une grande cérémonie pour honorer le vieux général.

Munich, 22 décembre
Le général Erich Ludendorff a été enterré avec tous les honneurs dus à un héros du Reich. Le cercueil a été placé sur un affût de canon, et la procession a emprunté le même chemin que celui des nazis lors du putsch de novembre 1923. Hitler a assisté aux funérailles mais il n'a pas pris la parole. Ludendorff avait traité Hitler avec mépris depuis le putsch. Il avait vu le *Führer* s'enfuir à toutes jambes lorsque la police a ouvert le feu, alors que le général n'avait pas hésité à avancer vers les forces de l'ordre. Le général Erich Ludendorff, qui dirigea la stratégie allemande de 1917 à 1918, est mort à Tutzing il y a deux jours et il avait 72 ans.

Goering écoute les secrets des Allemands

Berlin, décembre
Le service d'écoutes téléphoniques mis en place par Hermann Goering, appelé « Forschungsamt » (Bureau de recherches), lui fournit de très précieuses informations, mais aussi des anecdotes distrayantes. Il sait tout sur les actrices qui couchent avec Goebbels, il a fourni à Hitler les informations qui ont conduit le pasteur Niemoller en prison et il est intéressé par les conversations entre Paris et l'émissaire français à Berlin, André François-Poncet. Cela lui a aussi permis, pendant la triste nuit des Longs Couteaux, de dire à Hitler que la France n'interviendrait pas. C'est peut-être la raison qui explique pourquoi André François-Poncet est le diplomate préféré du *Führer*.

Le détenteur de tous les secrets. Goering écoute Josef Goebbels et Streicher.

1938

De 48 à 49 ans

4 janvier. Ribbentrop est nommé ministre des Affaires étrangères.

6 janvier. Arrivée à Londres de Sigmund Freud après sa fuite d'Allemagne.

19 février. Le chancelier autrichien Schuschnigg affirme que les Juifs n'ont rien à craindre.

20 février. Hitler exige le droit à l'autodétermination pour les Allemands vivant en Autriche et en Tchécoslovaquie.

13 mars. L'Anschluss, le rattachement de l'Autriche au Reich, est légalisé par une loi de réunification.

7 avril. Les nazis saisissent la banque Rothschild à Vienne et arrêtent le baron de Rothschild.

6 mai. Hitler rachète la maison de ses parents à Leonding.

20 mai. La Tchécoslovaquie mobilise 400 000 soldats le long de sa frontière avec le Reich.

25 mai. Hitler décrète que son village natal, Braunau, aura le statut d'une ville.

18 août. Le général Ludwig Beck, le chef de l'état-major allemand, démissionne. Il est opposé à l'invasion de l'Autriche par le Reich.

30 août. A Vienne, Eichmann devient le responsable du Bureau de l'émigration juive.

5 septembre. La France envoie des renforts sur la ligne Maginot.

Novembre. Erhard Milch est promu au grade de gérénal.

6 décembre. Signature à Paris d'un traité franco-allemand qui reconnaît comme « définitive » la frontière entre les deux pays.

Des scandales déciment l'état-major

Avant qu'éclatent les scandales sexuels, Hitler reçoit les chefs militaires, Goering, von Fritsch, Raeder et von Blomberg.

Goering a éliminé von Blomberg

Berlin, 4 février

Deux des plus hauts responsables de l'armée allemande, le maréchal von Blomberg, ministre de la Guerre, et le général von Fritsch, commandant en chef de l'armée, démissionnent, officiellement pour raisons de santé. En réalité, ils sont limogés à la suite de scandales sexuels. Le maréchal von Blomberg était veuf et il avait épousé récemment Eva Gruhn, une jolie jeune femme. Hitler et Goering avaient même assisté au mariage. Peu de temps après, des rumeurs au sujet d'Eva Gruhn ont commencé à circuler à Berlin. Goering, qui veut être nommé à la place du maréchal, a mis la main sur un dossier de la police qui révèle qu'Eva était une ancienne prostituée et qu'elle avait posé nue pour des artistes. Informé de cette situation plus que délicate par l'ambitieux Hermann Goering, Adolf Hitler s'est exclamé : « Ne va-t-on rien m'épargner ? » C'est alors qu'il a décidé de limoger l'homme qu'il avait fait maréchal il y a peu de temps et qui venait de souiller l'honneur de l'armée.

Von Fritsch victime d'un coup monté

Berlin, 4 février

Von Blomberg est en disgrâce et la course à sa succession est ouverte. Logiquement, c'est von Fritsch qui aurait dû être nommé ministre de la Guerre. Mais le général von Fritsch ne déborde pas de sympathies pour les nazis. Alors Goering, de mèche avec Himmler, a fait ressortir une vieille accusation d'homosexualité qui pesait sur von Fritsch, un vieux célibataire. Hitler était au courant de ces allégations depuis 1936, mais il n'avait rien fait. Le 25 janvier dernier, Goering a sorti un dossier soigneusement établi par les services d'Himmler. Il était construit pour ruiner le général suspect et contenait des « détails » sur la vie sexuelle de von Fritsch. Une rencontre entre l'officier et un maître chanteur, Otto Schmidt, qui avait « tout avoué », s'y trouvait consignée. Hitler a alors convoqué von Fritsch qui a démenti tout en bloc. Toutefois, Hitler, qui connaît les opinions politiques du général, n'a rien voulu entendre et l'officier supérieur a été limogé sur-le-champ, comme von Blomberg.

Hitler est le chef de guerre du Reich

Berlin, 4 février

Hitler a profité du départ de von Blomberg et de von Fritsch pour abolir le poste de ministre de la Guerre. Il s'est ainsi autoproclamé commandant en chef des forces du Reich. Goering, qui visait le poste de von Blomberg, est déçu. Pour tenter de l'apaiser, Adolf Hitler, qui sait combien Hermann Goering est ambitieux, l'a promu au rang de maréchal. Le *Führer* a aussi nommé von Brauchitsch commandant en chef de l'armée de terre. Hitler s'est assuré de sa loyauté en offrant à son épouse une somme importante afin qu'elle accepte de divorcer et que le général épouse la femme qu'il aime. Les changements radicaux survenus à la tête de l'armée sont destinés à renforcer la position d'Adolf Hitler, qui a encore expédié seize généraux à la retraite et en a muté quarante-quatre autres. Même les diplomates n'ont pas été épargnés : von Papen et deux autres ambassadeurs sont remplacés et von Ribbentrop, qui a été rappelé de Londres, devient ministre des Affaires étrangères.

L'album de photos d'un dictateur

Ces photos, dont certaines ont été prises par Eva Braun, montrent Hitler au repos à Berchtesgaden, avec des invités et discutant avec Albert Speer.

Hitler acclamé lorsque ses troupes entrent sans

Adolf Hitler menace von Schuschnigg

Kurt von Schuschnigg a cédé.

Berchtesgaden, 12 février
C'est un véritable chantage que le *Führer* vient d'exercer sur le chef du gouvernement autrichien, Kurt von Schuschnigg, afin de lui faire signer un accord qui renforce l'emprise du Reich sur l'Autriche. Hitler est allé jusqu'à avertir son hôte que, s'il ne signait pas le document, « j'envahis (l'Autriche) dans l'heure qui suit ». Le chancelier a tenté de résister à tous ces chantages, mais a fini par accepter les diktats d'Hitler. Il a ainsi promis l'amnistie aux détenus nazis autrichiens. Il a accepté de faire entrer dans son gouvernement deux personnalités connues pour avoir milité parmi les nazis : Arthur Seyss-Inquart devient ministre de l'Intérieur et Hans Fishbock est le futur ministre des Finances.

Les troupes du Reich envahissent l'Autriche pour « rétablir l'ordre »

Les troupes envoyées par Hitler n'ont éprouvé aucune difficulté à franchir la frontière austro-bavaroise.

Vienne, 12 mars
L'armée allemande et la Luftwaffe ont déferlé sur l'Autriche à l'aube. L'invasion s'est déroulée sans qu'un coup de feu soit tiré. Au contraire, la population a acclamé les troupes du Reich. Les femmes ont embrassé les soldats et leur ont offert des fleurs. Officiellement, les troupes nazies sont intervenues en Autriche en réponse à la requête du nouveau chancelier, Seyss-Inquart, qui les a suppliées de venir rétablir l'ordre. En réalité, ce dernier n'a jamais écrit ce message qui lui fut dicté depuis Berlin par Goering. Très inquiet de savoir comment l'Italie de Benito Mussolini allait réagir à ce coup de force, Hitler a été fixé hier, quand son émissaire, le prince Philippe de Hesse, lui a transmis la réponse du *Duce* : le sort de l'Autriche lui était égal. Ravi, Hitler a prié le prince de dire à Mussolini qu'il « n'oubliera jamais. S'il se sent menacé ou s'il a besoin d'aide, dites-lui que je serai là, même si le monde s'était dressé contre lui ». Puis Hitler est allé à l'Opéra. A l'entracte, le *Führer* a fait venir l'ambassadeur britannique, sir Nevile Henderson, et lui a expliqué la situation. Le diplomate a protesté, mais Hitler est resté sur ses positions et a mis fin à leur entretien. Peu de temps après l'invasion de l'Autriche, Hitler a déclaré qu'il avait décidé de « libérer ce pays voisin afin de venir en aide à nos frères allemands qui s'y trouvent en détresse ».

Confusion après le départ de Schuschnigg

Vienne, 11 mars
Le chancelier Schuschnigg vient de démissionner et la confusion la plus totale règne à Vienne. C'est le chef du gouvernement qui a déclenché la crise en annonçant un référendum sur l'avenir du pays. Aussitôt cette nouvelle connue, Hitler a envoyé un ultimatum à Schuschnigg exigeant le report du scrutin. Seyss-Inquart a servi d'intermédiaire entre Berlin et Vienne. Après un premier refus, le chancelier a accepté de reporter le référendum quand il a appris que les troupes allemandes faisaient route vers la frontière de l'Autriche. Cela n'a pas suffi. Adolf Hitler a lancé un nouvel ultimatum, exigeant le départ sur-le-champ de Schuschnigg et son remplacement par Seyss-Inquart. Vienne a capitulé, mais trop tard car les forces du Reich étaient en route.

Pèlerinage sur la tombe de ses parents

Le retour à Linz d'Adolf Hitler.

Linz, 13 mars
Adolf Hitler profite de l'invasion de l'Autriche pour se rendre à Linz, là où il a passé son enfance. Arrivé hier, il vient de se recueillir sur la tombe de ses parents à Leonding et y a déposé une gigantesque gerbe de fleurs. De retour à Linz, il a dit à une foule enthousiaste : « Si un jour la Providence m'a fait quitter votre belle ville pour devenir le maître du Reich, c'est parce qu'elle m'a chargé d'une mission, et cette mission ne pouvait être autre que de rendre ma chère patrie au Reich allemand. » Ce soir, le chancelier Seyss-Inquart est venu à Linz pour informer Adolf Hitler d'une loi qui proclame que l'« Autriche appartient au Reich ». Hitler en a pleuré de joie.

résistance en Autriche et proclament l'Anschluss

Hitler est accueilli en héros par les Viennois

Le Führer, Himmler et Heydrich rencontrent le chancelier Seyss-Inquart.

Vienne, 14 mars
Hitler a fait une entrée triomphale dans Vienne, et les habitants de la ville où il avait vécu dans la misère lui ont réservé un accueil de héros. Les cloches des églises ont sonné et il y avait des drapeaux à la croix gammée à tous les édifices. Debout dans sa Mercedes officielle, Hitler, en uniforme brun avec un brassard rouge, à salué la foule le bras tendu. Des vieillards pleuraient de joie et des Viennoises habillées en costume traditionnel jetaient des fleurs à son passage. Hitler avait dû retarder son entrée ; Himmler n'était pas satisfait des mesures de sécurité. Hitler avait aussi dû attendre que la route soit dégagée : elle était encombrée par des centaines de véhicules militaires allemands en panne. Après avoir traversé toute la ville, le *Führer* s'est rendu au Hofbourg, le palais des Habsbourg. Du balcon, il a déclaré à la foule réunie en masse sur la Heldenplatz : « En tant que *Führer* et chancelier du Reich allemand, je proclame solanellement l'entrée de ma patrie dans le Reich allemand. » L'accueil chaleureux qu'il a reçu en Autriche a conforté Hitler dans sa décision de proclamer l'Anschluss, c'est-à-dire le rattachement pur et simple de l'Autriche à l'Allemagne. Le Reich s'appelle maintenant le « Grand Reich », a déclaré Hitler, et le mot d'ordre est : « Ein Volk, ein Reich, ein *Führer*. »

Himmler installe la terreur dans la ville

Vienne, 15 mars
Himmler ne perd pas de temps. Des unités des SS, de la Gestapo et de la Légion autrichienne arrivent en masse en Autriche. Il a une liste de personnes à arrêter. Schuschnigg a déjà été appréhendé, comme l'ont été d'autres hommes politiques antinazis. Ils ont été envoyés à Dachau. Les Juifs sont ceux qui souffrent le plus de cette vague de répression, que la presse nazie rapporte en des termes qui scandalisent le monde. A Vienne, les nazis obligent même des enseignants juifs à nettoyer les rues à la main. Les Juifs pratiquants sont contraints de clamer « Heil Hitler » dans les synagogues. Des magistrats juifs ont été renvoyés. La situation évolue à chaque instant et les Juifs qui en ont les moyens ont d'ores et déjà commencé à fuir l'Autriche pour chercher refuge dans des pays moins barbares.

Des affiches en vente à Vienne.

L'Autriche plébiscite l'Anschluss

Vienne, 10 avril
Un mois après la « réunification » de l'Autriche avec le Reich, Hitler a remporté une nouvelle victoire à Vienne. Le verdict du référendum sur l'Anschluss est sans appel : pas moins de 99,75 % des Autrichiens ont répondu « oui ». Hitler a voté dans la salle d'attente des secondes classes de la gare de Berlin, peu après son retour de Vienne. L'issue du scrutin ne faisait pas le moindre doute. D'ailleurs, il aurait fallu être téméraire pour oser voter « non », car tous les bureaux de vote étaient pavoisés de drapeaux nazis et les SS les surveillaient. Lorsqu'un électeur déposait son bulletin dans l'urne, il recevait un badge doré qui montrait un portrait d'Hitler et les mots « ein Volk, ein Reich, ein *Führer* ». Quand il a voté, le cardinal Innitzer, archevêque de Vienne, a même fait un salut nazi. La foule était dans les rues de la capitale autrichienne pour fêter la victoire avant le décompte du scrutin. Les Juifs ne pouvaient pas voter et Otto de Habsbourg, un descendant de l'empereur qui fait l'objet d'un mandat d'arrestation pour trahison, n'a pas été autorisé à participer au référendum. Hitler a le contrôle des deux pays.

A Munich, Français et Anglais ont donné à Hitler

Après l'Autriche, il vise la Tchécoslovaquie

Konrad Heinlein, dirigeant sudète.

Berlin, 28 mars
Fort de son succès en Autriche, Adolf Hitler a décidé de s'occuper de la Tchécoslovaquie. Il vient de s'entretenir avec Konrad Heinlein, un professeur de gymnastique qui dirige le Parti nazi des Allemands des Sudètes, une région de Bohême à forte population allemande. Ces derniers réclament maintenant leur rattachement au Reich. Au cours de cette rencontre, Hitler, Ribbentrop, Hess et Heinlein sont convenus qu'il fallait que Heinlein et ses hommes provoquent des affrontements avec les autorités tchécoslovaques afin d'accroître la pression sur Prague. Enfin, Hitler a dit à Heinlein qu'il était désormais son représentant personnel en Tchécoslovaquie.

Paris et Londres invitent Prague à négocier

Le président tchèque Edvard Benes.

Londres, 29 avril
Une réunion franco-britannique de haut niveau s'est achevée sur une vague promesse des participants de défendre la Tchécoslovaquie. Selon un communiqué, le Royaume-Uni est tenu d'aider la France si celle-ci s'oppose à une agression allemande en Tchécoslovaquie. Londres et la France ont également fait pression sur le président tchèque, Edvard Benes, afin de l'amener à faire des concessions au Reich, à condition qu'elles restent « compatibles avec l'intégrité territoriale de la Tchécoslovaquie ». Les Britanniques ont fait savoir à Adolf Hitler que s'il s'engageait à régler le problème des Sudètes, ils persuaderaient Prague d'accepter les exigences de Berlin.

Adolf Hitler préfère l'Italie aux Italiens

Rome, 10 mai
La visite d'Etat du *Führer* en Italie aura duré sept jours. Adolf Hitler a admiré les magnifiques trésors de Rome et les paysages toscans, mais il a été profondément agacé par le protocole entourant son hôte, le roi Victor-Emmanuel. Le chancelier du Reich a fait plaisir aux Italiens en renonçant à ses revendications sur le Tyrol. Il n'a toutefois pas réussi à convaincre Mussolini de parapher un nouvel accord avec le Reich. Le *Duce* n'a pas soutenu de manière évidente la position du *Führer* au sujet de la Tchécoslovaquie et des Sudètes. Le leader fasciste italien s'est borné à répéter que, pour cette région, son « épée resterait dans son fourreau ». Hitler est parti déçu.

Hitler est accueilli par le Duce.

Mobilisation partielle des forces tchèques

Prague, 20 mai
Le gouvernement tchèque vient de mobiliser les réservistes de l'armée, craignant une invasion, à la suite d'informations sur des mouvements de troupes allemandes à la frontière. Quelque 200 000 hommes ont été envoyés pour défendre la région des Sudètes et la mobilisation a suscité la consternation partout en Europe. Une intense activité diplomatique se déroule dans les capitales du Vieux Continent, où l'on espère éviter la guerre. La tension s'est aggravée avec la publication du plan « Cas vert » par l'état-major à Berlin. Il prévoit tout simplement l'invasion de la Tchécoslovaquie. Les forces tchèques, de leur côté, semblent être résolues à défendre leur nation. Un formidable dispositif a été déployé le long de la frontière entre les deux pays, une région montagneuse très difficile d'accès.

La Tchécoslovaquie ose humilier le Führer

Berchtesgaden, 23 mai
Hitler s'est vu contraint de déclarer qu'il n'a pas l'intention d'attaquer la Tchécoslovaquie. Ce démenti est tombé trois jours après l'ordre de mobilisation en Tchécoslovaquie. Si les troupes du *Führer* sont prêtes pour parader, elles ne le sont pas pour rencontrer un adversaire qui les attend. Il ressent l'attitude des Tchèques comme une humiliation. De surcroît, il ne s'attendait pas à ce que la Grande-Bretagne, l'URSS et la France osent le mettre en garde publiquement contre toute action d'agression envers Prague. Hitler est furieux contre ses généraux. Si la préparation de ses divisions avait été plus avancée, il n'aurait pas hésité un seul instant à les lancer contre la Tchécoslovaquie et surprendre les puissances étrangères.

Il promet d'écraser les armées tchèques

Berlin, 28 mai
Adolf Hitler vient de convoquer un conseil de guerre. Il a fait venir à la chancellerie tous les commandants de l'armée et de la marine pour leur présenter la toute dernière version du « Cas vert », son plan concernant l'attaque de la Tchécoslovaquie. Le texte déclare sans ambiguïté : « J'ai pris la décision irrévocable d'écraser la Tchécoslovaquie dans un avenir très proche. » Pendant trois heures, le *Führer* a expliqué son plan à ses généraux, réaffirmant sa volonté de « rayer la Tchécoslovaquie de cette carte ». L'opération sera terminée avant le 1er octobre prochain au plus tard. D'ici là, il faudra d'une part préparer le peuple allemand à la guerre et d'autre part renforcer les défenses allemandes à l'ouest afin de contrer une intervention de la France. Goering est préoccupé par une éventuelle riposte française ou britannique. Cela ne l'empêche pas de continuer à préparer la Luftwaffe à l'attaque. De son côté, Ribbentrop préparera le terrain diplomatique. L'amiral Raeder est persuadé qu'il faudra tôt ou tard se battre contre les Anglais, et il a commandé des sous-marins supplémentaires. Les chefs d'état-major n'ont pas soulevé d'objections au plan d'Hitler même si, comme le général Ludwig Beck, ils redoutent une intervention des autres puissances. Le général Jodl a d'ailleurs noté dans son carnet : « Les puissances occidentales vont vraisemblablement réagir et nous ne sommes toujours pas prêts à nous battre contre elles d'égal à égal. »

carte blanche pour démembrer la Tchécoslovaquie

Le général Beck met en place un complot

Berlin, 1er septembre
Le chef de l'état-major général du Reich, Ludwig Beck, a démissionné parce qu'il estime qu'une invasion allemande de la Tchécoslovaquie est prématurée. Le général Beck, ainsi que le général Erwin von Witzleben, commandant de la région de Berlin, et Erich Hoepner, qui commande une division blindée, envisagent de tenter de renverser Hitler. Franz Halder, qui a succédé à Beck à la tête de l'état-major, ne s'oppose pas à ce complot qui ne prévoit rien de moins que l'arrestation d'Hitler dès qu'il aura donné l'ordre d'envahir la Tchécoslovaquie. Un gouvernement militaire serait alors mis en place en attendant la formation d'un régime civil. Cela permettrait d'éviter une guerre ruineuse et mènerait aussi à un retour à la démocratie. Mais le plan est risqué : il sera voué à l'échec si la France et l'Angleterre, deux pays où la politique d'apaisement a le vent en poupe, ne s'opposent pas aux projets d'invasion d'Hitler.

Frénésie de haine à Nuremberg

Nuremberg, 12 septembre
Ce soir, Hitler s'est livré à une tirade faite d'insultes et de haine envers la Tchécoslovaquie et son président Edvard Benes, au congrès du Parti nazi. Accueillie par des « Sig Heil », l'allocution du *Führer* était pleine d'imprécations contre Benes, qu'il accuse de l'avoir trahi au mois de mai dernier, lorsqu'il a mobilisé ses forces, ce qui avait obligé Hitler à démentir qu'il avait des visées sur cette nation. « Vous comprendrez, chers camarades, que notre grande puissance ne peut pas permettre que ses droits soient piétinés. Je suis un national-socialiste et, en tant que tel, j'ai l'habitude de riposter lorsque je suis l'objet d'une attaque. » Hitler s'en est tenu à réclamer l'égalité pour les Allemands des Sudètes. Les participants de Nuremberg savaient qu'il ne parlait que d'une chose : la guerre contre la Tchécoslovaquie est devenue une évidence.

Les Quatre n'avaient même pas invité la Tchécoslovaquie à Munich

Le Premier ministre britannique, Neville Chamberlain, et Hitler discutent du sort de la Tchécoslovaquie à Munich.

Munich, 30 septembre
Les puissances occidentales ne lui feront pas la guerre pour tenter de sauver la Tchécoslovaquie. C'est ce qui a été annoncé à 1 h 45, après douze heures de négociations entre les représentants des Quatre : Hitler, Mussolini, le Britannique Neville Chamberlain et le Français Edouard Daladier. Ce compromis est, pour Adolf Hitler, un triomphe car il a obtenu tout ce qu'il voulait. Il va enfin pouvoir envahir les Sudètes sans avoir à craindre un conflit avec la France et la Grande-Bretagne. Les Tchécoslovaques seront forcés de quitter le territoire des Sudètes avant le 10 octobre. C'est également une victoire pour Benito Mussolini qui, conscient des graves carences des forces armées italiennes, ne voulait en aucun cas être entraîné dans une guerre en Europe. C'est en outre un triomphe pour les partisans d'une politique d'apaisement dans le Royaume-Uni et en France. Ils sont prêts à toutes les concessions pour éviter un conflit avec Hitler. Le Premier ministre britannique a regagné Londres ce soir et il a pu affirmer à ses concitoyens soulagés : « *I believe it is peace for our time.* » Les Tchèques ne sont pas d'accord. Il n'ont même pas pu participer au sommet de Munich. Ils n'ont en fait obtenu qu'une vague promesse : ce qu'il restera de leur pays démembré sera protégé contre toute agression. Ils se sentent trahis tant par Londres que par Paris. Adolf Hitler, lui, se sent un peu frustré car il était prêt à déclencher une guerre générale.

Le Reich envahit les Sudètes et Hitler y est accueilli en libérateur

Sudètes, 5 octobre
Hitler a réalisé son dessein qui était de démembrer la Tchécoslovaquie. Le *Führer* a été accueilli comme un « libérateur ». A Eger, la capitale des Sudètes, qui sont désormais un Etat allemand dirigé par le gauleiter Konrad Heinlein, Hitler a déclaré : « Pour la première fois, je peux vous saluer comme mon peuple. Cette terre ne sera jamais plus arrachée au Reich car ce Reich est protégé par le bouclier allemand et par l'épée allemande. » Varsovie en a profité pour reprendre la Silésie, alors que la Hongrie s'emparait de la Slovénie et de la Ruthénie.

Tournée d'inspection sur la ligne Siegfried

Le Führer et ses généraux franchissent les barbelés de la ligne Siegfried.

Aix-la-Chapelle, 29 août
Le chef du Reich a passé les quatre derniers jours à faire une tournée d'inspection des fortifications de la ligne Siegfried, sur la frontière ouest du pays. Il est fasciné par ce projet et a lui-même dessiné quelques-uns des bunkers. Des milliers de tonnes de béton ont ainsi été coulées par les ouvriers de Fritz Todt. Le général Wilhelm Adam, commandant de ce secteur, a toutefois dit à Hitler qu'il n'avait pas assez d'hommes pour pouvoir défendre la ligne. Furieux, Hitler lui a lancé : « Celui qui n'est pas capable de tenir une ligne n'est qu'un vaurien. » Le *Führer* est confiant que la défense tiendra.

Bormann lui a construit un « nid d'aigle »

Berchtesgaden, 16 septembre
Adolf Hitler, Martin Bormann, son homme à tout faire, et l'ingénieur Fritz Todt sont partis du Berghof et sont montés en voiture sur l'autre versant de la montagne. Ils ont alors franchi un grand portail en bronze et sont montés dans un ascenseur situé au bout d'un tunnel creusé dans la roche. Arrivé au sommet, Hitler a découvert le nid d'aigle que Bormann lui a construit. C'est un complexe fortifié, dominé par une grande baie vitrée qui offre une vue spectaculaire. Mais Adolf Hitler préfère son chalet.

Martin Bormann devient, en quelque sorte, le régisseur de Berchtesgaden.

Le Führer n'aime pas l'« Art dégénéré »

Berlin, 30 août
Après Munich, l'exposition d'« Art dégénéré » est à Berlin. Le succès en Bavière a été total. Deux millions de visiteurs sont venus « dédaigner » les œuvres des grands peintres du dadaïsme et de l'expressionnisme que les nazis y avaient rassemblées. Hitler avait quitté Berchtesgaden pour inaugurer cette manifestation culturelle qui fut entourée de toute la pompe habituelle au régime. Des chars décorés avaient retracé deux mille ans de culture germanique et Adolf Hitler en avait profité pour dénoncer l'exposition de Londres consacrée à des artistes considérés dans le Reich comme « dégénérés ».

L'art nazi, valeur sûre pour Hitler.

L'aigle nazi passe devant Hitler lors de la manifestation culturelle à Munich.

Il règle les problèmes du couple Goebbels

Berchtesgaden, 21 octobre
Hitler s'est transformé en conseiller conjugal. La belle Magda Goebbels est arrivée en larmes il y a deux jours. Elle lui a annoncé qu'elle veut quitter son mari, qui la trompe avec une ravissante actrice tchèque, Lida Baarova. Goebbels a l'habitude de coucher avec des starlettes, mais cette fois il est tombé amoureux et Magda est folle de jalousie. Elle est loin d'être une sainte puisqu'elle a également un amant, Karl Hanke, l'adjoint de son mari. Mais elle voit en Lida Baarova une menace contre son couple et elle veut qu'Hitler mette fin à cette idylle. Adolf Hitler, qui reste discret dans ses relations avec Eva Braun, ne supporte pas ce genre de situation. Il a convoqué Josef Goebbels à Berchtesgaden et a réuni les époux à son nid d'aigle. Il leur a imposé de régler la situation et ils ont accepté de faire un effort. Quant à Lida Baarova, Mussolini a décidé de s'en charger et en est ravi. Il lui fera offrir un petit rôle dans un film qui est actuellement en cours de réalisation en Italie.

Magda Goebbels et son mari.

Les nazis et Adolf Hitler à l'honneur à Nuremberg

Au congrès annuel du Parti national-socialiste, Hitler passe en revue 40 000 hommes des unités de travail du NSDAP pour célébrer la « Grande Allemagne ».

Nuremberg, 13 septembre
Des dizaines de milliers de nazis ont convergé vers la ville de Nuremberg pour assister au congrès annuel du NSDAP. La cité est devenue une ville dont « les ruelles et les murs anciens respirent le nazisme », selon le pornographe Julius Streicher qui arpente les rues, un fouet à la main, à la recherche de victimes ! Il aura fallu des semaines pour préparer le congrès des nazis. Des centaines de trains et de camions ont amené des ouvriers pour préparer l'esplanade Zeppelin, déployer des drapeaux à croix gammée et dresser des tentes. Tout a été prévu. La ville entière est pleine d'uniformes noirs ou bruns. C'est le grand rendez-vous annuel du parti d'Adolf Hitler. Le soir, les défilés aux flambeaux dans le centre de la ville sont ponctués de discours enflammés. Les orateurs vantent la gloire du Reich, de son *Führer*, de la grande Allemagne et de la race aryenne. Les diplomates étrangers et les sept cents journalistes venus assister à cette grand-messe nazie ne peuvent qu'être impressionnés par l'efficacité de ses organisateurs. Ce soir, plusieurs centaines de milliers de personnes ont réservé un accueil triomphal à Hitler. Comme prévu, ce dernier s'est livré à une attaque en règle contre la Tchécoslovaquie et contre tous les ennemis du Reich. A de nombreuses reprises, les cris de « Sig Heil » l'obligeaient à arrêter son discours. Il regardait la foule, la calmait, puis l'excitait plus encore.

Ses propos enflammés et ses yeux enfiévrés

Par milliers, des membres des Jeunesses hitlériennes saluent leur chef lorsqu'il pénètre dans le stade où il doit prononcer un discours devant le congrès nazi.

envoûtent ses partisans à Nuremberg

Lorsque le Führer prend la parole, l'enthousiasme de la foule fait place à un silence respectueux qui montre l'effet qu'Hitler peut avoir sur ses concitoyens.

Nuit de Cristal : une orgie de haine et de violence

Berlin, 10 novembre
Ce matin, les rues des grandes villes du Reich étaient jonchées des débris de milliers de vitrines. Après une nuit de violence sans précédent, les synagogues incendiées par les SA et les SS brûlaient toujours. Il y a tant de vitrines brisées aux commerces tenus par des Juifs que l'on parle déjà de la nuit de Cristal. Pris d'une folie meurtrière, les SA ont attaqué les Juifs et saccagé leurs magasins et leurs lieux de culte tout au long de la nuit, à travers l'Allemagne. Les premières informations font état de trente-six morts, tous Juifs. Le plus terrible est que de simples citoyens se sont joints à cette démonstration de haine. A Berlin, des bourgeoises applaudissaient quand des Juifs se faisaient molester. Elles montraient la scène à leurs enfants. La version officielle dit qu'il ne s'agissait que de violences spontanées qui ont été provoquées par le meurtre à Paris d'Ernst von Rath. Ce diplomate de Berlin a été assassiné par un Juif d'origine allemande âgé de 17 ans, Herschel Grynszpan. La nouvelle de cet assassinat avait été répandue par la propagande nazie. Le signal du pogrom a été donné par Goebbels qui avait donné des consignes à ses troupes : « Les synagogues ne seront pas incendiées si cela menace d'autres propriétés ; les commerces et appartements de Juifs peuvent être détruits mais pas pillés ; il faut arrêter autant de Juifs que possible, surtout les riches et alerter les camps de concentration concernés. » Les dégâts de cette nuit de haine sont tels que les assureurs craignent la ruine. Goering n'a donc pas hésité à exiger de la communauté juive du Reich des dommages et intérêts. Il prétend que les magasins attaqués par les nazis n'étaient que loués à des aryens. Cynique, il a ajouté : « Ils auraient dû briser moins de vitres et tuer davantage de Juifs. » Il réalise que l'Allemagne va devoir importer du verre de l'étranger, ce qui risque de coûter cher. Goering réclame aux Juifs du Reich la fabuleuse somme d'un milliard de marks pour réparer les dégâts de ce cauchemar.

Ernst von Rath a été abattu à Paris.

Une vitrine après la tempête.

Un magasin berlinois appartenant à un Juif a été pris pour cible par des nazis.

Des voyous nazis ont démoli à coups de pied la vitrine de ce commerce juif.

contre les Juifs du Reich

Des nazis mesurent le « nez sémitique » d'une suspecte. Si elle ne prouve pas qu'elle n'est pas juive, elle risque l'arrestation et la confiscation de ses biens.

La synagogue de la rue Fasanen à Berlin brûlait toujours le lendemain.

Il veut en finir avec la Tchécoslovaquie

Berlin, 21 octobre
Hitler, qui a passé les deux derniers jours dans les Sudètes « libérés », vient de transmettre ses ordres pour la conquête de ce qu'il reste de la Tchécoslovaquie. Frappé du sceau « top secret », son plan est arrivé à l'état-major avec le message suivant : « Nous devons écraser le reste de la Tchécoslovaquie n'importe quand si ce pays devait adopter une position hostile envers nous. L'organisation, la répartition des forces et l'état de préparation de nos divisions doivent nous permettre de déclencher une violente attaque surprise qui privera la Tchécoslovaquie des moyens d'y résister. L'objectif est l'occupation de la Bohême et de la Moravie et l'isolement de la Slovaquie. » Hitler souhaite le démembrement total de la Tchécoslovaquie et la destruction de son armée.

Les Tsiganes traités comme les Juifs

Berlin, 8 décembre
En Allemagne, les Tsiganes seront désormais logés à la même enseigne que les Juifs, indique un décret quy vient d'être publié. Les Tsiganes, impopulaires en Allemagne, sont considérés par les nazis comme des *Untermenschen*, des sous-hommes. Jusqu'à présent, ils avaient échappé à la répression dont font l'objet les Juifs, peut-être parce qu'ils n'ont pas tenté de s'assimiler à la société allemande ou plutôt parce qu'ils ne sont pas assez riches pour exciter la convoitise. Les Tsiganes, venus de Hongrie, de Roumanie et d'ailleurs, vont devoir désormais être inscrits auprès des autorités du Reich. Ils ne pourront plus voyager à leur gré. Ils seront tous surveillés par la police et risqueront l'arrestation en cas de violation des lois nazies. Plusieurs ont déjà été enfermés à Dachau.

Entente avec Paris pour l'isoler de Londres

Paris, 6 décembre
Georges Bonnet et Ribbentrop, les ministres des Affaires étrangères français et allemand, ont signé un traité destiné à décrisper les liens entre leurs pays. Les signataires de l'accord conclu à Paris s'engagent à respecter les frontières actuelles et à régler tout différend éventuel par la voie diplomatique. Selon les termes de la déclaration, les deux Etats ont reconnu « solennellement comme définitive la frontière entre leurs pays telle qu'elle est actuellement tracée ». C'est en fait Adolf Hitler qui a pris l'initiative de cet accord afin de tenter d'affaiblir l'alliance qui unit la France et le Royaume-Uni. Le *Führer* était même disposé à renoncer aux revendications sur l'Alsace et la Lorraine. Il semble avoir mal calculé sa stratégie, car Paris estime que ses engagements envers Londres sont toujours aussi valables. Hitler est persuadé que ce traité lui laisse les mains libres en Europe centrale, même si Paris et Londres n'ont rien dit de tel.

Le ministre français, Georges Bonnet, signe la déclaration avec Ribbentrop.

Hitler a été l'architecte du Berghof

Berchtesgaden, 15 décembre
La première autoroute construite par le IIIe Reich relie Munich à Reichenhall, petite ville située au pied des Alpes bavaroises. Sur une distance de 120 km, quatre pistes de ciment permettent aux voitures de parcourir la distance en moins de deux heures dans un décor de rêve. Les chalets accrochés au flanc des collines sont entourés de sapins et de bouleaux et très souvent groupés autour de petites églises. A la fin de cette « autostrade », une route quitte Reichenhall pour serpenter à flanc de montagne vers Berchtesgaden, à 650 m d'altitude. De là, un chemin plus raide de 3 km, avec des virages qui se succèdent, fait encore gravir 400 mètres pour arriver au portail du Berghof, gardé par des SS aux uniformes rutilants. Plus loin dans la propriété, un second poste de garde doit encore être franchi avant d'emprunter l'escalier d'accès à la résidence du *Führer*. C'est lui qui en a dessiné les plans et décidé de la décoration. Les journalistes qui ont visité le Berghof ont écrit que cette maison « est à l'image de celui qui l'a faite. Tout y est rigueur et sobriété ». Dans l'immense salon, la fenêtre, d'une seule pièce, descend dans le sol et donne ainsi un contact direct avec la nature. Derrière une tapisserie des Gobelins, le mur est resté blanc. La tapisserie se déplace et le mur devient écran de cinéma. Toutes les peintures sont de l'école italienne ou de l'école allemande.

De son salon, il peut admirer l'Autriche

1939

De 49 à 50 ans

10 janvier. Hitler inaugure à Berlin la nouvelle chancellerie, conçue par Albert Speer.

17 janvier. Décret-loi interdisant aux Juifs l'accès aux professions de dentiste, de vétérinaire et de pharmacien. Ils sont également interdits de conduite et ne pourront plus aller au cinéma ou au théâtre.

19 janvier. Walther Funk devient le chef de la Reichsbank après le limogeage de Schacht.

24 janvier. Création du Bureau central d'émigration, dirigé par Heydrich et chargé d'organiser la déportation des Juifs.

14 février. Hitler assiste au lancement du cuirassé *Bismarck* qui jauge 35 000 tonneaux.

27 février. Paris et Londres reconnaissent le régime du général Franco.

25 mars. Tout Allemand âgé de 10 à 18 ans devra adhérer aux Jeunesses hitlériennes.

1er avril. Victoire de Franco dans la guerre civile espagnole.

27 août. Premier vol d'un avion à réaction, un Heinkel He 178.

28 octobre. Himmler propose de faire porter aux Juifs l'étoile jaune.

24 novembre. A Prague, la Gestapo fusille 120 étudiants qui protestaient contre l'occupation nazie.

17 décembre. Le cuirassé allemand *Graf Spee* se saborde à Montevideo plutôt que d'être capturé par la Royal Navy.

28 décembre. Fritz Thyssen, qui avait soutenu Hitler avant de se réfugier en Suisse, écrit au *Führer* pour protester contre la cruauté du régime nazi.

Toujours hanté par le « problème juif »

Berlin, 30 janvier

Dans un discours prononcé devant le Reichstag à l'occasion du sixième anniversaire de son accession à la chancellerie, Adolf Hitler a été on ne peut plus clair sur le sort qu'il entend réserver aux Juifs. « Je vais faire une prophétie : si les financiers internationaux juifs réussissent à nouveau à entraîner notre nation dans un conflit, cela mènera non pas au bolchevisme mondial, et donc à la victoire du judaïsme, mais plutôt au *Vernichtung* (extermination) de la race juive en Europe. » Tous les députés ont applaudi ses propos et la presse berlinoise n'a pas hésité à qualifier son discours d'historique. « Une mise en garde solennelle aux Juifs », titrent les journaux.

Il s'intéresse à une jeune Américaine

La jeune danseuse Marion Daniels.

Munich, 4 février

Adolf Hitler a été séduit par une jeune ballerine américaine, Marion Daniels, lorsqu'il l'a vue danser dans *la Veuve joyeuse.* Il a demandé à la rencontrer après le spectacle et a réussi à la convaincre de rester à Munich pour qu'il puisse la voir danser à nouveau. Elle a accepté et a écrit à ses parents pour leur dire qu'elle avait rencontré un homme tout à fait charmant. Son agent va devoir réorganiser la tournée de la belle ballerine en Allemagne.

Le Reich occupe Prague

Les forces tchécoslovaques n'ont rien fait pour stopper l'offensive allemande.

Prague, 15 mars

Une tempête de neige fouettait la ville quand Hitler y est entré avec ses troupes. Il s'est installé dans le château Hradcany, l'ancien palais des rois de Bohême. Les Tchèques n'ont opposé aucune résistance à cette invasion allemande, bien que la population ait conspué les soldats du Reich. Hitler a ainsi parachevé le processus qu'il avait entamé aux accords de Munich. Il a annexé la Bohême, la Moravie et a conquis Prague. La Tchécoslovaquie a cessé d'exister. Hier, le *Führer* a convoqué à Berlin le chef de l'Etat tchèque, Emil Hacha, et l'a soumis à une série de chantages. Malade, le président a accepté toutes les exigences qui lui ont été imposées. Il a fait une crise cardiaque pendant l'entretien.

Adolf Hitler contemple Prague.

Hermann Goering accueille Hitler lors de son retour de la capitale tchèque.

Hitler annexe le port lituanien de Memel

Le Führer sur la place du Théâtre, dans le centre de Memel.

Memel, 23 mars
Hitler vient de tourner une nouvelle page du livre de ses conquêtes. Le *Führer* a fait son entrée dans le port de Memel, en Lituanie, à bord du cuirassé *Deutschland*. Il s'est alors promené dans le centre-ville avant de repartir. Choqué par la chute de Prague, le gouvernement lituanien a préféré céder à Hitler et lui remettre par un accord la ville de Memel et sa région, qui sont habitées en partie par une population allemande. Ce territoire faisait partie de la Prusse-Orientale, avant de devoir être cédé à la Lituanie dans le cadre du traité de Versailles. La Grande-Bretagne, la principale puissance garante du statut de Memel, choisit de ne pas réagir à cette annexion. Une fois de plus, Hitler obtient ce qu'il veut sans tirer un coup de feu.

Varsovie a rejeté les exigences de Berlin

Berlin, 26 mars
Varsovie vient d'opposer une fin de non-recevoir aux demandes d'Adolf Hitler. Il réclamait la restitution de la ville libre de Danzig ainsi que la construction d'un chemin de fer et d'une route afin de relier la Prusse-Orientale au reste du Reich. Josef Lipski, l'ambassadeur de Pologne à Berlin, a transmis à Ribbentrop la réponse de son pays à l'Allemagne, car Hitler est à Berchtesgaden. Le document est très clair, même s'il est rédigé en termes diplomatiques : la Pologne n'a pas l'intention de céder Danzig à l'Allemagne. Fou de rage, Ribbentrop a mis Lipski en garde contre les conséquence de ce rejet des exigences allemandes et contre une mobilisation en Pologne.

Paris et Londres défendront les Polonais

Londres, 1er avril
Le Premier ministre Chamberlain a été acclamé par les députés quand il a solennellement déclaré hier qu'en cas d'agression mettant en danger l'indépendance de la Pologne son gouvernement se considérerait tenu de la soutenir par tous les moyens. Le Premier ministre de Sa Majesté a ajouté que la France l'a autorisé à leur confirmer que son attitude est la même que la leur. Cette prise de position ferme marque un abandon de la politique d'apaisement qui a été pratiquée depuis les accords de Munich de 1938. Cette attitude avait ouvert la voie à l'invasion de la Tchécoslovaquie par le Reich. C'est en fait l'occupation de Prague par les nazis qui a conduit Londres et Paris à durcir le ton. C'est en effet la première fois qu'Hitler s'empare d'un territoire qui n'est pas peuplé de personnes d'origine allemande. Le *Führer* réclame que Danzig soit restitué à l'Allemagne et on craint, tant à Paris qu'à Londres, qu'Adolf Hitler n'attaque la Pologne. Mais la fermeté de la mise en garde venue de Londres a surpris Hitler. Alors que le *Führer* assiste au lancement du cuirassé *Tirpitz*, il a déclaré : « Si certains désirent se mesurer à nous, il est nécessaire qu'ils sachent que l'Allemagne est capable de relever n'importe quel défi. »

Le Führer contribue à un fonds d'assistance aux plus démunis.

Des instructions pour préparer l'invasion

Berlin, 3 avril
Le chancelier allemand a rédigé une directive ultrasecrète sous le nom de code « Cas blanc ». Elle est relative aux plans d'invasion de la Pologne. Au niveau politique, indique-t-il, il faudra « limiter le conflit à la seule Pologne. Cela sera plus facile à faire si nous réussissons à déclencher la guerre en frappant des coups forts et soudains et si nous remportons des succès rapides ». La Wehrmacht doit « détruire les forces polonaises. Une attaque surprise doit donc être préparée ». Les préparatifs pour une telle invasion « devront se dérouler de telle façon que l'opération puisse être lancée à tout moment à partir du 1er septembre 1939 », précise la directive d'Hitler.

Les forces italiennes envahissent l'Albanie

Rome, 8 avril
Jaloux des récents succès remportés par Adolf Hitler, Mussolini a envahi l'Albanie hier. Pour justifier cet acte d'agression, l'Italie fasciste fait état de menaces qui pèseraient sur les minorités italiennes d'Albanie. Puis, quand le gouvernement de Tirana a proposé d'ouvrir des négociations afin de régler le problème, Benito Mussolini a fait la sourde oreille et a envoyé ses troupes. L'invasion de l'Albanie ne s'est heurtée qu'à une faible opposition. Le roi Zog est en exil et la capitale du pays, Tirana, est aux mains des troupes italiennes. Le gouvernement italien s'apprête à déclarer que le roi Victor-Emmanuel d'Italie a été proclamé souverain de l'Albanie. Le comte Ciano, le chef de la diplomatie italienne, est déjà à Tirana, à la demande de Mussolini, pour y constituer un gouvernement dévoué à l'Italie. Pas une puissance occidentale n'a réagi à ce coup de force inattendu de Mussolini.

Défilé militaire grandiose pour ses 50 ans

Le Führer passe en revue ses troupes à l'occasion de son anniversaire.

Berlin, 20 avril
Il a profité de son 50e anniversaire pour montrer la puissance du Reich. Au total, six divisions, six cents chars et des batteries de canons de 88 mm ont défilé devant le *Führer* alors que plusieurs escadrilles de chasseurs et de bombardiers de la Luftwaffe survolaient la capitale du Reich. Les ambassadeurs étrangers invités aux festivités ne se sont pas trompés sur le but de la cérémonie. La fête a commencé hier soir, quand Hitler a inauguré un boulevard qui traverse Berlin. Un feu d'artifice a formé une immense croix gammée dans le ciel. Les modèles réduits de navires de guerre et d'avions sont les cadeaux qu'il a le plus appréciés. La démonstration était réussie.

L'acte d'allégeance des jeunes Allemands

Hitler parmi ses jeunes admirateurs.

Berlin, 1er mai
Plus de 130 000 jeunes Allemands se sont réunis dans le vaste stade olympique de Berlin pour prêter le serment d'allégeance à Hitler. Ces membres des Jeunesses hitlériennes ont réservé un accueil triomphal à leur *Führer* ainsi qu'au chef de leur mouvement, Baldur von Schirach. Ce dernier contrôle désormais six millions de jeunes, ce qui lui donne un pouvoir considérable au sein du Reich. Beaucoup de nazis envient le jeune et beau von Schirach. Martin Bormann cherche un moyen pour évincer le responsable des Jeunesses hitlériennes.

Hitler révoque un traité germano-polonais

Le chancelier allemand présente ses arguments aux députés du Reichstag.

Berlin, 28 avril
Dans un discours aussi brillant que pervers, Hitler vient de déclarer nuls et non avenus deux traités signés par le Reich. Il a dénoncé l'accord naval anglo-allemand, car, a-t-il affirmé, « il n'a plus de raison d'être ». Puis, Hitler a révoqué un pacte de non-agression germano-polonais. Pour se justifier, il accuse Varsovie de violer cet accord en acceptant l'aide militaire de la Grande-Bretagne. Il a aussi évoqué le président Franklin Roosevelt. Ce dernier avait réclamé, le 15 avril dernier, des assurances de l'Allemagne et de l'Italie qu'elles n'attaqueraient pas un des trente et un pays énumérés dans une longue liste. Hitler a affirmé avoir demandé à chacun de ces pays s'il se sentait menacé et que tous avaient répondu « non ». Cela a fait rire les députés qui n'ont pas remarqué qu'Hitler avait omis de citer la Pologne...

L'Italie et le Reich signent le pacte d'Acier

Berlin, 22 mai
Après s'être fait prier pendant un an, Mussolini a finalement accepté de s'engager pleinement au côté d'Hitler. Ce matin, les chefs de la diplomatie des deux pays, le comte Ciano et Ribbentrop, ont signé le pacte d'Acier. Il s'agit d'un vaste accord d'assistance militaire en cas d'agression contre l'un ou l'autre des signataires. Une clause spéciale, ajoutée à la demande d'Adolf Hitler, indique que les deux Etats « agiront ensemble avec des forces unies pour acquérir leur espace vital ». Après la cérémonie, qui s'est déroulée devant Hitler, le comte Ciano a décerné une médaille à von Ribbentrop. Goering est vexé car il aime les décorations et c'est lui qui a préparé le pacte.

Devant Hitler, von Ribbentrop et le comte Galeazzo Ciano signent l'accord.

Un séjour à Berchtesgaden pour réfléchir

Hitler se repose pendant que son état-major prépare l'invasion de la Pologne.

Berchtesgaden, 21 juin
Hitler s'est installé à la montagne pour y passer l'été et réfléchir seul à ses projets. Ministres et gauleiter ont été priés de ne le déranger qu'en cas de réelle nécessité. Il passe son temps à se promener et se reposer Sur la terrasse, il conçoit avec Eva Braun des plans architecturaux pour encore agrandir le chalet. Hitler n'a accepté de recevoir que de très rares visites. Le général von Brauchitsch est venu l'informer de « Cas blanc », le plan d'invasion de la Pologne. Il a aussi reçu le colonel Kostring, son attaché militaire à Moscou, qu'il a fait venir d'urgence. Hitler veut être bien informé des négociations qui ont lieu entre la Grande-Bretagne et l'Union soviétique.

Une femme volage provoque des tensions

Berchtesgaden, 30 juin
Il se serait bien passé de cette visite. L'amiral Raeder est venu le prier de déplacer son adjoint naval, Alwin Albrecht. Ce dernier a épousé une jolie femme. Déjà la maîtresse d'un homme riche, elle semble ne pas être en mesure de résister aux officiers de marine qu'elle rencontre à son état-major. Plusieurs épouses se sont plaintes auprès de Raeder. Hitler a refusé de limoger Albrecht, et leur discussion s'est très vite envenimée. L'amiral a renvoyé Albrecht, mais Hitler a immédiatement réagi en le prenant à son service.

Il a retrouvé son vieux compagnon

Bayreuth, 30 juillet
Hitler a fait son pèlerinage annuel au Festival de Bayreuth. Cette fois, son vieil ami Auguste Kubizek était avec lui. Ils s'étaient revus pour la première fois l'an dernier et n'ont cessé d'évoquer la chambre qu'ils partageaient à Vienne. Kubizek, qui est fonctionnaire, était aussi invité au dîner chez Winnifried Wagner. Auguste a raconté comment Hitler lui avait parlé, un soir de 1906 près de Linz, de la mission spéciale qui lui serait un jour confiée. Hitler s'est souvenu de l'incident et a dit : « C'est alors que tout a commencé. »

Goering remet des médailles à des aviateurs de la légion Condor qui ont joué un rôle important dans la victoire du général Franco en Espagne.

Staline et Hitler choquent le monde entier

Molotov et Staline assistent à la signature du pacte de non-agression.

Moscou, 23 août
Après s'être témoigné la plus belle animosité pendant six ans, Hitler et Staline surprennent le monde entier et surtout leurs alliés. Les deux pays ont signé un pacte de non-agression ! L'accord, signé par Ribbentrop et Viatcheslav Molotov, a été négocié dans le plus grand secret alors que Londres et Paris tentaient de former une alliance avec Moscou pour se protéger d'une éventuelle agression allemande. A l'issue de la cérémonie au Kremlin, le dictateur soviétique s'est levé et a déclaré : « Je sais à quel point le peuple allemand aime son *Führer* et j'aimerais donc proposer qu'on trinque à sa santé. » En fait, le pacte donne à Adolf Hitler carte blanche en Europe. Le chancelier du Reich a aussitôt dit : « Désormais, je tiens la Pologne. » Hitler sait qu'il va pouvoir lancer ses divisions vers l'est sans redouter l'intervention de l'Union soviétique. Staline et Hitler se sont engagés à ne pas lever les armes l'un contre l'autre et à ne pas s'allier avec un pays ennemi d'un des signataires. Ce pacte d'un grand cynisme entre un Etat fasciste et un Etat communiste contiendrait aussi des clauses secrètes portant sur un partage de l'Europe. Ce pacte aurait pu être évité si la Grande-Bretagne et la France avaient montré un peu plus d'empressement à conclure une alliance avec Moscou. Aujourd'hui, Londres et Paris sont stupéfaits.

Conseil de guerre dans le chalet d'Hitler

Berchtesgaden, 22 août
Hitler a convoqué les chefs de ses forces armées à Berchtesgaden pour les informer de sa décision d'agir contre la Pologne. La guerre, a-t-il dit, éclatera probablement le 26 août à l'aube. « La propagande recevra une bonne raison, plausible ou non, pour expliquer le déclenchement des hostilités. On ne demandera pas au vainqueur s'il disait la vérité ou s'il mentait. En matière de guerre, c'est la victoire et non la vérité qui compte. » Le *Führer* a parlé durant quatre heures à ses généraux, avec seulement une courte pause pour un déjeuner frugal. « Soyez sans pitié. Soyez brutaux. La puissance fait le droit. » Sur ces propos, Adolf Hitler a clos la réunion.

Il court-circuite les efforts diplomatiques

Berlin, 31 août
Hitler a rejeté en bloc toutes les tentatives diplomatiques qui visaient à éviter la guerre. Rien ne pourra le dissuader d'envahir la Pologne dès demain à l'aube, soit plusieurs jours après le moment qu'il avait d'abord arrêté, le 26 août. Il a dû retarder l'attaque contre la Pologne quand il a appris que Mussolini posait, dans le cadre du récent pacte d'Acier, des conditions inacceptables pour son aide militaire à l'Allemagne. Hitler hésita aussi quand il a pensé que le gouvernement britannique pourrait renoncer à sa promesse de venir au secours de Varsovie pour éviter un conflit en Europe. La France, elle aussi, ne lui semblait pas pressée de venir aider les Polonais. Il a stoppé l'opération alors que ses divisions étaient déjà en route et que ses états-majors se rendaient à leurs postes avancés. Une unité n'a d'ailleurs pas reçu à temps l'ordre d'attendre. Elle a été écrasée par l'armée polonaise. Puis, le 28 août, Birger Dahlerus, un homme d'affaires suédois utilisé par Goering comme intermédiaire entre le Reich et la Grande-Bretagne, est arrivé à Berlin. Dahlerus a déclaré que le gouvernement anglais prenait au sérieux la proposition d'Hitler selon laquelle Berlin ne menacerait pas les colonies de Sa Majesté dans l'hypothèse où Londres n'aiderait plus la Pologne. Un peu après, sir Nevile Henderson, l'ambassadeur anglais, est revenu de Londres avec un message très différent : jamais la Grande-Bretagne n'abandonnera la Pologne. Henderson a ajouté que Varsovie était prêt à négocier avec le Reich. Ce n'est pas ce que le *Führer* espérait entendre car il avait dit à ses généraux qu'il redoutait avant tout qu'« un salaud puisse me soumettre un projet de médiation ». Hitler a bien accepté de recevoir un émissaire polonais, à condition que celui-ci soit doté des pleins pouvoirs et qu'il arrive à Berlin le lendemain, c'est-à-dire le 29 août. Evidemment, cela s'avéra impossible. Hitler avait réussi à court-circuiter l'ensemble des efforts diplomatiques. Ce matin, il a donné le feu vert à l'invasion de la Pologne.

Ciano et Hitler. L'Italie hésite à se joindre à l'attaque contre la Pologne.

La Pologne est envahie

En tenue militaire, Adolf Hitler salue ses troupes sur le territoire polonais.

Il examine une carte de la Pologne.

Varsovie, 1er septembre
L'attaque a débuté dès l'aube avec des escadrilles de chasseurs et de bombardiers en piqué, les Junkers 87 Stuka. Un million de soldats du Reich ont déferlé en Pologne, sans déclaration de guerre. Les Polonais se sont retrouvés face à cinquante-trois divisions, dont six blindées et huit d'infanterie motorisée. L'armée allemande n'a eu aucune difficulté pour balayer la cavalerie légère et les vieux avions polonais qui ne pouvaient faire le poids face à des Panzer et à des avions modernes. A Danzig, le gros croiseur *Schleswig-Holstein* a ouvert le feu sur l'arsenal de la marine. La Luftwaffe a lancé plusieurs raids sur Varsovie après avoir détruit, en quelques heures, l'aviation polonaise dont une grande majorité des appareils n'a même pas eu le temps de décoller. Face au rouleau compresseur allemand, les Polonais ne pouvaient opposer que trente divisions d'infanterie, dont sept ne sont formées que depuis deux jours, trente-sept régiments de cavalerie et une centaine de vieux blindés. Hitler est pressé d'écraser la Pologne pour rendre difficile une intervention française ou anglaise.

Le « Blitzkrieg » a balayé toute résistance

Varsovie, 2 septembre
L'armée allemande a appliqué une nouvelle stratégie en Pologne : le *Blitzkrieg*, ou la guerre éclair. Les divisions blindées de la Wehrmacht avançaient de manière autonome, elles ont été en mesure d'enfoncer les lignes polonaises et d'avancer de 150 km par jour, un record absolu. En créant la surprise, elles perçaient le front en désorganisant les arrières ennemis. En liaison avec l'aviation qui attaquait au sol devant elles, les divisions de Panzer isolaient alors les Polonais, en les repoussant de part et d'autre de percées en forme de tenaille. Privés de ravitaillement et démoralisés par les raids aériens, les Polonais ne pouvaient plus que se replier en laissant derrière eux des milliers de réfugiés sur les routes. Leur courage a été exceptionnel.

Londres et Paris déclarent la guerre

Londres et Paris, 3 septembre
C'est par un message radiodiffusé à 11 h 15 que les Anglais ont appris la terrible nouvelle : l'Europe est de nouveau en guerre. Chamberlain a rappelé les termes de l'ultimatum que Londres avait adressé à Hitler, à savoir le retrait de ses divisions de Pologne avant 11 h ce matin. Cet ultimatum n'a pas reçu de réponse et le Premier ministre a annoncé que la Grande-Bretagne était en guerre avec le Reich. Paris hésite toujours. Le gouvernement veut tout tenter pour sauvegarder la paix, mais pas à n'importe quelle condition. C'est à 17 h que son ultimatum expirait. A 20 h 30, Daladier annonce aux Français qu'ils vont devoir se battre. Ce soir, de part et d'autre de la Manche, c'est l'inquiétude qui règne alors que le peuple allemand a réagi plutôt calmement. Certes, la presse nazie ne s'est pas privée de rejeter l'entière responsabilité de la crise sur les Anglais et les Français. En effet, Adolf Hitler a cru jusqu'au tout dernier moment que Paris et Londres ne feraient pas la guerre pour sauver la Pologne. Dans son « appel au peuple allemand », Hitler s'est encore livré à une attaque en règle contre le Royaume-Uni « qui tente depuis des siècles de rendre les Européens impuissants devant son besoin de conquête mondiale ». A Berlin, Goering a simplement dit : « Si nous perdons, Dieu aie pitié de nous et de l'Allemagne. »

Dans un café parisien, soldats français et anglais trinquent à la victoire alliée.

Les Soviétiques entrent en Pologne

Pologne, 17 septembre
A l'aube, alors que les unités de l'armée polonaise luttent contre les Panzer, l'Armée rouge a franchi la frontière polonaise, conformément aux clauses secrètes du pacte conclu entre Hitler et Staline. Les Russes sont presque arrivés trop tard, la victoire des Allemands a été aussi rapide que totale. L'Armée rouge avance sans difficulté, progressant vers Brest-Litovsk pour rejoindre les forces allemandes. Le monde entier a réagi avec horreur à l'invasion de la Pologne et au démembrement du pays. Dans un communiqué diffusé ce soir, Joseph Staline affirme qu'il avait décidé d'envoyer ses troupes en Pologne pour y « rétablir la paix et l'ordre ». Il a aussi prétendu que l'Union soviétique et le Reich vont aider le peuple polonais à « créer des structures nouvelles pour la survie politique » de ce pays. Les Polonais ont déjà une sérieuse expérience de l'autorité soviétique et savent ce que cela signifie. Leur avenir paraît bien sombre et sans espoir à court terme.

Varsovie a déjà capitulé

Varsovie, 27 septembre
La bravoure de ses hommes n'aura servi à rien : Varsovie vient de se rendre. Après avoir subi de terribles bombardements au cours des trois derniers jours, la ville est en ruine, plus un seul immeuble n'est intact. On estime le bilan des morts et des blessés à quarante mille. Les civils, dont beaucoup ont combattu aux côtés des militaires, ont terriblement souffert. Il n'y a plus d'eau, ni de gaz ni d'électricité. Les pompiers ne peuvent plus éteindre les incendies. Des cas de typhoïde ont été signalés. C'est la Luftwaffe qui s'est chargée de bombarder Varsovie. Sa maîtrise du ciel était totale et elle a même utilisé des avions de transport pour larguer ses bombes.

Les troupes allemandes arrêtent des civils dans la capitale polonaise.

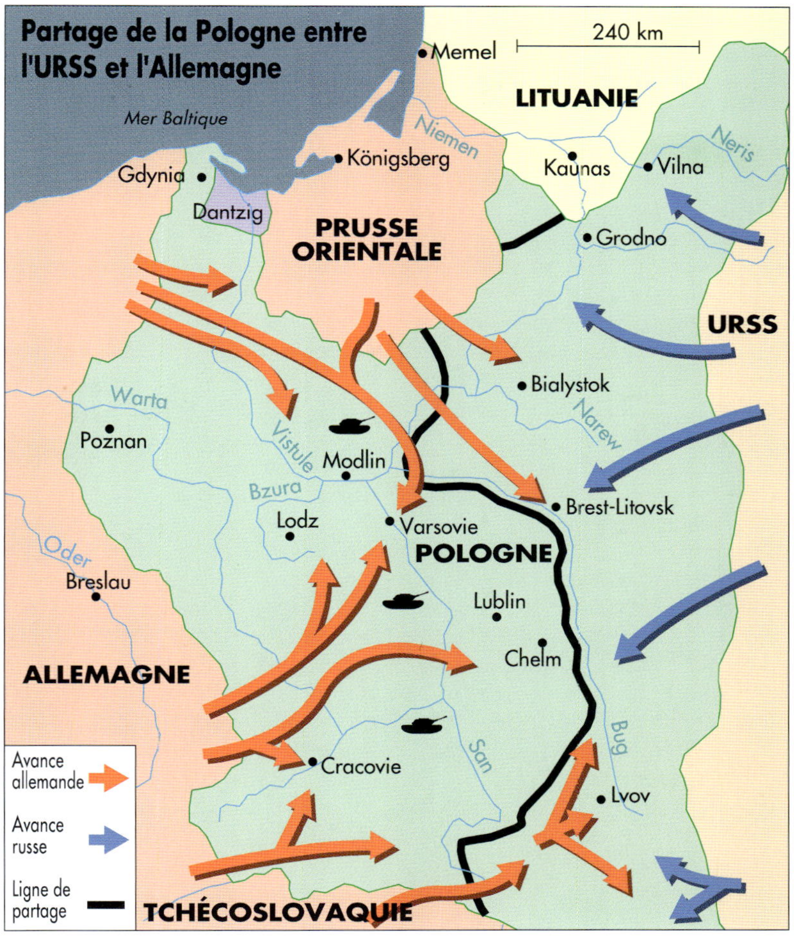

Il joue au pacifique devant le Reichstag

Berlin, 6 octobre
A midi, devant le Reichstag, Hitler a une fois de plus proposé la tenue d'une conférence de paix réunissant les grandes puissances européennes. Il a avant tout cherché à dissuader Paris et Londres de s'opposer à son intervention en Pologne. Hitler s'est efforcé de justifier ce coup de force en affirmant qu'il se devait de fixer au Reich une frontière qui tienne compte des « facteurs historiques, ethnographiques et économiques ». Le *Führer* s'est donc prononcé pour « la création d'un Etat polonais, à condition qu'il n'abrite aucun foyer d'opposition au Reich allemand, et qu'aucune intrigue contre la Russie et l'Allemagne ne s'y forme ». Il a aussi réaffirmé qu'il n'était pas en conflit avec la France et qu'il avait toujours cherché à protéger l'amitié avec le Royaume-Uni. Tant Paris que Londres ont rejeté cette offre d'Adolf Hitler, en soulignant que la paix ainsi proposée légitimerait les annexions allemandes. Cette fois, la manœuvre d'Hitler a échoué.

Attaquer la France dès le 12 novembre

Berlin, 1er novembre
Le *Führer* a fixé au 12 novembre la date de l'attaque. Il a soif d'action et a déclaré au général Halder que « les Britanniques ne seront jamais prêts à discuter qu'après avoir reçu une bonne raclée. Il faut donc que nous agissions vite ». Hitler a donné l'ordre à ses forces d'attaquer les Pays-Bas et la Belgique, de détruire les armées française et anglaise et de préparer les pistes d'où la Luftwaffe sera en mesure de lancer un assaut décisif contre la Grande-Bretagne. Ces ordres ont horrifié les généraux du Reich. Ils redoutent une défaite. Le général Walter von Brauchitsch veut gagner du temps. Il a déclaré à Hitler qu'il faut réorganiser l'armée après l'invasion de la Pologne et il hésite à lancer une opération d'une telle ampleur au moment où l'hiver approche. L'adversaire est cette fois bien plus fort. Mais Hitler n'a rien voulu savoir. Sa décision est prise et elle est irrévocable. Hitler ne veut pas tenir compte des conseils de son état-major.

Hitler échappe à un sérieux attentat

Les partisans d'Hitler ont fait salle comble pour applaudir leur « Führer ».

Quelques minutes après la fin du discours, la bombe pulvérise la brasserie.

Munich, 8 novembre
Il a échappé de justesse à la mort ce soir. L'explosion a pourtant ravagé la brasserie Burgerbraukeller où il était venu fêter, avec la vieille garde du parti, l'anniversaire du putsch manqué de 1923. Huit personnes ont été tuées et soixante-trois autres blessées. Le discours d'Hitler devait durer jusqu'à vers 22 h. Mais il a écourté son allocution en raison du brouillard et est parti pour la gare à 21 h. Dix minutes après le départ du *Führer,* la bombe explosait. L'engin, doté d'une minuterie sophistiquée, avait été placé derrière l'estrade où se trouvait Hitler. Il ne fait aucun doute que la déflagration l'aurait tué s'il n'était pas parti un peu plus tôt que prévu. Informé de l'attentat à son arrivée à la gare, il s'est exclamé : « C'est un signe que la Providence veille encore sur moi ! » Georg Elser, un artisan menuisier, a été arrêté. Mais certains disent que l'attentat aurait été organisé par Himmler qui comptait accuser les Britanniques d'avoir tenté d'assassiner le *Führer.* Le chef des SS avait prévu d'enlever deux agents secrets britanniques, le capitaine Best et le major Stevens, à Venlo, sur la frontière entre le Reich et les Pays-Bas, pour appuyer cette thèse. Himmler aurait alors été en mesure de « prouver » que Londres était à l'origine de ce complot. Les journalistes étrangers pensent, au contraire, que tout a été monté et minuté par les SS pour redorer le blason d'Hitler.

Echec d'un complot contre Adolf Hitler

Berlin, 5 novembre
A Zossen, près de Berlin, le QG de l'armée est en état de choc. Pour empêcher Adolf Hitler de lancer son offensive le 12 novembre, un groupe d'officiers avait prévu de renverser le *Führer* et d'installer un régime militaire. Ils ont vite renoncé à leur projet quand ils ont constaté avec quelle violence Hitler s'en est pris à leur commandant en chef, le général von Brauchitsch. Ce dernier a rendu Hitler fou de rage quand il lui a dit que le moral des troupes allemandes en Pologne était au plus bas et qu'il était donc prématuré de lancer une vaste opération.

Hitler décerne la Croix de fer au commandant de U-Boote Gunther Prien, qui a coulé le cuirassé *Royal Oak* dans la baie de Scapa Flow en Ecosse.

Sa fureur a stupéfié les généraux

Berlin, 23 novembre
Les membres de l'état-major général ont assisté, éberlués, à une véritable explosion de rage d'Hitler qui avait convoqué des officiers supérieurs à la chancellerie pour leur exposer ses plans d'offensive contre la Grande-Bretagne et la France. Le *Führer* a ordonné que l'opération soit lancée le plus vite possible. Le mauvais temps l'avait contraint à ajourner l'attaque qu'il avait prévue pour le 12 novembre dernier. Consternés, ils ont écouté Hitler se vanter d'être irremplaçable et déclarer qu'il avait pris la décision de passer à l'action. « Je vais attaquer l'Angleterre et la France tout de suite. La violation de la neutralité des Pays-Bas et de la Belgique ne veut rien dire. Nul ne parlera plus de cela quand nous l'aurons emporté. Je ne reculerai devant rien et je suis prêt à détruire tous ceux qui s'opposeront à moi. » Les objections des généraux et leur appel à la prudence ont mis Hitler dans une colère folle. Il a hurlé que c'est à lui que le Reich devait ses victoires et que ses plans resteraient inchangés.

Les handicapés vont être éliminés

Berlin, 1er décembre
Adolf Hitler vient de décréter que les infirmes et les malades mentaux seront « éliminés », afin de préserver la pureté de la race aryenne. Les SS ont déjà abattu les pensionnaires des asiles dans les territoires polonais annexés. En Allemagne même, les médecins sont désormais autorisés à « offrir à ceux qui sont atteints d'une maladie incurable une mort paisible, après avoir procédé à une analyse critique de leur état de santé ». Par « mort paisible », Hitler entend l'utilisation d'un gaz très toxique, le redoutable monoxyde de carbone. Des chambres à gaz vont être construites pour accueillir les condamnés. C'est Philippe Bouhler, le chef de la chancellerie, qui a été nommé par Hitler responsable de ce programme d'euthanasie. Le projet a été baptisé *Aktion T4*. Ce nom ne correspond à aucune formule. Les services de Bouhler sont installés au numéro 4 de la Tiergartenstrasse !

L'Armée rouge attaque la Finlande

Sur les lignes défensives, dans la région du lac Lagoda, les servants d'une mitrailleuse finlandaise ouvrent le feu.

Finlande, 30 novembre
Devant le refus de la Finlande de satisfaire à ses exigences, Staline a donné l'ordre ce matin à l'Armée rouge d'envahir la Finlande. Déjà, des navires soviétiques bombardent les ports finlandais. La Luftwaffe attaque la capitale, Helsinki, alors que les chars tentent de franchir la ligne de défense Mannerheim. Les Finlandais, qui savent se battre en hiver, se défendent bien. Ils n'ont pas peur du froid et connaissent le terrain. Les Soviétiques éprouvent des problèmes de commandement, car les purges de Staline ont éliminé les officiers les plus qualifiés, et ceux qui sont restés en poste ne veulent prendre aucune initiative. L'invasion de la Finlande a créé une indignation générale dans le monde, sauf en Allemagne, où Adolf Hitler soutient l'agression de Staline. Il a d'ailleurs interdit toute vente d'armes à la Finlande et a promis de ravitailler les sous-marins russes qui bloquent les ports finlandais.

Eichmann organise la déportation des Juifs

Adolf Hitler et Himmler ont décidé d'expulser tous les Juifs du Reich.

Varsovie, 1er décembre
La déportation massive de Juifs qui a été décidée par Himmler et Hitler a commencé. Adolf Eichmann, un responsable des SS, s'est vu confier la charge de l'expulsion des Juifs du Reich et des territoires annexés. Par milliers, ils sont transportés à bord de trains spéciaux vers Varsovie, où ils sont regroupés dans des ghettos. Ils sont très nombreux à mourir en route, tués par les SS, par le froid ou par la faim. Ceux qui ont réussi à survivre au voyage sont épuisés et terrifiés. Ils ont déjà tout perdu. Les soldats SS fouillent leurs prisonniers à la recherche d'argent, d'or ou de bijoux qu'ils empochent.

Adolf Hitler et Benito Mussolini, une caricature française inspirée par *le Baiser* de Rodin.

1940

De 50 à 51 ans

4 janvier. Goering est chargé de l'économie et des industries de guerre du Reich.

12 janvier. Albert Kesselring est nommé commandant de la 2e flotte de la Luftwaffe.

15 février. L'Allemagne annonce que les cargos britanniques seront dorénavant considérés comme des navires de guerre et coulés.

9 mars. La Finlande, incapable de résister plus longtemps à l'Armée rouge, négocie la paix.

12 mars. Fritz Todt devient ministre de l'Armement.

27 mars. Himmler décide de faire construire un camp de concentration à Auschwitz, près de Cracovie (Pologne).

18 juin. A Munich, Hitler informe Mussolini qu'il ne le laissera pas s'emparer du sud de la France.

5 juillet. Roosevelt interdit l'exportation de matériaux « stratégiques » vers le Japon.

19 juillet. Hitler nomme douze maréchaux, dont Keitel, von Brauchitsch, von Rundstedt et Kesselring. Il donne l'unique et nouveau titre de maréchal du Reich à Hermann Goering.

10 août. Baldur von Schirach est nommé gauleiter de Vienne.

25 août. La RAF bombarde Berlin pour la première fois.

17 septembre. Hitler repousse l'invasion de la Grande-Bretagne.

15 novembre. Coventry est rasée par la Luftwaffe.

30 décembre. Des bombes incendiaires larguées par l'aviation allemande détruisent la City de Londres.

Imposer au monde le « nouvel ordre »

Berlin, 1er janvier
Dans son message du nouvel an à ses concitoyens, Hitler a promis d'imposer un « nouvel ordre » dans une Europe contrôlée par le Reich et débarrassée de la « tyrannie de la Grande-Bretagne ». Selon le *Führer*, « le Reich n'évoquera la paix que lorsqu'il aura gagné. Le monde juif et capitaliste ne survivra pas au xxe siècle ». Goering, pour sa part, a déclaré aux pilotes de la Luftwaffe qu'ils devront, quand Hitler en aura donné l'ordre, « lancer une attaque contre l'Angleterre d'une ampleur jamais vue encore dans l'histoire de l'humanité ».

Adolf Hitler et sa chienne Blondi.

Des plans secrets perdus en Belgique

Berlin, 10 janvier
Hitler a dû reporter l'attaque qu'il avait prévue pour le 14 janvier sur tout le front de l'ouest parce qu'il a appris que l'avion qui transportait un officier de la Luftwaffe, Helmut Reinberger, avait été obligé de se poser en Belgique en raison d'un épais brouillard. Il transportait en fait les plans de l'attaque allemande et il n'a pas pu les brûler à temps. Informé de l'incident, Adolf Hitler a déclaré : « Ce sont des faits comme celui-là qui risquent de nous faire perdre la guerre. » Se sentant mis en cause, Goering a limogé le général Felmy, commandant de la 2e flotte de la Luftwaffe, dont dépendait le pilote de Reinberger. L'offensive contre les Pays-Bas, la Belgique et la France est reportée au printemps.

Son amie anglaise a tenté de se suicider

Lord et lady Redesdale ont retrouvé leur fille, Unity Mitford, à Folkestone.

Folkestone, 3 janvier
Déchirée entre sa loyauté envers son pays et ses sympathies fascistes, une amie anglaise d'Adolf Hitler, Unity Mitford, a tenté de mettre fin à ses jours en se tirant une balle dans la tête. Grièvement blessée, elle vient d'être rapatriée à bord d'un ferry. Elle avait rencontré le *Führer* dans son restaurant préféré de Munich, l'Osteria Bavaria. Unity Mitford est une des six filles de lord et de lady Redesdale, des aristocrates anglais. L'amitié qui s'est nouée entre elle et Hitler a rendu Eva Braun jalouse. Mais, depuis que son pays a déclaré la guerre au Reich, Unity se sentait perdue. Hitler l'a autorisée à rentrer en Grande-Bretagne en passant par la Suisse.

Les divisions du Reich sont en Scandinavie

Berlin, 9 avril
Le plan « Weser » est appliqué à la lettre et se déroule comme prévu. Les divisions allemandes n'ont fait qu'une bouchée de l'armée danoise. Cela n'a pas été le cas en Norvège, où elles se heurtent à une sérieuse résistance. C'est l'amiral Raeder qui a conseillé à Hitler de lancer cette opération car il pensait qu'un putsch organisé par Vidkun Quisling, un nazi norvégien, faciliterait la tâche de leurs troupes. Hitler redoutait que les Britanniques n'interviennent contre la Norvège. Cela aurait pu arrêter l'acheminement du minerai de fer suédois vers le Reich. Cela aurait aussi permis aux Alliés de contrôler le détroit entre la Norvège et le Danemark, le Kattegat. Cette conquête de la Norvège aura coûté cher aux Allemands. Dans le fjord d'Oslo, un torpilleur a été coulé et le croiseur *Emden* a été touché. Le croiseur lourd *Blücher* a été atteint de plein fouet par une torpille et a explosé avec près de mille six cents hommes à bord. Avec le *Blücher* disparaissaient tout l'état-major des troupes d'invasion et les agents de la Gestapo chargés de capturer le souverain norvégien, Haakon VII. Deux officiers supérieurs, le contre-amiral Kummertz et le général Hans Engelbrecht, qui étaient aussi à bord du croiseur, ont réussi à gagner la rive à la nage et ont tous deux été capturés par les Norvégiens. Nul ne sait où ils sont enfermés.

Le collaborateur Vidkun Quisling.

La Belgique et les Pays-Bas sont envahis

Hitler décore les parachutistes qui ont pris le fort d'Eben-Emael.

Belgique et Pays-Bas, 10 mai
La foudroyante offensive allemande contre la Belgique et les Pays-Bas a été lancée à l'aube. Dans la nuit, des parachutistes avaient déjà occupé les nœuds de communication et les ponts. Le fort d'Eben-Emael, situé sur le canal Albert près de Liège, est tombé. Le matin, les parachutistes contrôlaient déjà les tourelles. Ce fort était réputé imprenable. Plus au nord, les Hollandais ont été forcés de battre en retraite vers La Haye et Amsterdam. Les Belges sont soutenus par des unités britanniques et françaises, mais certains craignent qu'ils tombent dans un piège s'ils se retrouvent acculés à la mer. Hitler, informé de la situation, s'est écrié : « Je pourrais pleurer de joie ! »

Les Allemands foncent dans les Ardennes

Paris, 14 mai
Les stratèges français pensaient que la forêt des Ardennes était une zone infranchissable, mais les divisions de Panzer n'ont eu aucun mal à passer. Les Allemands ont franchi la Meuse et sont aux portes de Sedan. Les Panzer du général Guderian, l'un des principaux responsables de la modernisation des blindés du Reich, ont balayé toutes les défenses mises en place par l'armée française avec une redoutable efficacité. Ce matin, une riposte française, près de Sedan, a échoué et la IXe armée française est en pleine déroute. Les blindés du Reich sont appuyés par des avions Stuka Ju-87 de la Luftwaffe.

Adolf Hitler dans son QG, au Bruly-de-Pesches, dans les Ardennes.

Winston Churchill nommé Premier ministre

Londres, 10 mai
Quarante-huit heures après la chute de Chamberlain et de son équipe, sanctionnés par le Parlement pour l'échec de l'expédition en Norvège et leur politique d'apaisement, le roi George VI a fait appel à Churchill. L'homme au cigare, qui réclame le réarmement du pays pour faire face aux nazis, a formé un gouvernement d'union nationale. Le nouveau chef du gouvernement apparaît comme l'homme politique le plus capable de mener l'effort de guerre. Il sait que le combat sera long et très dur. Il a prévenu ses concitoyens : « Je n'ai rien d'autre à vous proposer que de la peine, du sang, de la sueur et des larmes. »

Churchill à Downing Street.

Evacuation des forces alliées à Dunkerque

Des soldats alliés à Dunkerque.

Douvres, 4 juin
L'opération « Dynamo » aura sauvé 338 226 soldats alliés, dont 110 000 Français, qui s'étaient repliés sur les plages de Dunkerque depuis le nord de la France et la Belgique. En tout, 860 navires, petits et grands, ont fait pendant neuf jours la navette entre Dunkerque et Douvres pour tenter d'évacuer les troupes restées à la merci des canons et de l'aviation du Reich. Pour les Alliés, le miracle s'est produit le 24 mai, le jour où Adolf Hitler a interdit à ses Panzer, arrivés à 20 km de Dunkerque, de pousser vers la ville sans défense. Le *Führer*, influencé par Goering, avait décidé de laisser à la Luftwaffe la gloire de la victoire et cela a permis de sauver ces hommes.

Mussolini a déclaré la guerre aux Alliés

Rome, 10 juin
Le *Duce* veut profiter de la victoire qu'Hitler est en passe de remporter. Il vient donc de déclarer la guerre à la France et à la Grande-Bretagne. Il a envoyé des troupes sur la Côte d'Azur. Plus de 250 000 personnes ont assisté au discours prononcé par Mussolini à Rome depuis le balcon de sa résidence du Palazzo Venezia. « Nous vaincrons ! Aux armes, peuple d'Italie ! C'est le moment de montrer ta bravoure ! » a-t-il hurlé. Les ambassadeurs de France et de Grande-Bretagne ont été informés de la déclaration de guerre par le comte Ciano, gendre de Mussolini et chef de la diplomatie. Interrogé sur les motifs du *Duce*, il a répliqué que l'Italie ne faisait qu'exécuter les plans établis en collaboration avec le Reich. En vérité, Mussolini n'a décidé d'entrer en guerre qu'après la défaite de la Belgique et des Pays-Bas. Le dictateur compte pouvoir s'emparer des colonies françaises en Afrique du Nord, de la Corse et de Nice. Il a aussi des visées sur Malte, l'Eypte et le Soudan. Mais il n'est pas certain qu'Hitler le laisse faire. Le comte Ciano a d'ailleurs noté qu'Adolf Hitler « a gagné la guerre tout seul. C'est donc Hitler qui aura le dernier mot ».

Les troupes allemandes sont à Paris

Paris, 14 juin
C'est dans un Paris vidé de plus des trois quarts de sa population que la Wehrmacht a fait son entrée. Dès l'aube, le gouverneur de Paris, le général Dentz, avait garanti qu'il n'y aurait aucune résistance. Il était 8 h ce matin quand les premières unités allemandes se sont mises en route sous une pluie fine. Le premier acte symbolique de l'occupant nazi a été d'ôter le grand drapeau tricolore qui flottait sur le ministère de la Marine. Ensuite, l'étendard à croix gammée a été déployé au sommet de l'Arc de triomphe. Sur la place de l'Etoile, une musique militaire s'est mise en place pour la parade des vainqueurs. Des voitures surmontées de haut-parleurs parcouraient les rues de la capitale. Elles diffusaient des appels au calme : « Parisiens, pendant les deux prochains jours, les troupes du Reich vont défiler dans Paris ; que chacun reste chez soi ! » La marche triomphale a débuté sur les Champs-Elysées. Le quartier général de la Wehrmacht a été installé à l'hôtel Crillon. Pris d'une panique générale après le départ du gouvernement, il y a quatre jours, des dizaines de milliers de Parisiens ont pris la route de l'exode. Ils font route vers le sud, vers les ponts de la Loire pour se mettre à l'abri de l'ennemi.

Parade de la victoire d'unités de l'armée allemande sur l'avenue Foch.

La France demande l'armistice au Reich

Bordeaux, 17 juin
« C'est le cœur serré que je vous dis qu'il faut cesser le combat... Je me suis adressé cette nuit à l'adversaire pour lui demander s'il était prêt à rechercher avec moi, entre soldats, après la lutte et dans l'honneur, le moyen de mettre fin aux hostilités. » C'est un peu après midi que ceux qui possèdent un poste de radio ont pu entendre la voix chevrotante du maréchal Pétain leur annoncer ce qu'ils devinaient déjà : les armées françaises n'ont pas réussi à arrêter l'ennemi. Le gouvernement, qui a fui Paris le 10 juin, est installé à Bordeaux et c'est depuis là que le maréchal Pétain, qui est président du Conseil depuis hier, a fait son discours. Son prédécesseur, Paul Reynaud, a reçu hier un message de Roosevelt qui indiquait que les Etats-Unis avaient décidé de ne pas entrer en guerre.

De Gaulle appelle à poursuivre le combat

Londres, 18 juin
Les Français n'ont pas tous baissé les bras. La BBC vient de diffuser un message du général Charles de Gaulle qui refuse l'armistice et la fin des combats demandée au peuple français par le mérachal Pétain. D'une voix grave, que les Français découvrent, il a lancé : « Rien n'est perdu pour la France. Elle n'est pas seule ! Cette guerre est une guerre mondiale. Moi, général de Gaulle, j'invite les officiers et les soldats français qui se trouvent en territoire britannique ou qui viendraient à s'y trouver, avec ou sans armes, à se mettre directement en rapport avec moi. Quoi qu'il arrive, la flamme de la résistance française ne doit pas s'éteindre et ne s'éteindra pas. » Le général de Gaulle est pour ainsi dire un inconnu, mais c'est un brillant officier. Son appel a été brouillé par les Allemands et peu l'ont entendu.

Adolf Hitler rêvait d'humilier les Français

Rethondes, 22 juin
Hitler exulte : cet après-midi dans la clairière de Rethondes, là même où l'armistice avait été conclu en 1918, le Reich a dicté ses conditions à la France vaincue. C'est Goebbels en personne qui a choisi l'endroit : le wagon à bord duquel le maréchal Ferdinand Foch avait présidé, il y a vingt-deux ans, à l'humiliation de l'Allemagne. Arrivé en Mercedes, Hitler, accompagné de Rudolf Hess, Goering et Ribbentrop, est monté à bord du wagon et s'est installé dans le fauteuil utilisé par Foch en 1918. Le *Führer* est parti un peu après, laissant au général Keitel le soin de conduire les négociations avec les Français. A 17 h 50, l'armistice était signé. Les trois cinquièmes du pays, dont les grandes villes industrielles, seront sous occupation militaire et l'armée française sera démobilisée et désarmée.

Le général s'adresse aux Français depuis les studios de la BBC à Londres.

Keitel, Goering, Hess et Hitler sont venus à Compiègne pour signer l'armistice.

Le Führer fait du tourisme dans Paris

Visite de la tour Eiffel entre Albert Speer (à dr.) et le sculpteur Arno Breker.

Avec ses officiers, Hitler contemple Paris depuis l'esplanade du Sacré-Cœur.

Le chancelier sautille de joie à l'annonce de la capitulation de la France.

Hitler avec des hommes de la Wehrmacht lors d'une tournée en France.

Hitler visite le tombeau de Napoléon.

Une photo-souvenir pour Eva Braun.

Berlin acclame le héros

Accueillis en héros, Hitler et Hermann Goering sont acclamés par les Berlinois.

Berlin, 6 juillet
A son retour de Paris, le *Führer* a été accueilli en héros par des milliers de Berlinois venus l'acclamer sur la Wilhelmsplatz, dans le centre-ville. Ils veulent tous féliciter celui qui a conquis Paris et lavé ainsi la terrible humiliation que représentait pour les Allemands le traité de Versailles. Les Berlinois espèrent en effet que la victoire remportée en France va marquer la fin du conflit en Europe. Mais Hitler ne partage pas cet avis, loin s'en faut. Il est ravi des récents succès de la Wehrmacht, mais il sait que les Britanniques continueront à faire obstacle à ses ambitions. Hitler sait qu'il va bientôt être obligé de régler le « problème » anglais un fois pour toutes.

Adolf Hitler arrivant sur la Wilhelmsplatz, à Berlin, à son retour de Paris.

La bataille d'Angleterre

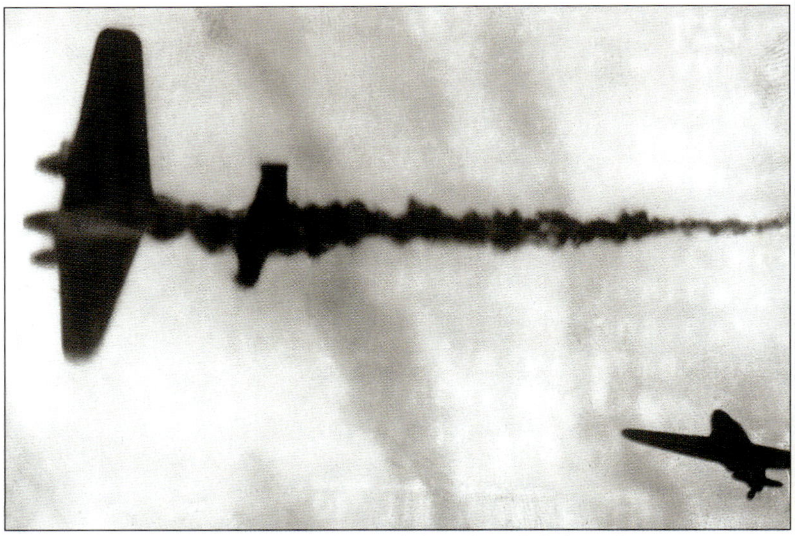

Triste fin pour ce bombardier allemand dans le ciel de l'Angleterre.

Londres, 15 septembre
Adolf Hitler connaît son premier revers militaire. La Royal Air Force vient d'infliger une défaite cuisante au Reich et les Britanniques crient victoire. Les Allemands pensaient écraser la RAF et lancer l'invasion de la Grande-Bretagne dans deux jours. Mais le Reich a bel et bien perdu la bataille d'Angleterre qui fait rage depuis deux mois. Le bilan des combats des dernières 24 heures est lourd pour la Luftwaffe. Elle a perdu 61 appareils contre 29 avions seulement pour les Anglais. Certes, le Blitz a fait de très nombreuses victimes civiles, surtout à Londres. C'est Hitler qui a commis l'erreur tactique de bombarder les villes et non pas les aérodromes de la RAF. Cela a donné aux pilotes anglais le répit dont ils avaient tant besoin.

Méfiant, Franco rejette les plans d'Hitler

Hendaye, 23 octobre
Le chancelier allemand n'a guère l'habitude de voir ses propositions refusées. Il n'a donc pas apprécié quand le général Franco, qu'il vient de rencontrer à Hendaye, a rejeté deux de ses projets. D'une part, Franco a refusé de s'engager aux côtés du Reich contre le Royaume-Uni et il a également exclu d'aider Hitler à attaquer Gibraltar. « C'est comme si l'on m'avait arraché trois ou quatre dents », a déclaré Adolf Hitler après la rencontre.

Le dictateur espagnol rencontre Adolf Hitler à la frontière franco-espagnole.

Pétain rencontre le Führer à Montoire

Pas de résultats concrets, mais le lourd symbole d'une poignée de mains.

Montoire-sur-le-Loir, 24 octobre
Après Franco, c'est vers le maréchal Pétain qu'Hitler s'est tourné pour chercher un soutien dans sa lutte contre la Grande-Bretagne. Pétain a accepté de rencontrer le *Führer* dans son train blindé. L'entretien a eu lieu dans un tunnel proche de la gare de Montoire. Le maréchal vaincu et le caporal devenu chef des armées du Reich sont convenus d'envisager une collaboration « loyale », dont il faut encore définir les termes. Hitler proposait de libérer un million et demi de prisonniers français si la France entrait en guerre contre la Grande-Bretagne. Philippe Pétain s'y est opposé mais insiste pour la libération des Français, en échange d'un travail commun.

Mussolini envahit la Grèce

Florence, 28 octobre
Lorsqu'Hitler est arrivé à Florence à bord de l'*Amerika*, son train blindé, un *Duce* enthousiaste lui a annoncé la nouvelle : les Italiens sont entrés en Grèce. Le *Führer*, placé devant le fait accompli, ne partage pas cet enthousiasme. Il estime que le rôle de l'Italie est de s'assurer du contrôle de la Méditerranée et de contrer les Anglais en Afrique et au Moyen-Orient et pas de s'aventurer dans les Balkans. C'est plutôt par jalousie que Mussolini a décidé de frapper en Grèce. Le 4 octobre, lors d'une rencontre avec Hitler au col du Brenner, le Führer avait omis de mentionner l'envoi de missions en Roumanie, un Etat que le *Duce* considère comme sa chasse gardée. Indigné, Mussolini a dit à Ciano : « Hitler me place toujours devant le fait accompli. Cette fois, je vais lui rendre la monnaie de sa pièce. » Il a donc décidé d'envahir la Grèce sans prévenir.

Les plans détaillés de « Barbarossa »

Berlin, 18 décembre
Le *Führer* a finalement décidé que l'opération *Barbarossa*, c'est-à-dire le plan d'invasion de l'URSS, serait lancée le 15 mai prochain. Hitler a approuvé les plans de l'état-major et vient de signer la directive n° 21 qui stipule : « Toutes les forces armées du Reich doivent être prêtes pour écraser la Russie soviétique au cours d'une opération très rapide et avant même que soit achevée la campagne contre la Grande-Bretagne. L'armée devra en conséquence faire appel à toutes les unités disponibles, mais en tenant compte que les territoires qui seront occupés doivent être protégés contre toute attaque surprise. Les préparatifs débuteront dès à présent et seront achevés avant le 15 mai prochain. » Hitler doit aussi prévoir de venir en aide à Mussolini, dont les troupes se font très sérieusement malmener en Grèce et dans le désert Cyrénaïque, où les unités anglaises leur infligent des revers.

Les questions de Molotov énervent Hitler

Berlin, 14 novembre
Hitler a eu bien du mal à contenir sa rage au cours des trois jours de pourparlers qu'il vient d'avoir avec Viatcheslav Molotov, le chef de la diplomatie soviétique. Hitler n'a cessé de parler du « nouvel ordre » mondial qu'il allait mettre en place avec Joseph Staline. « Nos nations sont puissantes et elles ont à leur tête des chefs capables d'imposer leur volonté au reste du monde. » De son côté, Molotov insistait pour recevoir des réponses à des questions qui ont le mérite d'être précises : « Pourquoi vos troupes sont-elles toujours en Finlande ? Quand allez-vous donner l'ordre de retirer les forces qui ont envahi la Bulgarie et la Roumanie ? » Hitler faisait la sourde oreille car il n'a pas l'habitude d'être questionné de la sorte. Enervé, il ne s'est même pas rendu au dîner qui était prévu à l'ambassade d'URSS. Ce soir-là, les sirènes ont dérangé les invités car les appareils de la RAF avaient lancé un raid sur Berlin. Dans l'abri, von Ribbentrop continuait à prédire la fin proche de la Grande-Bretagne. « Bien, mais à qui sont ces bombes qui nous tombent dessus ? » a ricané sèchement Molotov.

Hitler reçoit Viatcheslav Molotov à la chancellerie du Reich.

La classe ouvrière allemande est inquiète

Le Führer s'adresse aux ouvriers d'une grande usine d'armement à Berlin.

Berlin, 10 décembre
Hitler s'est rendu dans les ateliers de Rheinmetal Borsig, importante usine d'armement de Berlin, pour rassurer les ouvriers, mécontents de leur situation alors que la guerre est entrée dans son deuxième hiver. Le thème de son discours était la lutte du Reich contre les « ploutocraties capitalistes ». Il leur a expliqué que quand l'Allemagne aura remporté la victoire « ce ne sera pas grâce à quelques millionnaires, industriels, capitalistes ou aristocrates. Vous, ouvriers, devez voir en moi votre protecteur. Je suis né fils du peuple et j'ai passé ma vie entière à lutter pour le peuple allemand. » Lorsque le Reich l'aura emporté, « alors nous aurons montré au monde qui est le véritable maître, le capitalisme ou le travail ». Ce n'est pas un hasard si Hitler avait choisi de prononcer ce discours dans Berlin la Rouge, car il a besoin d'apaiser la colère qui gronde parmi les ouvriers.

1941

De 51 à 52 ans

16 janvier. La Luftwaffe commence à bombarder Malte.

31 janvier. Hans Frank, gouverneur de la Pologne occupée, affame les Juifs dans le ghetto de Varsovie.

12 février. Le général Erwin Rommel, commandant de l'*Afrikakorps*, arrive en Libye.

23 février. Ribbentrop dit à l'ambassadeur Oshima que le Japon devrait prendre possession des territoires britanniques en Asie « dès que possible ».

13 mars. Hitler nomme Alfred Rosenberg ministre des Territoires occupés à l'Est. Il confie à Himmler le contrôle des futures conquêtes à l'Est. Goering devra exploiter pour le Reich l'économie soviétique.

12 mai. Bormann succède à Hess comme adjoint d'Hitler.

15 mai. Himmler autorise le Dr Rascher à pratiquer des expériences médicales sur des prisonniers à Dachau.

1er juin. Les forces allemandes s'emparent de la Crète.

4 juin. Le kaiser Guillaume II meurt en exil aux Pays-Bas.

6 juin. Hitler ordonne de tuer les commissaires politiques pendant l'invasion de l'URSS.

24 août. Hitler met fin au programme d'euthanasie après une sévère protestation de l'évêque de Munster.

3 septembre. A Auschwitz, du gaz Zyklon B est testé sur des détenus juifs et russes.

20 décembre. Goebbels invite les Allemands à donner leurs vêtements chauds aux soldats stationnés sur le front russe.

La Wehrmacht à l'assaut des Balkans

Berlin, 6 avril

L'Allemagne a entamé les hostilités contre la Yougoslavie sans prévenir. Alors que la Luftwaffe bombarde la capitale, Belgrade, des colonnes de blindés avancent vers l'intérieur du pays. Elles arrivent de Roumanie, d'Autriche, de Bulgarie et aussi de Hongrie. Simultanément, des forces du Reich venues de Bulgarie sont entrées en Grèce. Cette offensive dans les Balkans est intervenue trois mois environ après l'appel à l'aide lancé par le *Duce*, dont les troupes sont en position délicate en Grèce. Hitler savait que ses troupes étaient obligées de passer par les Balkans pour parvenir en Grèce. Il a donc convaincu la Roumanie, la Hongrie et la Bulgarie de signer un pacte avec l'Axe, malgré les efforts de Moscou qui poussait la Roumanie à ne pas signer cet accord. Le prince Paul, le régent de Yougoslavie, avait lui aussi décidé de signer. Mais, le 26 mars, son gouvernement pro-nazi a été renversé et le roi Pierre II a pris sa succession. Entré dans une rage folle, Hitler a promis de se venger. Les Yougoslaves, a-t-il hurlé à ses généraux, doivent être traités avec une « sévérité sans pitié ». Leur pays doit être détruit. Adolf Hitler a alors annoncé à ses officiers que le début de l'opération *Barbarossa* contre l'Union soviétique devra être repoussé de quatre semaines pour que le Reich puisse se consacrer à la campagne yougoslave.

Le dictateur nazi de Roumanie, Ion Antonescu, rencontre Hitler à Munich.

Adolf Hitler accueille son allié croate, Ante Pavelic, à Berchtesgaden.

Les nazis pillent les musées d'Europe

Paris, 25 avril

Les Allemands se livrent à un pillage systématique des trésors du Vieux Continent. De splendides œuvres d'art sont saisies dans les musées et envoyées à Hitler, qui, après les avoir brièvement regardées, les fait mettre de côté en attendant que le grand musée qu'il veut construire à Linz voit le jour. C'est Goering qui est de loin le pilleur le plus assidu. Ses agents sillonnent les territoires occupés et lui envoient des milliers d'œuvres. Il fait son choix, avec une préférence pour Dürer, Fragonard, Goya, Van Dyck, Rubens et surtout Rembrandt. Les meilleurs tableaux vont dans son manoir de Karin Hall.

Le 20 avril, Hermann Goering, le maréchal Wilhelm Keitel et Heinrich Himmler félicitent le *Führer* à l'occasion de son 52e anniversaire.

La cité des Grecs aux mains d'Hitler

Berlin, 4 mai
Entouré de Goering et Hess, Adolf Hitler s'est rendu au théâtre Kroll pour se vanter devant les membres du Reichstag de ses victoires sur les Grecs et en Yougoslavie dont les troupes se sont rendues le 17 avril dernier. Les Yougoslaves ont résisté douze jours contre l'armée du Reich alors que les Grecs poursuivaient la lutte contre les nazis. Ils ont dû peu à peu se replier vers le sud, par le défilé des Thermopyles. Finalement, les combattants grecs n'ont pas pu résister aux Stuka de la Luftwaffe et aux divisions de Panzer. Ils ont été forcés de capituler le 23 avril. La Wehrmacht est entrée dans Athènes le 27 et la croix gammée flotte sur l'Acropole. C'est aussi une lourde défaite pour les Anglais car Winston Churchill avait répondu à la requête des Grecs en expédiant une force de 53 000 hommes, puisée dans tout le dispositif britannique déployé en Afrique du Nord. Près de mille de ces hommes ont été tués dans les combats en Grèce, 9 000 autres ont été faits prisonniers et les Anglais ont perdu tout leur matériel lourd. Mais Churchill est persuadé qu'il devait aider la Grèce et Hitler lui en veut. Il a déclaré au Reichstag que le Premier ministre de Sa Majesté est un « vulgaire stratège amateur et sanguinaire ». Le *Führer* a ajouté : « On n'explique son état d'esprit que par une maladie paralytique ou par l'alcoolisme. »

Une pièce d'artillerie autopropulsée allemande en patrouille près du Parthénon après la défaite des forces grecques, qui avaient réussi à repousser les Italiens.

Il décerne la Croix de fer à la femme pilote d'essai qu'il admire

Le chancelier félicite Hanna, la première femme à recevoir la Croix de fer.

Berlin, 31 mars
Hanna Reitsch a reçu la Croix de fer des mains d'Hitler, devenant ainsi la première femme à obtenir une telle distinction. Hanna, la fille d'un ophtalmologue, est l'une des rares femmes pour lesquelles Adolf Hitler éprouve de l'admiration. Elle avait appris à piloter pour devenir « missionnaire volante » en Afrique. Vite mordue d'aviation, Hanna s'est spécialisée dans les planeurs. Un de ses exploits a été la traversée des Alpes en planeur. La jeune femme est ensuite devenue le premier pilote d'essai de la Luftwaffe. Récemment, elle a testé le Me 321 V1, *Gigant*, un planeur géant capable d'emporter 22 tonnes et dont les ailes ont une envergure de 55 mètres.

Rommel l'emporte dans le désert

Le Caire, 27 avril
La route du Caire est ouverte aux troupes d'Erwin Rommel, envoyé en Libye par Hitler pour appuyer les forces de Mussolini. Rommel a mis les Anglais en déroute, même s'ils tiennent toujours bon à Tobrouk. Le général allemand veut à tout prix poursuivre son avance vers l'Egypte et Le Caire. Il a donc lancé un appel à Hitler en réclamant des renforts. Mais le *Führer* ne veut rien savoir car l'opération *Barbarossa* contre l'Union soviétique est prioritaire et elle requiert toutes les réserves.

L'étrange mission de Rudolf Hess

Berchtesgaden, 10 mai
Adolf Hitler est très inquiet. Il se demande même si son conseiller le plus proche, Rudolf Hess, n'est pas devenu fou. Hess a décollé hier soir à bord d'un Me Bf 110 tout neuf et Hitler vient d'être informé qu'il avait sauté en parachute non loin du domaine du duc d'Hamilton, près de Glasgow. Hess avait rencontré le duc à Berlin, au Jeux olympiques de 1936. Avant de quitter l'Allemagne, Hess a laissé un message confus au *Führer* laissant entendre qu'il partait en mission de paix à titre personnel. Adolf Hitler est bouleversé par la capture d'Hess et se demande si son adjoint n'est pas un traître. Londres semble aussi tout ignorer de cette mystérieuse affaire.

Hess, un traître ou un déséquilibré ?

L'adieu au « Bismarck »

Le fier cuirassé dont la destruction par les Alliés a tant affligé Adolf Hitler.

Atlantique nord, 27 mai
Le cuirassé *Bismarck*, fleuron de la Kriegsmarine, vient d'être coulé par la Royal Navy à 400 milles à l'ouest de Brest. L'Amirauté a ainsi vengé la destruction du *Hood*, le plus gros cuirassé du monde, coulé le 24. Le *Bismarck* et le *Prinz Eugen* avaient pour mission d'attaquer des convois britanniques. Repéré et attaqué, le croiseur allemand a d'abord eu son gouvernail détruit. Il a été achevé à 10 h 56 par des avions torpilleurs du porte-avions *Ark Royal*. Avant la fin, son commandant, le vice-amiral Lütjens, a envoyé le message : « Mon *Führer*, nous combattrons jusqu'au bout, vive le *Führer !* » Adolf Hitler lui a répondu : « Je vous remercie au nom du peuple allemand. »

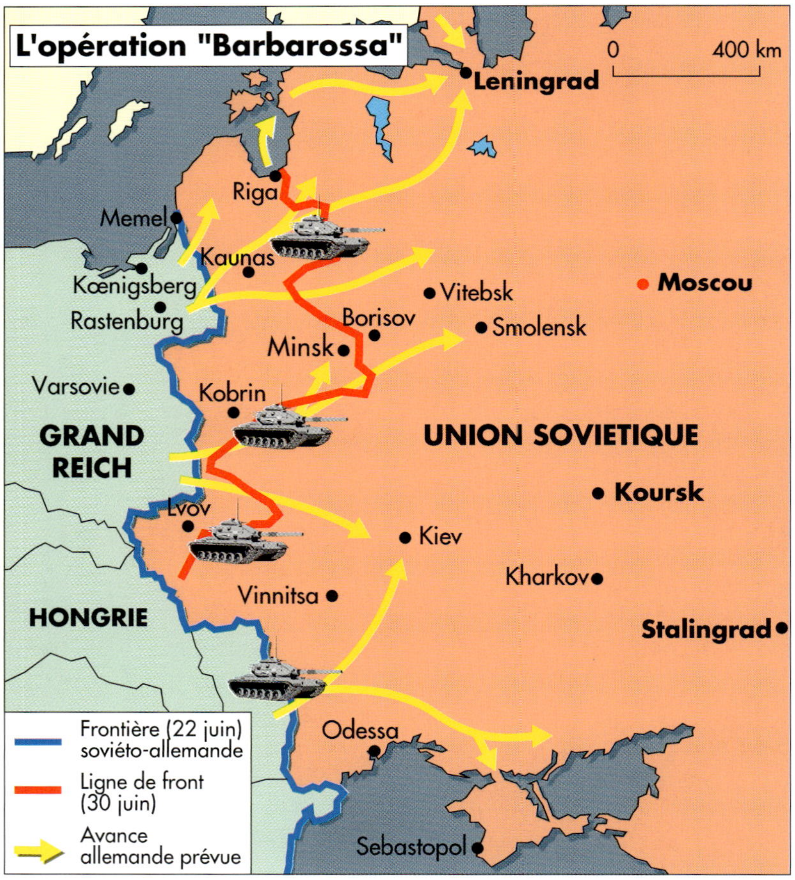

Hitler a attaqué Staline

Keitel et Hitler surveillent le déroulement de l'opération « Barbarossa ».

Rastenburg, 22 juin
Hitler a trahi son allié Staline. Sans avertissement, l'Allemagne a envahi l'URSS ce matin à 3 h 30. Il s'agit de la plus vaste opération militaire de tous les temps. Pas moins de trois millions d'hommes participent au Blitzkrieg allemand. Hitler suit les combats de son QG, la « Tanière du loup » en Prusse-Orientale. Il est confiant et a déclaré au général Jodl : « Nous n'avons qu'à donner un bon coup dans la porte et tout cet édifice pourri s'écroulera. » Joseph Staline avait donné l'ordre à l'Armée rouge de ne pas riposter aux premiers tirs pour éviter de provoquer son allié... Alfred Rosenberg est gouverneur des territoires conquis. Des unités d'extermination SS agissent déjà derrière la ligne de front. Elles ont pour mission de tuer les Juifs et les bolcheviques. La Luftwaffe domine le ciel après avoir bombardé tous les aérodromes et rendu les pistes inutilisables.

L'envahisseur allemand détruit tout ce qu'il trouve sur son passage en URSS.

Les Panzer allemands déferlent à travers l'URSS

Le Führer ne veut pas foncer vers Moscou

Le chancelier allemand arrive dans un QG avant l'attaque contre l'Ukraine.

Rastenburg, 21 août
Un profond désaccord a surgi entre Adolf Hitler et ses généraux. Le haut commandement est favorable à une stratégie axée principalement sur la prise de Moscou. Halder et von Brauchitsch disent que la chute de la capitale entraînera la reddition de l'URSS. Ils savent que les Russes renforcent leurs défenses autour de Moscou et ils veulent agir aussi vite que possible, avant que Staline ait eu le temps de s'organiser et surtout avant les premières chutes de neige. Hitler reste sourd à leurs arguments. Il veut d'abord prendre Stalingrad et Leningrad, selon lui les « deux villes saintes du communisme ». Il vient donc d'envoyer une directive à ses généraux : « Les propositions faites par l'armée sur les opérations à l'est ne correspondent pas à mes vœux. Le but principal à atteindre avant le début de l'hiver n'est pas la chute de Moscou mais la prise de la Crimée, de la région industrielle du Donets et l'arrêt de l'acheminement du pétrole caucasien. » Un nouveau désaccord sépare une fois de plus Hitler de son état-major. Le *Führer* n'a pas vraiment arrangé les choses en qualifiant ses généraux du nom de dinosaures à l'esprit « fossilisé par une série de théories périmées ». Moscou se retrouve épargnée alors que la ville était sans défense.

Mussolini et Hitler visitent le front de l'Est

Le dictateur italien et son hôte visitent les positions allemandes sur le front.

Rastenburg, 29 août
Mussolini est venu voir Hitler dans son QG en Prusse-Orientale. Les deux dictateurs se sont longuement entretenus sur différentes questions stratégiques et sur la situation dans le monde. Puis Hitler et son allié sont allés inspecter la ligne de front. Ils ont visité des unités italiennes avant de pousser vers des positions plus avancées. Ensuite, ils se sont rendus en avion au QG du maréchal von Kluge à Brest-Litovsk et à celui du maréchal von Runstedt à Uman, en Ukraine. Ils ont tenu à se rendre sur le front et ont ainsi traversé des villages dévastés par les combats. Sur le chemin du retour, le *Duce* a fait peur à Adolf Hitler quand il a demandé à piloter le Junkers Ju-52 officiel qui les transportait. Ce n'est que quand Benito Mussolini a rendu les commandes au pilote allemand que le *Führer* s'est calmé. Les deux chefs d'Etat viennent de diffuser un communiqué qui évoque le nouvel ordre qu'ils veulent créer en Europe. Ils s'engagent à éviter de nouvelles guerres, à détruire le bolchevisme et à mettre fin une fois pour toutes à « l'exploitation ploutocratique afin de favoriser la coopération et la paix entre les peuples d'Europe ». C'est leur réponse à la charte signée par Roosevelt et Churchill le 12 août dernier à Terre-Neuve.

Moment de répit pour Ribbentrop et Hitler dans la « Tanière du loup ».

Hitler remet la Croix de fer à un as de la Luftwaffe. Werners Molders a abattu le nombre record de cent appareils ennemis.

Le froid et les Soviétiques arrêtent les Allemands

Deux soldats de la Wehrmacht tentent en vain de désembourber leur moto.

Leurs véhicules étant inutilisables, les Allemands ont recours aux chevaux.

Le froid cloue sur place l'armée allemande

Moscou, 2 décembre
Une patrouille allemande en moto a pu apercevoir le Kremlin au loin ce matin. La Wehrmacht est aux portes de Moscou, mais, épuisés et transis de froid, les soldats ne sont plus en mesure d'avancer. Trop de temps a été perdu à la suite de la décision d'Adolf Hitler de punir les Yougoslaves. Par ailleurs, l'hiver a rattrapé et cloué sur place l'armée du Reich. Le maréchal von Bock venait, le 2 octobre, de donner les ordres pour lancer ses divisions sur Moscou quand les pluies d'automne ont commencé. Les chemins et les routes se sont vite transformés en bourbiers infranchissables. Puis, quand les premières gelées de l'hiver ont raffermi le terrain, la IVe armée allemande, sous le commandement de von Kluge, a tenté une percée, mais c'était déjà trop tard ; le grand froid s'était abattu sur la Russie. Les hommes de la Wehrmacht ne sont pas équipés pour un tel climat. Il fait - 40 °C. Le froid glacial affecte tout. Les soldats sont figés sur place, les moteurs des blindés et des camions refusent de démarrer, les câbles des gouvernes des avions sont bloqués et les mitailleuses s'enrayent.

Contre-attaque soviétique devant Moscou

Moscou, 6 décembre
Le général Gueorgui Joukov vient de lancer une contre-attaque de grande envergure près de Moscou. Pas moins de cent divisions russes, la plupart venues de Sibérie et très bien équipées contre le froid, sont entrées en action. Les soldats de Staline, revêtus de leurs uniformes blancs qui les dissimulent, disposent d'armes qui ne s'enrayent pas. Elles sont en effet entretenues avec une huile qui résiste au froid. L'Armée rouge aligne ses chars T-34, rapides et efficaces. Dotés d'un canon de 76,2 mm, ils sont redoutés par les soldats de la Wehrmacht. Il n'y a pas que l'équipement de l'armée soviétique qui a surpris les Allemands. Le courage et la ténacité des hommes de troupe les étonnent. Le général Guderian, commandant des Panzer, a écrit à sa femme pour lui dire que « nous avons sous-estimé les Russes, la taille de leur pays et la rudesse du climat ». L'Armée rouge est en train d'infliger aux troupes du Reich leur première grande défaite. Alors que son état-major veut se replier sur des positions plus tenables, Adolf Hitler est fou de rage et traite ses officiers de lâches. Le désaccord subsiste.

Adolf Hitler partage le repas de ses troupes près du front.

Staline a fait revenir les réserves d'Asie pour défendre Moscou. Elles défilent sur la place Rouge avant d'aller au front.

Berlin et Rome déclarent la guerre à l'Amérique

Le chef du Reich s'entretient avec l'ambassadeur du Japon Yosuke Matsuoka.

Roosevelt présente la déclaration de guerre contre l'Allemagne et l'Italie.

Berlin, 11 décembre
L'Allemagne et l'Italie déclarent la guerre aux Etats-Unis trois jours après l'attaque lancée par le Japon contre Pearl Harbor. Au Reichstag, Adolf Hitler a accusé le président Franklin Roosevelt d'être l'esclave « des millionnaires et des Juifs » et d'avoir provoqué la guerre avec le Japon pour occulter l'échec de sa politique économique. Le raid sur Pearl Harbor, a poursuivi Hitler, « nous remplit tous d'une grande satisfaction ». Au moment où Hitler a annoncé qu'il déclarait la guerre aux Etats-Unis, tous les membres du Reichstag ont applaudi. Le *Führer* a longtemps réfléchi avant de prendre sa décision qui découle des efforts qu'il avait déployés pour impliquer le Japon dans le conflit. Hitler avait d'abord poussé Tokyo à s'emparer de tous les territoires britanniques en Extrême-Orient. Puis, après le début de l'opération *Barbarossa*, il a incité le Japon à attaquer la Russie à l'Est. Le 4 avril, il avait promis au ministre des Affaires étrangères du Japon, Matsuoka, que l'Allemagne s'engagerait rapidement dans tout conflit entre le Japon et les Etats-Unis. Il a tenu promesse, même s'il aurait préféré en finir avec l'URSS avant de s'attaquer aux Etats-Unis. Le *Führer* n'apprécie pas la guerre secrète menée par l'US Navy contre ses U-Boote depuis quelques mois. Churchill, pour sa part, est ravi de voir l'Amérique entrer en guerre à ses côtés. Il sait que la puissance de l'économie américaine va être un formidable atout pour la lutte contre le nazisme et le fascisme dans les mois et les années à venir.

Succès militaires du Japon en Asie

Singapour, 13 décembre
Rien ne semble pouvoir arrêter la fulgurante progression des troupes japonaises en Extrême-Orient. Deux cuirassés de la Royal Navy, le *Prince of Wales* et le *Repulse*, ont été coulés par des avions torpilleurs japonais, mercredi dernier. Leurs troupes ont débarqué en Malaisie et foncent en direction de Singapour. Elles ont aussi débarqué aux Philippines, sur l'île de Luzon, et progressent vers Manille. Hong Kong est assiégé. La Thaïlande a autorisé les Japonais à traverser son territoire pour faire route vers la Birmanie. Bornéo est menacé et ils ont pris possession de plusieurs îles du Pacifique Sud. A Berlin, Hitler est toutefois inquiet : « Si le Japon réussissait à envahir l'Australie, cela signifierait que la race blanche pourrait disparaître de cette région du monde. »

Hitler limoge von Brauchitsch et se déclare commandant en chef

Hitler dans la « Tanière du loup » avec von Brauchitsch et le général Halder.

Berlin, 19 décembre
Le *Führer* accepte la démission du commandant en chef de l'armée du Reich, le maréchal von Brauchitsch, pour « raisons de santé ». S'il est malade, il est surtout épuisé par ses efforts pour satisfaire les exigences d'Hitler, qui a formellement interdit à la Wehrmacht de reculer devant l'Armée rouge. Le maréchal sait que ses hommes sont à bout de forces, mais Hitler ne veut rien entendre. Il l'a qualifié en réunion d'état-major d'« idiot vaniteux et lâche ». Après avoir destitué le maréchal, Hitler s'est autoproclamé commandant en chef des armées. Sa première action en tant que tel a été de limoger ou d'envoyer à la retraite les généraux qui ont cédé du terrain à l'ennemi soviétique, même s'ils l'ont fait pour des raisons stratégiques. Le général Guderian et le général Hoepner sont aussi sur la liste de ceux qu'Hitler veut limoger.

1942

De 52 à 53 ans

31 janvier. Le général des SS Franz Stahlecker, commandant des Einsatzgruppen dans les pays Baltes, signale qu'il a déjà fait assassiner 229 052 Juifs.

7 février. Fritz Todt, ministre de l'Armement, meurt dans un accident d'avion. Albert Speer lui succède.

15 février. Reddition des Anglais à Singapour.

20 mars. Goebbels, qui a perdu les bonnes grâces d'Hitler, lui conseille de préparer l'armée à une guerre totale.

18 avril. Choisi par Pétain pour former un nouveau gouvernement, Pierre Laval demande une collaboration plus étroite avec le Reich.

10 juin. Après l'assassinat à Prague de Reinhard Heydrich, les SS anéantissent le village de Lidice. Femmes et enfants sont envoyés dans des camps, et 199 hommes sont exécutés.

11 juin. Himmler exige la déportation de 100 000 Juifs de France vers l'Allemagne.

25 juin. Le général Dwight Eisenhower est nommé commandant en chef des troupes américaines en Europe.

16 juillet. Hitler installe son nouveau QG, le « Loup-garou », à Vinnitsa, en Ukraine.

30 septembre. Hitler se moque du commandement allié qu'il traite de « militairement idiot, mentalement malade et continuellement ivre ».

8 novembre. Débarquement des Alliés en Afrique du Nord, dans le cadre de l'opération *Torch*.

27 novembre. La flotte française se saborde à Toulon pour éviter d'être capturée.

Solution finale : le Führer ordonne

Reinhard Heydrich, l'organisateur.

Heinrich Himmler a des doutes.

Eichmann, responsable du transport.

Berlin, 20 janvier

Reinhard Heydrich a convoqué les plus hauts responsables nazis et SS à la villa Am Grossen Wannsee, à Berlin. Le thème de la réunion est : « la solution finale de la question juive ». Heydrich a précisé que, par là, il entendait l'extermination des onze millions de Juifs d'Europe. Il inclut dans ce chiffre les quelque 330 000 Juifs de Grande-Bretagne et les Juifs qui vivent dans des pays neutres comme la Suède. Il a alors énuméré les mesures qui ont déjà été prises « avec l'accord du *Führer* », comme par exemple l'exclusion des Juifs de la société allemande et leur expulsion vers l'Est. Ils y seront mis au travail forcé pour la construction des routes. « Beaucoup d'entre eux en mourront et il faudra s'occuper de façon appropriée des survivants, quand les travaux seront achevés. » La discussion a alors porté sur les moyens d'appliquer cette « solution finale ». En vérité, l'extermination des Juifs est déjà pratiquée. Les SS et le groupe A de la Wehrmacht ont abattu ou tué par des gaz toxiques plus de 136 000 Juifs en novembre dernier. D'autres groupes en ont tué près de 200 000, dont plus de la moitié en Crimée. Pour Heydrich, il faut trouver un moyen plus efficace. Le mot « liquidation » n'a pas été prononcé une seule fois mais chacun des participants à la réunion savait ce que signifiaient des expressions telles que « solution finale » ou « traitement spécial ». Himmler s'est montré réservé. Eichmann se chargera du transport des Juifs.

l'anéantissement total de tous les Juifs d'Europe

Aucun moyen de s'évader pour les Juifs transportés vers les camps de la mort.

A Auschwitz, « le travail rend libre ».

Berlin, 30 janvier

Hitler s'est bien gardé d'ordonner par écrit l'extermination des Juifs, mais les leaders nazis transmettent de bouche à oreille ce qu'ils ont déjà baptisé « l'ordre du *Führer* pour la solution finale ». Dans un discours, prononcé au palais des Sports où ses partisans étaient réunis pour fêter l'anniversaire de son accession au pouvoir, Hitler a été parfaitement clair sur ses intentions. « Ce conflit conduira à l'anéantissement de tous les Juifs. » Les préparatifs pour la « solution finale » ont été accélérés. Eichmann et ses équipes font arrêter des communautés entières de Juifs un peu partout en Europe. Entassés dans des wagons, ils sont transportés dans des conditions effroyables vers des camps, et beaucoup sont déjà morts avant d'y arriver. De nouveaux camps sont construits à des endroits isolés, notamment près de la frontière germano-polonaise. Les Juifs considérés comme inaptes au travail y sont exterminés avec du gaz Zyklon B. Des fours crématoires sont en cours de construction près des chambres à gaz. Les bourreaux ont reçu l'ordre d'enlever les dents en or des condamnés, leurs lunettes, leurs cheveux et leurs vêtements qui seront recyclés. Himmler surveille ces ignobles opérations. Il a failli s'évanouir quand il fut éclaboussé par le sang de victimes exécutées devant lui. En proclamant ce matin que « la graine juive sera anéantie de la surface du globe », Hitler a ouvert la voie à l'extermination de tout un peuple.

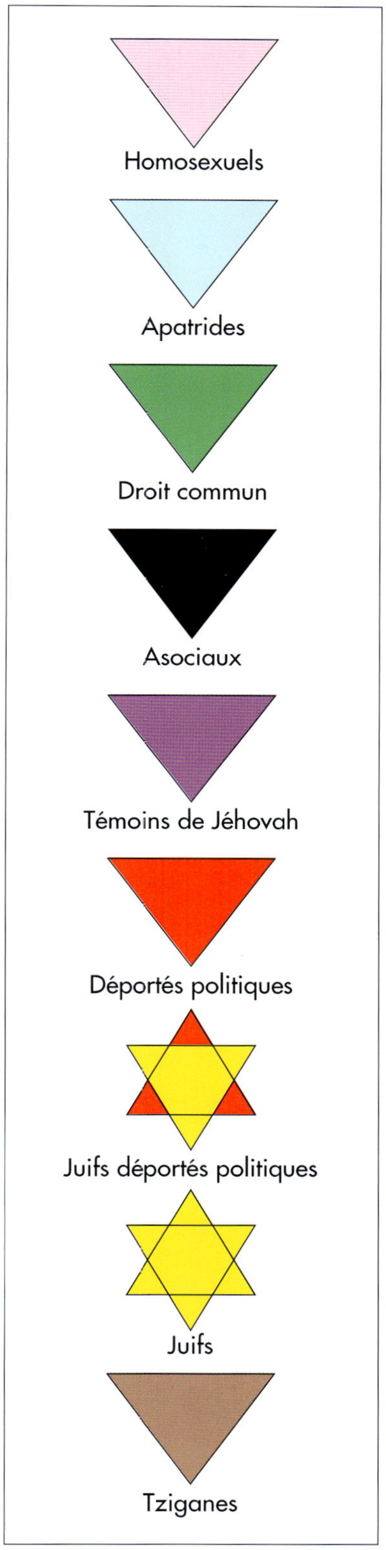

L'identification des déportés : rose pour les homosexuels, bleu pour les apatrides, vert pour les criminels, noir pour les « asociaux », violet pour les pacifistes, brun pour les Tsiganes et rouge pour les « délinquants » politiques. Les Juifs doivent pour leur part porter une étoile de David jaune.

Dans des conditions effroyables, les malheureux sont entassés dans des wagons ; certains seront morts avant d'arriver.

Martin Bormann accumule les pouvoirs

L'éminence grise du régime nazi.

Berlin, 16 janvier
Bormann, cet ancien bagarreur du *Freikorps*, est maintenant devenu un des hommes les plus puissants du régime nazi. Nommé à la tête de la chancellerie, à la suite de la fuite en Angleterre de Rudolf Hess, il a bien appris à maîtriser la bureaucratie nazie. Il vient de faire diffuser une directive destinée à expliquer par le menu détail son rôle exact dans la hiérarchie. Il en ressort qu'il a, peu à peu, accumulé de vastes pouvoirs. Il contrôle tout accès au *Führer*, il est responsable de Berchtesgaden et il a même un droit de regard sur le train de vie des chefs du Parti nazi. Il gère en plus les finances privées d'Adolf Hitler. Martin Bormann est un personnage grossier et brutal que personne n'ose contrarier.

Adolf Hitler se proclame le maître absolu

Berlin, 26 avril
Les traits tendus et hagard, Hitler est apparu à la tribune du Reichstag pour annoncer qu'il s'accordait le pouvoir absolu, y compris celui de vie ou de mort sur chaque citoyen allemand. Il a en même temps aboli par décret toutes les lois susceptibles d'entraver ses pouvoirs. Un texte lu au Parlement et aussitôt approuvé proclame le *Führer* chef de la nation, commandant suprême des forces armées, chef des pouvoirs exécutif et législatif, chef du gouvernement et chef du parti nazi. En tant que tel, poursuit le texte, Adolf Hitler doit donc disposer de « tous les moyens pour contraindre chaque Allemand, du simple soldat au fonctionnaire le plus élevé, à accomplir son devoir ». Le *Führer* affirme avoir surmonté un « péril unique dans l'Histoire » et évité un désastre sur le front Est. Il a fait état d'exemples de manque de sens du devoir et de déobéissance. Il a alors fortement haussé le ton pour dire qu'il éliminerait tous ceux qui ne rempliraient pas leur devoir. Comparant ensuite la situation des forces allemandes à celle de l'armée de Napoléon en 1812, il a déclaré : « Nous avons maîtrisé une situation qui fut fatale à Napoléon. » Cette fois, le discours d'Hitler n'a pas été acclamé avec la frénésie habituelle. Goebbels a même fait remarquer qu'Hitler, qui a avoué s'être senti mal, est marqué par les « terribles efforts physiques et intellectuels » qui lui ont été demandés au cours des six ou sept derniers mois de la campagne de Russie.

Un commando assassine Heydrich à Prague

Prague, 4 juin
Heydrich, l'artisan de la « solution finale », n'a survécu que huit jours à ses blessures. Le commissaire du Reich pour la Bohême et la Moravie a été la victime d'un attentat à Prague commis par un commando de deux jeunes résistants tchèques, parachutés par un appareil anglais. Heydrich a été touché à la rate par plusieurs éclats de grenade. Il était surnommé le « Boucher de Prague » en raison des centaines de Tchèques qu'il a fait fusiller. Des SS et des agents de la Gestapo ont lancé une chasse à l'homme dans la capitale pour tenter de retrouver les deux résistants.

Un des nazis les plus redoutés.

A la chancellerie, Hitler salue le cercueil d'Heydrich, le « Boucher de Prague ».

Mille bombardiers de la RAF sur Cologne

Cologne, 31 mai
Un véritable déluge de feu s'est abattu sur Cologne la nuit dernière. Le maréchal Arthur Harris a envoyé 1 047 bombardiers de la RAF sur la ville. En un peu plus d'une heure, 1 455 tonnes de bombes incendiaires ont été larguées sur Cologne. Près de cinq cents personnes sont tuées, 3 300 immeubles détruits et 2 500 incendies font encore rage, suite à ce raid aérien d'une ampleur sans précédent. La DCA allemande n'a réussi à abattre que 41 bombardiers. L'opération avait été planifiée par Arthur Harris pour détruire ce vaste centre industriel, mais aussi dans le but de démontrer la force de frappe de la RAF et sa capacité à atteindre le cœur du Reich. Hitler est entré en rage quand il a été informé de ce qu'il reste de Cologne après le raid et en rend Goering responsable. Ce dernier s'était vanté récemment qu'aucun avion ennemi ne réussirait à passer et à bombarder une ville du Reich. L'état-major de la Luftwaffe prétend que les Britanniques n'ont envoyé que deux cents avions, mais Adolf Hitler a accusé les officiers supérieurs de lui mentir. Il les a traités d'incapables, ajoutant que tous les pilotes allemands étaient endormis au moment du raid.

Le chef d'état-major le considère fanatique

Vinnitsa, 22 septembre
Venu superviser les offensives dans le Caucase et contre Stalingrad, le *Führer* a limogé le chef d'état-major de l'armée de terre, le général Franz Halder, qu'il a accusé de lâcheté. Halder avait osé affirmer à Hitler que les divisions allemandes, déjà engagées dans le Caucase, n'étaient pas en mesure de contenir celles que les Soviétiques devaient lancer dans la bataille de Stalingrad. Il avait aussi ajouté que le général Friedrich Paulus, à la tête de la VIe armée, était déjà menacé sur son flanc nord. Hitler est resté insensible à cette mise en garde et lui a lancé : « Vous êtes un général de la vieille école, vous manquez d'ardeur nazie. » Le général Halder est convaincu que leur chef est « un fanatique ».

Le général Friedrich Paulus.

Montgomery l'emporte sur Erwin Rommel

Afrique du Nord, 3 novembre
Le Renard du désert bat en retraite. Erwin Rommel a ordonné hier à ses troupes un nouveau retrait devant l'offensive lancée par les hommes du général Montgomery. Adolf Hitler veut toujours tenir El-Alamein, mais il est trop tard. Monty sait que son adversaire est à sa merci. Rommel manque de chars et il est à court de carburant. Malgré l'ordre d'Hitler de ne céder un mètre de terrain en aucun cas, Rommel reconnaît que la contre-attaque qu'il a lancée hier soir a échoué. Il ne lui reste plus que 30 chars pour faire face aux 600 des Britanniques. Ses hommes sont exténués après onze jours de combats acharnés. Erwin Rommel a décidé de décrocher et il laisse le champ libre à Montgomery.

Le Renard du désert a été battu.

Il menace d'utiliser des armes nouvelles

Munich, 8 novembre
Ce soir, Adolf Hitler s'est montré combatif lors du discours prononcé à l'occasion de l'anniversaire du putsch manqué de 1923. Il a d'abord affirmé que Stalingrad était tombé, « à l'exception de quelques toutes petites parties de la ville ». Puis il a fait état d'armes secrètes qui vont « stupéfier les Alliés ». Dans le passé les divisions allemandes « se sont toujours arrêtées à midi, mais moi j'ai pour principe de ne m'arrêter qu'à 13 heures ».

Le chancelier oublie peut-être ses soucis en jouant avec son chien, Blondi.

Les forces de l'Axe dans le sud de la France

Le Führer reçoit Pierre Laval, Ciano et Hermann Goering à son QG.

France, 11 novembre
Les troupes d'Allemagne et d'Italie occupent la zone sud. L'opération a été déclenchée par Hitler après que le chef du gouvernement de Vichy, Pierre Laval, eut refusé de laisser les Allemands occuper la Tunisie. Dans une lettre au maréchal Pétain, Hitler justifie son action par la nécessité de protéger le sud de la France d'une possible invasion des Alliés, après leur débarquement en Afrique du Nord. Le territoire régi jusqu'ici par Vichy est donc occupé par l'Axe, à l'exception d'une minuscule enclave autour de Toulon. Pétain a protesté contre cette violation de l'armistice, mais en vain.

L'Armée rouge contre-attaque à Stalingrad

Rastenburg, 22 novembre
Les troupes soviétiques ont réussi à refermer leur cercle d'acier et de feu autour de Stalingrad. La tentative allemande de conquérir la ville est un échec. La VIe armée commandée par Paulus, qui compte encore près de 270 000 hommes, est encerclée par les Soviétiques. Il est bien trop tard pour tenter de s'échapper vers l'ouest. Paulus a informé Hitler de sa situation désespérée et a ajouté : « Il est vital d'évacuer nos hommes de Stalingrad. » Hitler a ordonné à Paulus de tenir ses positions et de combattre jusqu'au bout, tout en lui promettant de faire ce qu'il pourra pour le ravitailler en carburant et en munitions. Mais Hitler ne lui a pas précisé comment.

1943

De 53 à 54 ans

Janvier. En Italie, Ciano quitte les Affaires étrangères et devient ambassadeur auprès du Vatican. Hitler craint qu'il ne négocie une paix séparée.

14 janvier. Sommet Roosevelt-Churchill à Casablanca.

29 janvier. Ernst Kaltenbrunner remplace Heydrich à la tête du RHSA, qui contrôle les SS et les camps de la mort.

19 avril. Himmler fait réprimer dans le sang une révolte de Juifs dans le ghetto de Varsovie.

12 mai. Triomphe pour les Alliés en Afrique du Nord.

24 mai. Josef Mengele est le médecin attitré d'Auschwitz.

10 juillet. 150 000 soldats alliés débarquent en Sicile.

14 juillet. Les Panzer sont écrasés par l'Armée rouge dans la bataille de Koursk.

26 juillet. Gustav Krupp est terrassé par une crise cardiaque quand il voit son usine dévastée par un raid de la RAF.

1er août. Goebbels demande aux Berlinois qui ne sont pas employés dans les industries de guerre de quitter la ville.

24 août. Himmler est nommé ministre de l'Intérieur.

4 octobre. Les Forces françaises libres libèrent la Corse.

6 octobre. Les agents de Goebbels pillent les trésors artistiques de Rome.

9 novembre. A Munich, Hitler demande au peuple allemand de ne pas perdre confiance.

31 décembre. La Résistance accentue la bataille du rail : plus de 200 sabotages ont eu lieu au cours de ce mois.

La VIe armée allemande de Paulus a capitulé à Stalingrad

Prisonnier, le maréchal Paulus est conduit vers son lieu de détention.

Stalingrad, 31 janvier
Jamais un maréchal de l'armée du Reich n'avait capitulé dans de telles circonstances, en rase campagne. C'est pourtant ce que vient de faire Paulus. Hitler lui avait recommandé le suicide plutôt que la honte d'une reddition, mais Paulus avait refusé. Le *Führer* avait également souligné qu'aucun maréchal du Reich n'avait jamais été capturé par l'ennemi et Hitler est furieux contre ce jeune maréchal. Pour capituler, Paulus a dû se rendre dans le faubourg de Beketovka. Là, dans une modeste ferme, il a signé l'acte de reddition sous le regard de son adversaire, le général Choumilov. C'est un vrai désastre pour l'Allemagne. Au total, plus de 91 000 soldats du Reich et 24 généraux sont faits prisonniers. C'est ce qu'il reste aujourd'hui des 270 000 hommes envoyés, il y a deux mois, à Stalingrad. Adolf Hitler est le responsable de cette catastrophe qui porte un rude coup au mythe de l'invincibilité de l'armée allemande. L'initiative est maintenant passée dans le camp des Alliés.

Les tentatives d'assassinat contre le Führer se sont multipliées

Berlin, 21 mars
Les forces antinazies commencent à se mobiliser en Allemagne et à sortir de l'ombre. Pour la deuxième fois en un mois, Adolf Hitler a échappé à une tentative d'assassinat. Il a eu la vie sauve parce qu'il a écourté une inspection de diverses armes saisies à des Soviétiques. Le colonel von Gorsdorff a voulu tuer Hitler en se faisant sauter à proximité de lui. L'officier avait mis des bombes dans les poches de son pardessus, mais le *Führer* n'est pas venu au rendez-vous. Il y a huit jours, le général von Tresckow et Fabian von Schlabrendorff ont réussi à placer une bombe à bord de l'avion d'Adolf Hitler en la dissimulant dans deux bouteilles de cognac, mais le système de mise à feu n'a pas fonctionné. Ce sont principalement les jeunes officiers qui veulent se débarrasser d'Hitler avant qu'il ne conduise le pays à la ruine. Ils ne sont pas les seuls. Un nombre de plus en plus important d'Allemands s'inquiète de l'avenir. L'amiral Canaris, le chef du contre-espionnage, l'Abwehr, protège des antinazis tels que le colonel Hans Oster. Des civils sont aussi prêts à mourir pour faire tomber Hitler, des personnalités tels le père Dietrich Bonhoffer ou le comte von Moltke. Il y a également le cas tragique de deux étudiants, Hans Scholl et sa sœur Sophie, qui ont été torturés et décapités par la Gestapo. Hans, un étudiant en médecine de 25 ans, et Sophie, une étudiante en biologie de 21 ans, avaient fondé à Munich la Rose blanche, un groupe antinazi. Ils ont été encouragés par un de leurs professeurs, Kurt Huber. Le 19 février, leur concierge les a vus distribuer des tracts antinazis et les a dénoncés aux autorités. Arrêtés, le professeur Huber et les deux jeunes gens ont été condamnés à mort par le sanguinaire président de la Cour du peuple, Roland Freisler.

Hans Scholl a fondé la Rose blanche.

Sophie, cofondatrice du groupe.

Hitler rencontre un Mussolini découragé

Les dictateurs réunis à Salzbourg.

Salzbourg, 11 avril
Mussolini a 59 ans. Il achève quatre jours d'entretiens avec Adolf Hitler. Son aspect est celui d'un vieillard, il est voûté et son visage est devenu gris. Mussolini est très affecté par les revers subis par ses troupes en Afrique. Le *Duce* était à Salzbourg pour tenter de convaincre Hitler de faire la paix avec l'Union soviétique au nom de l'Axe. Il estime en effet que l'Axe devrait consacrer toutes ses forces à repousser une invasion alliée à l'Ouest. Mais le *Führer* n'a pas voulu en entendre parler. Il a évoqué les nouvelles armes secrètes du Reich, les *Vergeltungswaffen*, les armes de représailles. Adolf Hitler a passé des heures à dire à Mussolini qu'il ne fallait pas perdre courage, qu'il devait absolument tenir bon.

Le dictateur italien est renversé et arrêté

Rome, 25 juillet
Tout est fini pour Mussolini. Le roi Victor-Emmanuel III renvoie celui qui a plongé l'Italie dans une guerre désastreuse. Le 19, Mussolini avait rencontré le *Führer* à Feltre, dans le nord, mais Hitler n'a pas réussi à le galvaniser. Un peu après, le Grand Conseil fasciste a voté le retour à la monarchie. Le roi vient de lui dire : « Mon cher *Duce*, mes soldats ne veulent plus se battre. Aujourd'hui, vous êtes l'homme le plus détesté en Italie. » Benito Mussolini a alors été conduit vers la caserne de la police militaire où il est détenu sous bonne garde. Le maréchal Pietro Badoglio, un homme détesté par Adolf Hitler, a été nommé chef du gouvernement italien.

Il supporte la pression de plus en plus mal

Rastenburg, 9 septembre
Hitler a toujours détesté entendre de mauvaises nouvelles. Lorsqu'il a été informé de la signature secrète d'un armistice entre l'Italie et les Alliés, le *Führer* est entré dans un état de rage incontrôlable. Il paraît plus âgé que ses 53 ans et ses tics nerveux se sont aggravés. Il a de plus en plus de mal à supporter la pression de sa charge. Le Dr Morell lui prescrit des cachets pour tenter de contrôler les tremblements de sa jambe et de son bras gauches. Autour de lui, certains pensent qu'il pourrait être atteint de la maladie de Parkinson. D'ailleurs, le médecin ne lui donne pas que des cachets. Chaque jour, il lui fait des piqûres qui sont en fait un véritable cocktail de vingt-huit médicaments. Hitler prend souvent les « pilules antiflatulences du Dr Koester », à base de strychnine et de belladone ! Josef Goebbels note qu'Hitler « ne prend jamais l'air, il ne se détend jamais. Il passe tout son temps assis dans son bunker à se tracasser et à réfléchir. Sa manière de travailler et l'atmosphère de l'état-major lui sont très néfastes ».

Il a les traits marqués par la tension.

Série noire pour les dirigeants de l'Axe

A Koursk, les Panzer ont perdu la plus grande bataille de chars de la guerre.

Rastenburg, 3 septembre
L'annonce du débarquement allié en Calabre est le dernier désastre d'une année qui aura été plus que pénible pour les maîtres de l'Axe. Adolf Hitler sait que la chute du *Duce* et la victoire alliée en Afrique du Nord vont entraîner le retrait de l'Italie de l'Axe. Mais il a bien d'autres problèmes : à Stalingrad, le mythe de l'invincibilité de l'armée du Reich est bel et bien mort. Ses troupes ont aussi été défaites à El-Alamein. Les blindés allemands ont de plus subi un terrible revers dans la bataille de Koursk, en Russie. En juillet dernier, dans le message lu à toutes les unités, avant la bataille de Koursk, Hitler leur avait dit : « Votre victoire convaincra le monde entier que toute résistance à l'armée du Reich est finalement vaine. » Cela n'a pas empêché les Panzer d'être mis en déroute par l'Armée rouge. De leur côté, la RAF et l'US Air Force ne cessent de bombarder les villes allemandes. Le 31 juillet, les appareils alliés ont largué plus de 8 000 tonnes de bombes rien que sur Hambourg. Les avions de l'USAF occupent le ciel allemand. L'amiral Karl Dönitz a dû rappeler ses sous-marins de l'Atlantique nord après en avoir perdu 37 au mois de juillet. Le Reich est désespérément à court de matières premières, alors que les Etats-Unis livrent des millions de tonnes de carburant, d'armes et de munitions aux troupes alliées. Parmi les plus proches conseillers d'Hitler, rares sont ceux qui croient encore à la victoire. Goering a même confié à sa femme : « Nous avons perdu, mais il refuse d'admettre la réalité. »

Le chancelier s'intéresse aux nouvelles armes que lui présente Speer.

Ses commandos ont réussi la mission impossible

Gran Sasso, 12 septembre
Le commando allemand dirigé par le capitaine Otto Skorzeny des SS a gagné le pari. Hitler avait demandé à cet officier de tenter de libérer Benito Mussolini, détenu dans un hôtel perché à plus de 2 000 m dans le massif du Gran Sasso, dans les Abruzzes. Skorzeny et ses hommes ont réussi à poser leurs planeurs tout près de l'hôtel. Ils ont neutralisé les gardes sans qu'un coup feu ne soit tiré. Skorzeny s'est alors placé au garde-à-vous devant Mussolini et lui a dit : « *Duce,* le *Führer* m'a envoyé pour vous libérer ! » Un petit avion de reconnaissance a réussi à se poser sur une bande de terrain. Mussolini est monté à bord et l'appareil s'est lancé dans le vide pour prendre de la vitesse. A Practica di Mare, un autre avion a transféré Mussolini à Vienne où Hitler l'attendait.

Benito Mussolini, suivi de Skorzeny, va monter à bord du petit avion Storch.

La première rencontre entre Adolf Hitler et Mussolini après la libération de l'ancien dirigeant italien.

Mussolini n'est plus que le pantin d'Hitler

Gargnano, 18 septembre
C'est à contre-cœur que Mussolini est rentré en Italie où il a proclamé la République fasciste italienne. Il n'est plus que l'ombre de lui-même, le pantin d'Hitler, un dictateur sans pouvoirs et sans même la volonté de gouverner. Il est surveillé de près par des unités d'élite des SS et ne fait que ce que lui dit Hitler. Les partisans ont déjà commencé à les attaquer. Même l'arrivée de Clara Petacci, sa maîtresse qu'Hitler a fait venir, ne semble pas le dérider.

Il a même dû livrer son gendre à Hitler

Vérone, 30 novembre
Benito Mussolini a dû livrer son gendre, le comte Galeazzo Ciano, ex-ministre des Affaires étrangères, aux Allemands. Le comte avait voté contre Mussolini à la réunion du Grand Conseil fasciste qui avait sonné le glas du régime. Ce dernier s'est depuis réconcilié avec Ciano, mais Adolf Hitler veut punir ceux qui se sont opposés au dirigeant fasciste. Le comte Ciano doit être exécuté, malgré l'intervention en sa faveur de Mussolini.

Le comte Galeazzo Ciano et Adolf Hitler, qui a décidé de le faire exécuter.

Un raid de la RAF qui lui aura sauvé la vie

Berlin, 20 novembre
Une nouvelle tentative d'assassinat d'Hitler, organisée par des officiers de l'armée, a échoué à cause d'un raid aérien de la RAF. Le capitaine Axel von dem Bussche avait en effet prévu de tuer Adolf Hitler au cours d'une démonstration d'un nouveau type de pardessus. Il devait placer des explosifs dans les poches d'un des vêtements et les faire sauter au moment où le *Führer* serait à côté de lui. Hélas, le soir qui précédait la démonstration, une bombe anglaise a touché le magasin qu'Hitler devait visiter. Il ne reste rien des fameux pardessus et le chancelier ne s'est pas rendu au magasin, qui n'existe plus. Une fois de plus, il échappe de justesse à un attentat.

Colère à Londres : Oswald Mosley est libre

Londres, 20 novembre
La libération d'Oswald Mosley, sur décision du ministre de l'Intérieur Herbert Morrison, a suscité un tollé de protestations au Royaume-Uni. Sir Oswald, l'ancien chef du Parti fasciste anglais, est sorti de prison ce matin pour raisons de santé. Il était détenu depuis 1940, dans des conditions pas trop désagréables. Sa femme était en effet logée dans un appartement à l'intérieur même de la prison. Mosley souffre de phlébite et les médecins qui l'ont examiné ont décidé que le séjour en prison présentait un risque pour sa santé. Furieux de cette décision, un député travailliste a comparé la libération du leader fasciste britannique à celle d'Adolf Hitler par le gouvernement de Weimar. Mosley a été assigné à résidence surveillée en province.

Il se prend pour le Führer anglais.

Les Alliés décident de libérer la France

Téhéran, 1er décembre
Joseph Staline a quitté l'URSS pour la première fois pour rencontrer à Téhéran Churchill et Roosevelt. Ils ont discuté pendant quatre jours des moyens de vaincre l'Allemagne et le Japon. Le maître du Kremlin a été heureux d'apprendre que Roosevelt et Churchill préparent l'invasion de la France à partir de la Manche soit au printemps, soit à l'été prochain. Staline sait que l'invasion ouvrira le second front qu'il réclame depuis que les Allemands ont envahi son pays. Staline a promis de s'engager dans la guerre contre le Japon après la défaite du Reich. Le seul moment de tension est apparu quand Staline a proposé de tuer 50 000 offficiers du Reich. Il a choqué Churchill.

Himmler menace les comploteurs

Berlin, 15 décembre
L'amiral Wilhelm Canaris, le chef de l'Abwehr, est dans une position fort délicate. Il a en effet protégé certains qui cherchent à renverser, voire à assassiner, Hitler. De plus, Himmler, qui a toujours été jaloux de Canaris, le surveille de près. Le 5 avril dernier, Hans von Dohnanyi, le Dr Josef Mueller et Dietrich Boenhoffer, tous trois des antinazis ayant des liens avec l'Abwehr, sont tombés aux mains de la Gestapo. Le général Hans Oster, l'assistant de Canaris et un des comploteurs, vient de démissionner. Il a été placé aux arrêts. L'amiral Canaris sait qu'il lui faut redoubler de prudence.

Canaris, chef du contre-espionnage.

Le Reich n'enregistre que des revers

Ils étaient amis, mais Hitler en veut à Goering pour l'échec de la Luftwaffe.

Les lourdes pertes subies par la marine ont coûté son poste à l'amiral Raeder.

Rastenburg, 28 décembre
Tristes fêtes de Noël pour Hitler. La situation semble s'aggraver de jour en jour pour le Reich. Il y a deux jours, le *Scharnhorst*, un croiseur de 31 800 t, a été coulé au large de la Norvège par le cuirassé *Duke of York*. Aujourd'hui, des bâtiments de la Royal Navy ont coulé trois grands destroyers allemands dans le golfe de Gascogne. Ces sérieux revers ont sapé la confiance qu'avait Hitler en sa marine, une arme qui coûte cher au Reich, en hommes et en matériel. Adolf Hitler a d'ores et déjà limogé l'amiral Raeder et il envisagerait de dissoudre la marine de surface, ne gardant que les U-Boote. Mais les sous-marins ont du mal à survivre aux dernières technologies mises en œuvre pour les traquer. De plus en plus d'U-Boote sont coulés dans les eaux de l'Atlantique. Ils sont chassés par les avions et les destroyers de la Royal Navy et de l'US Navy. Les villes et les usines allemandes sont pilonnées nuit et jour par la RAF et l'USAF. Hitler ne pardonne pas à la Luftwaffe son incapacité à faire face à ces raids. Goering est mis en cause directement. La Lufwaffe n'a plus le contrôle du ciel et ses avions ne sont plus les meilleurs. La RAF dispose du bombardier Mosquito et les forteresses volantes américaines sont escortées maintenant par des chasseurs Mustang. Si Hitler n'avait pas retardé la mise en service de son premier avion de combat à réaction, la situation aurait été différente.

Martin Bormann fait des jaloux à Berlin

Berlin, 27 décembre
Martin Bormann, qui se fait passer pour le secrétaire d'Hitler, ce qui ne manque pas d'irriter ses collègues au sein de la bureaucratie nazie, est peu à peu devenu l'interprète des volontés du *Führer*. C'est lui qui contrôle l'accès à son maître et il passe désormais son temps à l'état-major. Bormann est l'homme qui a le plus de contacts avec le *Führer*. Il prend note de tout ce que dit le chancelier, même si ses propos sont devenus très souvent incohérents. Ces déclarations sont alors revues par Bormann qui les fait présenter comme des directives d'Hitler.

1944

De 54 à 55 ans

11 janvier. Le comte Ciano, le gendre de Mussolini, est fusillé à la prison de Vérone.

27 janvier. L'Armée rouge libère Leningrad. Le siège aura duré 872 jours et fait plus d'un million de morts.

18 février. Hitler ordonne la dissolution de l'Abwehr.

1er mars. Rommel fait renforcer le mur de l'Atlantique en Normandie.

30 mars. Hitler limoge les maréchaux von Manstein et von Kleist à la suite de défaites en Ukraine.

4 juin. Les troupes américaines entrent dans Rome.

13 juin. Les Allemands lancent leurs premières bombes volantes V1 sur l'Angleterre.

29 juin. A Berchtesgaden, Hitler ne permet pas à ses généraux de lui exposer la situation sur le front de l'Ouest. Il leur promet plus d'armes secrètes et d'avions à réaction.

1er juillet. Hitler limoge von Rundstedt, commandant des forces du front Ouest, après que celui-ci eut recommandé un accord de paix.

22 juillet. Goebbels est nommé ministre plénipotentiaire à la Guerre totale.

8 août. Le maréchal Erwin von Witzleben et sept autres officiers sont pendus pour avoir tenté d'assassiner Hitler.

8 septembre. Les premières fusées V2 tombent sur Paris et Londres.

20 novembre. Hitler quitte la « Tanière du loup » alors que l'Armée rouge approche de Rastenburg.

Le comte von Moltke a été arrêté

Berlin, 20 janvier
Le comte Helmuth von Moltke, issu d'une grande famille de militaires, vient d'être arrêté pour trahison par la Gestapo. Cet aristocrate, qui est un conseiller juridique au sein de l'Abwehr, dirige le groupe antinazi Kreisau, du nom de la propriété du comte. Helmuth von Moltke et ses camarades du groupe sont opposés à la violence, bien qu'ils soient restés en contact avec les jeunes officiers cherchant à assassiner Hitler. Von Moltke et ses amis sont de tendance sociale-chrétienne. « Pour nous, dit-il, l'Europe après la guerre dépendra de la façon dont nos concitoyens apprendront à recréer une image de l'humanité. » Dénoncé à la Gestapo par un informateur, le comte a été arrêté. Cela porte un coup dur au mouvement antinazi.

Pleins pouvoirs pour Goebbels à Berlin

Celui qui fut l'artisan de la « guerre totale » dispose d'un pouvoir absolu.

Berlin, 7 avril
Pour tenter de sauver Berlin du chaos qui menace, Hitler a nommé Goebbels *Stadtspräsident*. Il dispose d'un pouvoir absolu dans la ville. Une loi d'exception lui donne toutes les compétences administratives et juridiques. La police, les autorités militaires, les pompiers ainsi que les services d'ambulances sont sous ses ordres. Il contrôle aussi les secours et le ravitaillement et il peut faire fusiller les pilleurs.

La RAF n'oublie pas l'anniversaire d'Hitler

Berchtesgaden, 20 avril
Hitler a quitté la « Tanière du loup » pour fêter son 55e anniversaire à Berchtesgaden. Le *Führer* a reçu une charmante carte de vœux d'Eva Braun, qui est ravie de le voir, et des messages de félicitations de la part de Goering, Himmler, Goebbels et de l'ensemble de la hiérarchie nazie. Bormann a organisé une fête où ses tartes préférées ont été servies. Au château voisin de Klesheim, Hitler a pu voir manœuvrer deux nouveaux chars performants. Même la RAF a insisté pour fêter son anniversaire. 4 500 tonnes de bombes, un record, ont été larguées sur l'Allemagne en un jour. Les pilotes anglais avaient écrit à la craie « Happy Birthday Adolf » sur beaucoup d'entre elles.

Tous les centres industriels allemands sont bombardés jour et nuit.

Les pilotes évadés ont été fusillés

Dresde, 19 mai
Ce ne sera qu'un crime de guerre de plus pour le Reich. La Gestapo a fusillé cinquante aviateurs alliés qui avaient réussi à s'échapper, en mars dernier, du camp de prisonniers de Sagan, en Silésie. Trois des évadés ont réussi à rejoindre l'Angleterre. Mais les autres ont été repris. Sur ordre du *Führer*, ils ont été livrés à la Gestapo alors que la convention de Genève exige qu'ils soient remis à la Luftwaffe. Après que cinquante eurent été fusillés, vingt autres ont été renvoyés au camp pour raconter le massacre. Hitler a donné l'ordre d'exécution à Himmler. Les pilotes s'étaient évadés du stalag Luft III par un tunnel qu'ils avaient creusé jusqu'au-delà des barbelés.

Jour J : le plus grand débarquement de l'Histoire

Au large de la côte normande, un destroyer de l'US Navy lance des grenades sous-marines pour écarter les éventuels U-Boote allemands de l'armada alliée.

Normandie, 6 juin
L'opération *Overlord*, le nom de code donné au débarquement allié en Normandie, est un succès. Plus de 6 000 bâtiments ont traversé la Manche par une nuit de grand vent et sous une pluie battante. Ils ont navigué sur un front large de 80 km. Ils transportaient 185 000 hommes et 20 000 véhicules. Le plus grand débarquement de l'histoire débutait. A l'aube, trois divisions aéroportées ont été parachutées ou sont arrivées à bord de planeurs. Leur mission était de contrôler certains ponts et de neutraliser l'artillerie et la DCA de l'ennemi. A 6 h 31 très précises, alors que la flotte bombardait les positions allemandes tout au long de la côte, les premiers hommes ont débarqué sur les plages. Certains se sont heurtés à un tir nourri, alors que d'autres ont pris les Allemands par surprise. Les combats les plus acharnés se sont déroulés à Omaha Beach, non loin de Saint-Laurent. Là, les hommes de la 1re division d'infanterie de l'US Army ont été bloqués au pied d'une falaise et sous des tirs allemands nourris pendant deux terribles heures. Il ont enfin réussi à créer une tête de pont, mais au prix de lourdes pertes. A Utah Beach, plus à l'ouest, les GI ont eu beaucoup moins de mal à avancer. A l'est, les divisions canadiennes et britanniques, ainsi qu'une unité de commandos français, ont réussi à prendre position sur Gold Beach, June Beach et Sword Beach. Bien que tous les objectifs des Alliés n'aient pas été réalisés le premier jour, il n'en reste pas moins que des dizaines de milliers de soldats alliés ont dépassé le mur de l'Atlantique qu'Hitler pensait infranchissable. Ce n'est qu'à 15 h que le *Führer* a été informé du débarquement, car il avait passé une grande partie de la nuit à discuter et ne s'était couché qu'à l'aube. Nul n'a osé le réveiller et nul n'a osé lancer les Panzer de von Rundstedt dans la bataille sans l'aval d'Hitler. Quant à Rommel, il était allé rendre visite à sa femme. A 16 h 55, Adolf Hitler a décrété : « Il faut nettoyer les têtes de pont avant ce soir. »

Le maréchal Gerd von Rundstedt.

Rommel était allé voir sa femme.

Adolf Hitler blessé mais vivant après un attentat

Hermann Goering constate l'étendue des dégâts dans la salle des cartes de la « Tanière du loup » après la déflagration.

Le colonel comte von Stauffenberg s'est retourné contre Hitler en raison des atrocités commises par les SS.

Rastenburg, 20 juillet
Adolf Hitler a échappé de justesse à un grave attentat dans la salle des cartes de la « Tanière du loup », son camp retranché situé au fond d'une forêt de Prusse-Orientale. Le chef des nazis écoutait un rapport sur la situation sur le front russe quand une violente déflagration a dévasté toute la salle. A quelques centaines de mètres de là, le colonel Claus von Stauffenberg a jeté un coup d'œil à sa montre : 12 h 42. Il repartait pour Berlin après avoir quitté le *Führer*. Il pensait pouvoir se féliciter d'une mission bien remplie. La mort du dictateur ne pouvait laisser aucun doute. Mais le jeune colonel, officier de 37 ans revenu avec un œil et une main en moins de ses campagnes en Afrique du Nord, a vite déchanté. Hitler était vivant. C'est à Berlin, où les comploteurs s'étaient retrouvés après l'explosion, qu'ils ont appris que l'attentat avait échoué. Hitler est blessé, notamment au bras droit, au dos et aux tympans mais, hélas ! il est toujours bien vivant. Le souffle de l'explosion a mis son pantalon en lambeaux. C'est un pur hasard si le chancelier a survécu à cet attentat. La serviette en cuir que Claus von Stauffenberg avait déposée sous la table de réunion contenait une très puissante bombe. Elle se trouvait à quelques centimètres d'Hitler. Un officier a déplacé cette serviette qui le gênait pour mieux se rapprocher des cartes et des plans. La table en chêne a de plus protégé Hitler de la déflagration. Quatre personnes ont été tuées et plusieurs autres blessées. Les soupçons se sont rapidement portés sur le colonel, qu'un sergent avait vu glisser la serviette sous la table. Claus von Stauffenberg a été exécuté ce soir. Hitler, qui a juré d'anéantir tous les conspirateurs, a vite repris ses esprits et a montré à Mussolini, en visite à Rastenburg, les dégâts dans la salle où il a encore une fois échappé à la mort.

Hitler se rend à l'hôpital pour rencontrer des victimes de l'attentat à la bombe.

Le chancelier s'entretient avec le général Alfred Jodl, blessé par l'explosion.

Eva Braun lui confirme son amour éternel

Berchtesgaden, 23 juillet
Bouleversée par l'attentat qui a failli tuer Adolf Hitler, Eva Braun vient de lui écrire une lettre pathétique. « Depuis notre première rencontre, écrit-elle, j'ai juré de vous suivre partout, même jusqu'à la mort, car votre amour m'est aussi cher que la vie. » Le *Führer*, que cette tentative d'assassinat a rendu mille fois plus méfiant, a été très touché par les déclarations d'Eva. Il n'en a parlé à personne. En dehors de son cercle d'amis et de collaborateurs, rares sont ceux qui sont au courant de sa liaison avec Eva. Celle-ci passe tout son temps à Berchtesgaden à lire, à nager, à faire du ski ou à regarder des films romantiques. Eva a dit à ses amies : « Plutôt voir mourir dix mille personnes que voir le Reich privé de son leader. »

Elle a promis de l'aimer pour la vie.

Le monde horrifié par la réalité des camps

Rastenburg, 28 juillet
Pour la première fois, un camp de la mort, celui de Majdanek, près de Lublin, a été « libéré ». Les troupes soviétiques qui sont entrées dans ce camp il y a quatre jours sont allées d'horreur en horreur. Des centaines de corps difficilement identifiables étaient entassés sur le sol derrière les fils barbelés. Des os calcinés étaient entassés près d'un four crématoire. Il y avait aussi sept chambres à gaz. Les photos prises par les soldats ont déjà fait le tour du monde. Les pires rumeurs au sujet des camps nazis sont confirmées. Ces révélations ont rendu Adolf Hitler fou de rage. Il ne décolère pas contre « ces incapables des services de sécurité » qui n'ont pas « effacé les traces » des crimes nazis comme ils avaient l'ordre de le faire.

La preuve des actes ignobles qui ont été commis dans les camps nazis.

Les conspirateurs ont été pendus à des crochets de boucherie

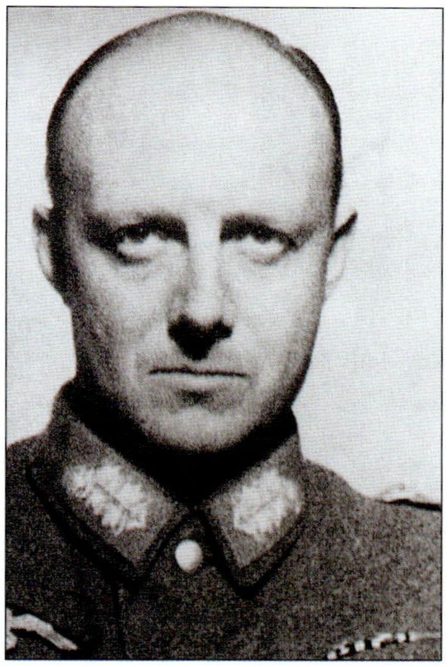

Henning von Tresckow s'est suicidé.

Friedrich Olbricht a été fusillé.

Le général Ludwig Beck, fusillé.

Berlin, 8 août
Hitler avait promis une vengeance terrible contre ceux qui avaient osé tenter de l'assassiner il y a quinze jours. Il a exigé que les coupables soient « abattus comme du bétail » et ses ordres sont exécutés avec une effroyable cruauté. Celui qui devait devenir chef de l'Etat si le complot avait réussi, le général Ludwig Beck, a été passé par les armes le soir de l'attentat, après qu'il eut tenté par deux fois de se donner la mort. Le général Friedrich Olbricht avait été exécuté en même temps que Claus von Stauffenberg, dans la cour du haut commandement à Berlin. Le général Fromm, qui avait organisé ces exécutions pour détourner les soupçons, a quand même été arrêté. Aujourd'hui, huit autres officiers supérieurs, dont le maréchal von Witzleben, ont été pendus après un procès humiliant devant le Tribunal du peuple à Berlin, où les sarcasmes et les injures les plus grossières ne leur ont pas été épargnés. La cour était présidée par Roland Freisler. Les huit condamnés, vêtus de vieux vêtements avec des pantalons trop larges, sans ceinture ni bretelles, ont tous été pendus à des crochets de boucherie avec des cordes à piano. Le procès et la pendaison ont été filmés sur ordre d'Hitler et les films lui ont été envoyés pour qu'il puisse les projeter dans sa salle privée. C'est Goebbels qui a tout organisé, même s'il a dû fermer les yeux pour ne pas s'évanouir. Hitler a offert une récompense d'un million de marks à celui qui lui apportera la tête de Carl Goerdeler, l'ancien maire de Leipzig. La Gestapo a déjà arrêté des milliers de suspects. Certains des conspirateurs, comme par exemple le général von Tresckow, ont préféré le suicide à la vengeance d'Hitler.

Speer, le recordman de la productivité

Berlin, 8 août
En dépit des bombardements alliés, le ministre à l'Armement, Albert Speer, a réalisé le mois dernier des records de productivité. Hitler en est ravi et l'a félicité au cours d'une réunion avec les gauleiters du Reich. Il a déclaré que ses relations avec Speer n'avaient pas changé depuis le 20 juillet, date de l'attentat contre lui. Albert Speer, qui craignait d'être considéré comme un suspect, s'est senti soulagé car il n'ignore pas que les conspirateurs avaient inscrit son nom sur une liste de candidats à un poste ministériel. Il doit la vie au fait que quelqu'un avait noté à côté de son nom : « Si possible ».

Un ministre de l'Armement efficace.

Paris en délire célèbre la Libération

Paris, 25 août
Paris libéré ! Cet après-midi, il était 14 h 30 quand le général allemand Dietrich von Choltitz, gouverneur du Grand Paris, a remis son arme à un jeune officier de la 2e division blindée (DB) du général Leclerc, le lieutenant Henri Karcher. Choltitz a désobéi aux ordres d'Hitler, qui lui avait ordonné de détruire les ponts, les usines, le métro et les trésors d'architecture qu'il avait admirés il y a quatre ans, à l'époque où la ville est tombée sous le joug allemand. Depuis quatre jours, Hitler appelait Choltitz pour lui demander : « Paris brûle-t-il ? » Lorsque Henri Karcher a trouvé Choltitz dans son bureau, installé dans l'hôtel Meurice, rue de Rivoli, il lui a demandé de se rendre. Soulagé, le général lui a répondu : « Ja ». Les premiers chars Sherman de Leclerc sont entrés dans les rues de la capitale hier soir ; l'Hôtel de Ville était atteint vers 21 heures. Les FFI du colonel Rol-Tanguy et des unités de la police se battaient déjà contre les soldats allemands depuis plusieurs jours. Paris était en état d'insurrection et, dès le 21, la presse résistante se vendait au grand jour. Ce soir, quelques tireurs isolés sont encore à l'œuvre, mais ils ne peuvent pas empêcher les Parisiens de faire éclater leur joie et d'aller écouter le général de Gaulle qui s'est adressé à eux depuis l'Hôtel de Ville.

Les Parisiens en liesse regardent les Américains descendre les Champs-Elysées.

Paris et Londres touchés par des V2

Paris, 8 septembre
Ce matin à 11 heures, une explosion aussi violente que soudaine a retenti près de Maisons-Alfort. Elle a tué et blessé une vingtaine de personnes. Il est vite apparu aux experts que la fusée qui avait explosé n'était pas un simple V1. Il s'agit de la nouvelle « arme miracle » d'Hitler, le V2, une fusée d'un type nouveau, beaucoup plus silencieuse et redoutable que le V1. Une batterie stationnée près de Saint-Vith, en Belgique, a lancé deux V2 sur Paris, mais, par chance, un s'est désintégré en entrant dans les basses couches de l'atmosphère. Cet après-midi, Londres a également été frappé par un V2, tiré des environs de La Haye, tuant trois personnes et en blessant dix-sept. Hitler avait prévu de lancer 5 000 V2 en un seul jour, mais des problèmes techniques l'en ont empêché. Seuls vingt-cinq de ces missiles sont opérationnels dans l'immédiat.

Une « arme miracle » pour Hitler.

La progression permanente des Alliés nuit gravement à sa santé

Rastenburg, 17 septembre
Hitler s'est écroulé, apparemment victime d'une crise cardiaque, peu après avoir appris que les troupes américaines avaient réussi à franchir la frontière allemande. Depuis qu'il a été blessé, le 20 juillet, son état de santé empire de jour en jour. Adolf Hitler souffrait déjà depuis quelques temps de crampes à l'estomac et il doit se faire opérer d'un nouveau polype à la gorge. Il a mal aux dents et est atteint d'étourdissements et de violents maux de tête. Il n'arrive pas à se débarrasser de ses tics nerveux, des tremblements de la main et de la jambe gauches. Josef Goebbels a été choqué par l'état du *Führer*, qui passe des heures entières allongé sur un simple lit de camp installé dans une grande pièce humide, aux murs de béton armé, dans sa « Tanière du loup ». Il avale sans arrêt des cachets prescrits par le Dr Morell. Ses autres médecins ont tenté de le mettre en garde contre le Dr Morell, mais Hitler n'a rien voulu entendre. Il a confiance en ce médecin. Le *Führer* oscille entre des moments de rage folle et des périodes de dépression. Ses ordres sont incohérents et ses généraux ont perdu tout espoir.

Le bunker camouflé, lugubre et humide d'où Hitler suit les combats du front.

Le « Volkssturm », ultime armée du Reich

Rastenburg, 18 octobre
Hitler vient de signer un décret qui prévoit la levée en masse de tous les hommes valides de 16 à 60 ans pour constituer une milice populaire, le *Volkssturm* (assaut du peuple). Son organisation a été confiée non pas à l'armée mais aux gauleiters, sous l'autorité de Martin Bormann et de Heinrich Himmler. Cette milice est chargée de la « défense de la patrie » et elle devra assurer des missions de garde et de surveillance. Après une instruction militaire, ses membres recevront une solde et porteront un brassard spécial. La milice ne se compose que d'hommes très âgés et d'adolescents puisque tous les autres sont déjà au front ou morts au cours des cinq années de guerre.

Il prépare encore une vaste offensive

Bad Nauheim, 12 décembre
Hitler s'est installé dans son « nid d'aigle », son PC sur le front Ouest, d'où il envisage de surveiller une vaste offensive dans les Ardennes, destinée à prendre le port d'Anvers. Il a expliqué aux officiers présents ses plans pour l'opération *Brouillard d'automne*. Il leur a dit : « Nous ne pouvons, à aucun moment, laisser l'ennemi s'imaginer que nous allons capituler. Jamais ! Jamais ! Jamais ! » A leur tour, les officiers ont été choqués par l'état de santé d'Hitler.

Au diable, ces avis de prudence !

Bad Nauheim, 12 décembre
Le *Führer* ne veut pas écouter les conseils de ses généraux qui lui ont fait part des nombreux risques que présente l'offensive qu'il projette de lancer dans les Ardennes. « Vous n'avez rien à m'apprendre, hurle-t-il au général Guderian, le nouveau chef de l'état-major. Cela fait cinq ans que je commande l'armée et j'ai acquis davantage d'expérience que tout membre de l'état-major. Je suis plus au courant de la situation que n'importe lequel d'entre vous. »

Le maréchal Rommel a préféré le poison

Une des dernières poignées de mains entre Hitler et le maréchal Rommel.

Ulm, 14 octobre
Le maréchal Erwin Rommel, héros de l'Afrikakorps, est mort, à la suite de son accident de voiture, d'une « embolie due à diverses fractures du crâne ». C'est ce que déclare la version officielle. En réalité, Hitler a accusé le maréchal Rommel d'être impliqué dans l'attentat du 20 juillet. Deux généraux sont venus ce matin dans la propriété de Rommel, au bord du Danube. Ils lui ont dit qu'il avait le choix entre le suicide et un procès devant le Tribunal du peuple. S'il acceptait de s'empoisonner, il aurait alors droit à des funérailles nationales et sa famille ne serait pas inquiétée. Rommel n'a pas hésité.

Hitler lance sa contre-attaque dans les Ardennes

Bastogne, 16 décembre
A 5 h 30 ce matin, les GI déployés dans les Ardennes ont eu un réveil aussi brutal qu'inattendu : le silence des collines enneigées a été brisé par un violent barrage d'artillerie qui a duré une heure. Aussitôt après, les chars Tigre ont émergé de la brume pour foncer sur les positions tenues par les Américains. Hitler joue son va-tout dans les Ardennes belges. Il y a engagé vingt-cinq divisions, ses dernières réserves. Son offensive a pour objectif d'enfoncer le front des unités américaines là où il est le plus fragile, près de Bastogne, puis de faire route vers Anvers. Un vent de panique a d'abord soufflé sur les six divisions américaines. Elles n'ont que 83 000 hommes et 420 chars à opposer à ces 250 000 adversaires et à leurs 950 chars. Malgré leur succès initial, les Allemands piétinent déjà et leurs réserves en carburant sont limitées. En cas d'échec, Hitler ne pourra s'en prendre qu'à lui-même car ses généraux l'avaient prévenu des risques d'une offensive menée avec une logistique insuffisante.

L'opération « Brouillard d'automne ». L'offensive des Tigre est soutenue par treize divisions d'infanterie.

1945

De 55 à 56 ans

12 janvier. L'Armée rouge lance sa grande offensive d'hiver contre l'Allemagne. Elle engage 163 divisions en Pologne et en Prusse-Orientale.

23 janvier. Le comte von Moltke, chef des résistants du cercle Kreisau, est exécuté.

27 janvier. L'Armée rouge libère le camp d'Auschwitz.

30 janvier. Josef Goebbels est nommé « défenseur de Berlin ».

4 février. Conférence de Yalta entre Roosevelt, Churchill et Staline sur le sort de l'Europe. De Gaulle n'est pas invité.

13 février. L'Armée rouge entre dans Budapest.

14 février. Dresde est ravagé par un bombardement allié.

7 mars. Les Américains traversent le Rhin.

10 mars. Hitler remplace von Rundstedt par le maréchal Kesselring au commandement en chef du front Ouest.

9 avril. L'amiral Canaris, le général Hans Oster et le pasteur Dietrich Bonhoeffer sont pendus pour trahison.

11 avril. Les Américains libèrent le camp de concentration de Buchenwald.

13 avril. Vienne est libéré par l'Armée rouge.

25 avril. La RAF lance des bombes de six tonnes sur le « nid d'aigle » d'Hitler à Berchtesgaden.

25 avril. Jonction des troupes américaines et soviétiques sur l'Elbe, à Torgau.

23 mai. L'amiral Dönitz et Albert Speer sont arrêtés. Himmler se suicide.

Après son échec à Bastogne, il attend l'Armée rouge à Berlin

Le bureau d'Hitler à la chancellerie est indemne bien qu'une grande partie de l'immeuble ait été détruit par les bombes.

Berlin, 16 janvier

La contre-offensive allemande dans les Ardennes a échoué. Le Reich y a perdu 120 000 hommes, blessés, tués ou prisonniers. Hitler a donc regagné Berlin qui va être menacé par les troupes du maréchal Joukov. L'Armée rouge est à Varsovie, ou dans ce qui reste de la ville martyre, et elle progresse vers Berlin. Hitler s'est installé dans son bureau à la chancellerie, un bâtiment touché à plusieurs reprises par des bombes alliées. Les bombardements de la RAF sont intenses au point que le *Führer* passe la plupart du temps dans le vaste bunker en béton armé qui a été construit sous les jardins de la chancellerie à une profondeur de sept mètres. De là, Hitler suit la progression des forces ennemies.

Guderian se dispute avec le « Führer »

Berlin, 1er février

Les terribles accès de rage d'Hitler sont devenus plus fréquents et plus violents. Il vient de se disputer avec le général Guderian et il a failli le frapper. « Il se tenait debout devant moi, les poings en l'air, tremblant de rage, le visage rouge, incapable de se maîtriser », raconte Guderian, qui a été secouru par un officier.

Le général a failli être frappé.

Speer veut tuer Hitler avec du gaz toxique

Berlin, 1er mars

Albert Speer, le jeune architecte porté au sommet par Adolf Hitler, qui adorait son *Führer*, a décidé de tuer son bienfaiteur en introduisant une bonbonne de gaz toxique dans la bouche d'aération de son bunker. Il n'est pas certain que Speer ait le courage de mener à bien son projet, mais le seul fait que Speer souhaite assassiner Hitler démontre à quel point l'opposition au chancelier a pris de l'ampleur. C'est la décision d'Hitler de recourir à une politique de la terre brûlée en cas de défaite allemande qui a poussé Albert Speer à envisager de le tuer. Pour Speer, la victoire des Alliés est désormais inéluctable. Ministre responsable de l'Armement, Speer a réalisé de vrais prodiges de production. Et voilà que le *Führer* veut détruire les usines d'armement et celles qui permettent au pays de survivre. Les ponts, les réseaux routiers, les canalisations d'eau, les centrales électriques, les barrages, les voies ferrées, tous les aérodromes et même les théâtres et les opéras, tout doit voler en éclats. Comme l'écrit encore l'éditorialiste du *Volkischer Beobachter*, l'organe du Parti nazi : « Pas un épi de blé ne doit rester pour nourrir l'ennemi, pas une bouche allemande pour lui donner des informations, pas une main pour l'aider, pas un toit pour l'abriter. L'ennemi ne doit trouver que haine et désolation dans notre grand Reich. »

Les anciens amis, Speer et Hitler.

La mort du Président Roosevelt le réjouit

Le Président Franklin Delano Roosevelt avec Winston Churchill à Yalta.

Berlin, 12 avril
Pour Hitler, c'est enfin une bonne nouvelle. Ce soir, quelques heures après l'annonce officielle du décès du Président Roosevelt, il a sabré le champagne dans le bunker qui lui sert de PC. Josef Goebbels, qui est persuadé que le décès du chef de la Maison Blanche sauvera le Reich, a fait servir le meilleur. Hitler croit que la Providence lui sourit enfin. Quand Speer est arrivé, après avoir assisté à ce qui pourrait bien être le dernier concert de l'Orchestre philharmonique de Berlin, Hitler se régalait en écoutant *le Crépuscule des dieux* qu'on entendait dans tout le bunker. « Roosevelt mort. Enfin le miracle que j'ai toujours prédit. Alors, dites-moi qui avait raison ? »

Son 56e anniversaire s'est fêté tristement

Un sourire un peu forcé pour le jeune soldat venu lui présenter ses vœux.

Berlin, 20 avril
Les Soviétiques sont aux portes de Berlin, mais cela n'a pas empêché Ribbentrop, Himmler, Goebbels, Speer, Goering et Martin Bormann de se réunir dans le bunker de la chancellerie à Berlin pour célébrer dignement le 56e anniversaire de leur *Führer*. Eva Braun, venue de Berchtesgaden il y a quelques jours contre l'avis d'Hitler, était elle aussi de la fête. Hitler s'est encore efforcé de faire bonne figure, parlant de ses grandes victoires à venir et de ses « armes miracles ». Puis il est sorti dans les jardins pour épingler des médailles sur la poitrine de plusieurs membres des Jeunesses hitlériennes. Mais tous les dirigeants nazis savent que la fin est proche.

La folie règne dans son bunker

Berlin, 21 avril
Le bunker d'Hitler, secoué par les tirs russes et les bombes alliées, est devenu un véritable asile de fous. Le *Führer*, tremblotant, maigre et pâle, se déplace lentement et péniblement dans les couloirs en béton, car il ne peut faire que quelques pas. Entre deux accès de rage, il est charmant avec les autres occupants de son PC. Les hauts dignitaires nazis passent leur temps à se quereller. Ils sont en effet jaloux les uns des autres. Les généraux, qui ont perdu tout espoir, reçoivent des ordres insensés : il faut écraser les Russes et anéantir les Alliés. Elégante, Eva Braun se plaint que son « pauvre Adolf a été déserté par tous, trahi par tous ». Les jeunes secrétaires notent soigneusement les ordres du *Führer* pendant que les cuisiniers font doucement mijoter ses repas végétariens préférés. Dans les étages supérieurs du bunker, les SS s'enivrent, se battent ou dansent avec les secrétaires au son d'un très vieux phonographe. Le crépuscule du « dieu » allemand approche.

Rien ne peut plus arrêter les Russes

Berlin, 22 avril
Une ultime tentative pour sauver la capitale du Reich a échoué. Hitler avait donné l'ordre au général SS Fritz Steiner d'attaquer les forces soviétiques qui progressent vers le centre-ville, en venant des quartiers sud. La contre-attaque devait être menée par les SS, les soldats de la Wehrmacht encore valides ainsi que des troupes de la Luftwaffe. « Tout officier qui n'engage pas à fond ses hommes le paiera de sa vie », avait dit Hitler. Cela n'a servi à rien : les forces retirées du secteur nord pour se battre dans le sud de la ville ont laissé une brèche où l'Armée rouge s'est vite engouffrée. Dans le chaos, le PC d'Hitler n'a pas pu contacter Fritz Steiner. Lorsqu'il a compris que l'attaque dans le sud n'aurait pas lieu, Hitler, fou de rage, s'est mis à conspuer ses généraux. « Tout est fini, leur a-t-il ensuite déclaré, vous pouvez quitter Berlin pour chercher un lieu sûr, loin d'ici et disparaître. Quant à moi, je vais rester où je suis et y mourir. »

Hermann Goering est surveillé par des SS

Berlin, 23 avril
Le régime nazi s'écroule. Il ne reste que rancunes et trahisons. L'heure du sauve-qui-peut a sonné. Quand Adolf Hitler a annoncé qu'il avait décidé de rester à Berlin, Goering a envoyé un message par radio depuis Berchtesgaden où il avait réussi à se rendre en avion, pour demander si cela signifiait qu'il devait prendre la

Goering est en résidence surveillée.

direction du pays, conformément à une directive signée par Hitler en juin 1941. Celle-ci désignait Goering comme le successeur du *Führer*. Goering envisage de demander au général Eisenhower d'accepter une « reddition dans l'honneur ». Hitler n'a pas été choqué par ce message, rédigé en termes très diplomatiques. Mais, lorsque Bormann l'a qualifié d'ultimatum déloyal, Hitler s'est mis en colère. Il a envoyé un message à Goering dans lequel il l'accuse de trahison. S'il démissionnait de ses fonctions immédiatement il ne serait pas fusillé. Martin Bormann a déjà donné l'ordre d'arrêter Goering, et ce dernier a été placé en résidence surveillée par des unités SS. Dans le nord du pays, Heinrich Himmler a rencontré en secret le comte Folke Bernadotte. L'entretien a eu lieu au consulat de Suède à Lübeck. Après avoir admis que le Reich avait perdu la guerre, Himmler a proposé une reddition aux Alliés afin d'éviter que l'Allemagne tombe aux mains des Soviétiques Le comte Bernadotte a accepté de transmettre cette offre aux Alliés.

Un avion se pose au milieu des combats

Berlin, 24 avril
C'est un véritable exploit que vient de réaliser le pilote d'essai Hanna Reitsch. Avec son amant, le général Ritter von Greim, elle a réussi à se poser en plein centre de Berlin en évitant les salves de la DCA alliée. Quand un projectile a atteint le pied de Greim, c'est Hanna qui a pris le contrôle du Storch, un petit avion de reconnaissance. Elle a alors posé l'appareil sur l'avenue qui longe la porte de Brandebourg. Hitler avait convoqué Greim, le commandant de la Luftwaffe sur le front Est, et Hanna a tenu à l'accompagner. Une fois arrivés dans le bunker, Greim a été soigné pendant que le *Führer* se livrait à une de ses diatribes contre les « traîtres » qui l'ont abandonné. Puis, à la stupeur de Greim, il l'a nommé maréchal et commandant en chef de la Luftwaffe. Hitler lui a expliqué qu'il remplaçait Hermann Goering. Greim n'a pas osé refuser cette promotion.

Hitler choqué par la trahison d'Himmler

Berlin, 28 avril
Adolf Hitler s'est écroulé quand il a appris qu'Himmler avait engagé des négociations de paix avec le comte Bernadotte. Cette information a été publiée par la presse en Europe et diffusée par la BBC, que les postes d'écoute allemands peuvent capter. Au début, Adolf Hitler n'a pas voulu croire qu'Himmler, son plus fidèle ami, l'ait trahi. Puis, fou de rage, il s'est mis à marcher en hurlant que nul n'avait jamais autant manqué de loyauté. Hermann Goering avait au moins demandé la permission du *Führer* avant d'agir. Voulant à tout prix se venger, il a donné l'ordre à Hanna Reitsch et à von Greim de repartir immédiatement pour tenter d'arrêter Himmler, car « un traître ne doit jamais succéder au *Führer* ». Hitler a aussi ordonné de fusiller un des adjoints d'Himmler, le général SS Hermann Fegelein. Celui-ci a été arrêté au moment où il s'apprêtait à fuir la ville. En dépit du fait qu'il est le beau-frère d'Eva Braun, Fegelein a été traîné dans les jardins de la chancellerie où il a été abattu sans même avoir l'occasion de parler.

Le drapeau rouge flotte sur Berlin

Le 30 avril, des soldats de l'Armée rouge hissent le drapeau rouge de la victoire sur les ruines du Reichstag à Berlin.

Berlin, 29 avril
L'Armée rouge a franchi la Sprée sur le pont Moltke la nuit dernière et elle se prépare ce matin à donner l'assaut au Reichstag. Chaque soldat soviétique tient à être le premier au Reichstag, car Staline a promis que celui qui réussira à hisser le drapeau rouge sur le bâtiment deviendra un héros de l'URSS. Neuf « drapeaux de la victoire » ont été distribués aux unités qui font route vers le centre de Berlin. Les Soviétiques peuvent déjà apercevoir le Reichstag au loin, derrière la fumée qui recouvre la ville en flammes. Mais ils devront se battre dans chaque rue, maison par maison. Enterrés dans les caves, les Allemands résistent. Des groupes de SS fanatiques et expérimentés ont installé des mitrailleuses dans des immeubles et tirent sur tout ce qui bouge. Les pertes soviétiques sont très lourdes. Hier, quand les Russes ont pris la prison de Moabit, ils ont libéré leurs camarades et leur ont donné des armes. Ils sont partis se battre. A quelques pas, Adolf Hitler se terre dans son bunker et attend la fin de ce cauchemar.

Les Soviétiques n'épargnent personne dans la capitale du Reich

Des chars soviétiques ont pris position devant les décombres du Reichstag.

Berlin, 28 avril
La capitale du Reich est devenue un lieu dantesque. La ville est en feu, les blindés de l'Armée rouge sont partout, la fumée et la poussière ont rendu l'air irrespirable. Le vacarme des explosions des roquettes et des bombes alliées est assourdissant. Des corps de déserteurs allemands ont été pendus aux lampadaires. Les soldats soviétiques se livrent à des pillages et à de nombreux viols. Ils hurlent « Frau, komm » chaque fois qu'ils aperçoivent une jeune femme. Si un homme tente de secourir la malheureuse, souvent assaillie par un groupe de soldats, il se fait abattre sur-le-champ. Enfermé dans son bunker blindé, Adolf Hitler ne veut rien savoir de ce qui se passe quelques mètres au-dessus de lui.

Mussolini est fusillé par un partisan

Milan, 29 avril
Une foule déchaînée s'est emparée des cadavres de Mussolini, de Clara Petacci, sa maîtresse, et de ses amis les plus fidèles pour les pendre par les pieds à la façade d'un garage de la place Loretto, sur les lieux mêmes où les fascistes avaient exécuté des otages le 10 août 1944. La foule a lancé des pierres sur le corps sans vie de celui qui fut le *Duce*. Une femme a tiré cinq coups de feu sur le cadavre pour venger ses cinq fils morts au combat. Puis une autre s'est approchée et a remonté la jupe de Clara Petacci afin de cacher ses dessous. Mussolini, ses ministres et ses amis ont quitté Milan le 25 avril, espérant rejoindre le Tessin ou la Valteline et, de là, gagner la Suisse. Mais la colonne du *Duce* fut arrêtée avant-hier près du lac de Côme par un groupe de partisans. Mussolini, qui avait revêtu un uniforme de la Wehrmacht, fut découvert au fond d'un camion. Dès lors, son sort était scellé. Un tribunal improvisé les a jugés hier et le partisan communiste Walter Audisio a exécuté Mussolini, ainsi que Clara Petacci et quinze autres personnes.

Les cadavres de Mussolini et de sa maîtresse, Clara Petacci, livrés à la foule.

Adolf Hitler épouse enfin Eva Braun

Berlin, 29 avril
Une cérémonie macabre s'est tenue en pleine nuit dans le bunker de la chancellerie. Hitler a épousé Eva Braun. Ceux qui étaient présents ont tous eu le sentiment que c'était là un ultime geste de la part du *Führer*. La mariée était resplendissante dans la longue robe noire qui est la préférée d'Hitler. Aux épaules, elle portait des broches en or. C'est un notaire requis par Hitler, Walter Wagner, qui a marié le couple. Bormann et Goebbels étaient les témoins. Après la cérémonie, les jeunes mariés et leurs invités sont allés déguster du champagne dans le salon d'Hitler. Eva Braun a mis un disque sur le phonographe et les autres parlaient d'une époque où tout allait mieux pour les nazis. Pendant ce temps, les obus des Soviétiques continuaient de tomber sur la ville. L'odeur de la poudre était même perceptible dans le bunker. Eva avait fêté ses 33 ans le 6 février dernier.

Il a dicté son dernier testament

Berlin, 29 avril
Ce matin, quelques heures après son mariage, Adolf Hitler a dicté son testament à sa secrétaire privée, Gertrude Junge. Il y proclame sa conviction que le nazisme renaîtra des cendres du Reich : « Je meurs le cœur heureux, car j'ai la certitude que le national-socialisme aura une seconde naissance triomphante. » Il répète également dans son ultime message à la postérité que la guerre a été entièrement provoquée par la « juiverie internationale ». Ni lui ni « personne d'autre en Allemagne » n'a voulu la guerre. Il affirme que les Juifs ont été châtiés à l'aide de moyens bien « plus humains », les chambres à gaz, que la guerre. Il lance en conclusion un appel à une « opposition sans pitié » aux Juifs, ces « empoisonneurs des peuples ». Hitler demande enfin que ses biens personnels soient transmis à sa sœur Paula afin qu'elle soit en mesure de « vivre bourgeoisement ».

Un ultime messsage à ses généraux

Berlin, 29 avril
Hitler a envoyé un dernier message au maréchal Keitel, le chef de l'état-major général qui est son plus fidèle partisan. Obsédé par la trahison, il accuse ses généraux de l'avoir trahi et d'avoir trahi leurs soldats. « Le peuple et les armées allemandes ont tout donné dans ce long et difficile combat. Leur sacrifice a été énorme. Mais vous êtes nombreux à avoir trahi ma confiance. La trahison et la perfidie ont sapé l'effort de guerre tout au long de notre combat. C'est pour cela que je n'ai pas pu mener le peuple à la victoire. L'état-major de l'armée ne peut être comparé à celui qui existait lors de la Première Guerre mondiale. Il était inférieur et n'a pas été à la hauteur des soldats qui étaient au front. » Ce message, confié au colonel Claus von Bulow, conclut : « Notre but doit rester la conquête de territoires à l'Est pour le peuple allemand. » Bien peu de destinataires le recevront.

Hanna et von Greim ont pu fuir Berlin

Berlin, 29 avril
Hanna Reitsch et le maréchal von Greim, son amant blessé, ont pu quitter Berlin. Hanna ne voulait pas partir. Hitler, qu'elle vénère, lui a donné une fiole de poison peu après son arrivée au bunker et lui a dit : « Hanna, vous êtes de ceux qui vont mourir avec moi. » Elle serait bien restée, mais Hitler lui a dit d'aller avec von Greim arrêter Himmler. Hier soir, un audacieux pilote a réussi à poser son petit Arado 96 sur la principale artère Est-Ouest de la ville, au nez et à la barbe des forces alliées. Hanna et Ritter von Greim ont sauté à bord, alors que les balles sifflaient autour d'eux. L'Arado 96 a réussi à décoller, laissant Berlin loin derrière lui.

Dönitz est désigné pour lui succéder

Berlin, 29 avril
A la surprise générale, et surtout celle de l'intéressé, Hitler a choisi l'amiral Dönitz, le chef suprême de la marine du Reich, pour être son successeur. Hitler l'a surtout choisi parce qu'il est un des derniers à lui être resté fidèle. Adolf Hitler a aussi désigné le cabinet du futur *Führer*. Goebbels sera nommé chancelier et Bormann aura le nouveau poste de ministre du Parti. Rien n'est prévu pour Ribbentrop et Speer. Quant aux « traîtres » Goering et Himmler, ils sont chassés du parti et ont été condamnés à mort par Adolf Hitler. La sentence est exécutoire.

Karl Dönitz sera le nouveau Führer.

Adolf Hitler et Eva Braun ont choisi de se suicider

Berlin, 30 avril
Ce lundi après-midi, dans le bunker de la chancellerie, Martin Bormann et quelques proches conseillers d'Adolf Hitler attendent près de sa chambre. A 15 h 30, une détonation retentit. Quelques minutes plus tard, le petit groupe pénètre dans la pièce. Le *Führer*, ensanglanté, gît sur un divan à côté d'Eva Braun. Tous les deux sont morts. Hitler avait bien préparé ce double suicide. Il avait épousé Eva, rédigé son testament et organisé sa succession. Il avait aussi donné ses ordres pour la dernière série d'exécutions et en particulier celles de Goering et d'Himmler. Dès hier soir, il a fait empoisonner son chien Blondi avant d'adresser ses adieux à son équipe du bunker. Il a serré la main de chacun mais n'est pas parvenu à leur répondre. Puis il s'est dirigé vers sa chambre où sa femme l'attendait. Ce matin a été comme tous les autres. A midi, il a fait le point de la situation dans la capitale avec ses conseillers. Puis, à 14 h, il a pris un repas végétarien avec ses secrétaires, Gertrude Junge et Gerda Christian, ainsi qu'avec sa diététicienne, Constance Manzialy. Hitler avait déjà remis des fioles de poison aux trois femmes, s'excusant pour ce bien mauvais cadeau. Après la fin du repas, il a dit à Erich Kempka, l'officier responsable des transports, de faire apporter deux cents litres d'essence dans le jardin et de placer les bidons près d'une des sorties du bunker. Il a expliqué à Kempka qu'il ne voulait pas que les Soviétiques s'emparent de son cadavre pour l'exposer. Adolf Hitler est alors allé chercher Eva Braun dans sa chambre. Ils ont fait leurs adieux aux généraux Burgdorf et Krebs, à Bormann, à Goebbels et au reste du personnel. Eva a embrassé les femmes et dit à Gertrude Junge : « Mes amitiés à la Bavière ». Puis Hitler et Eva se sont retirés dans leur chambre. Il s'est tiré une balle dans la bouche, Eva avait pris du poison un peu avant. Son valet Heinz Linge, Kempka et le major Guensche ont enroulé les cadavres dans une couverture et les ont portés vers le jardin. Il y avait quatre étages à monter et les corps ont été posés côte à côte. Après les avoir arrosés d'essence, Guensche les fit brûler. Alors que les bombes tombaient, ils se sont mis au garde-à-vous.

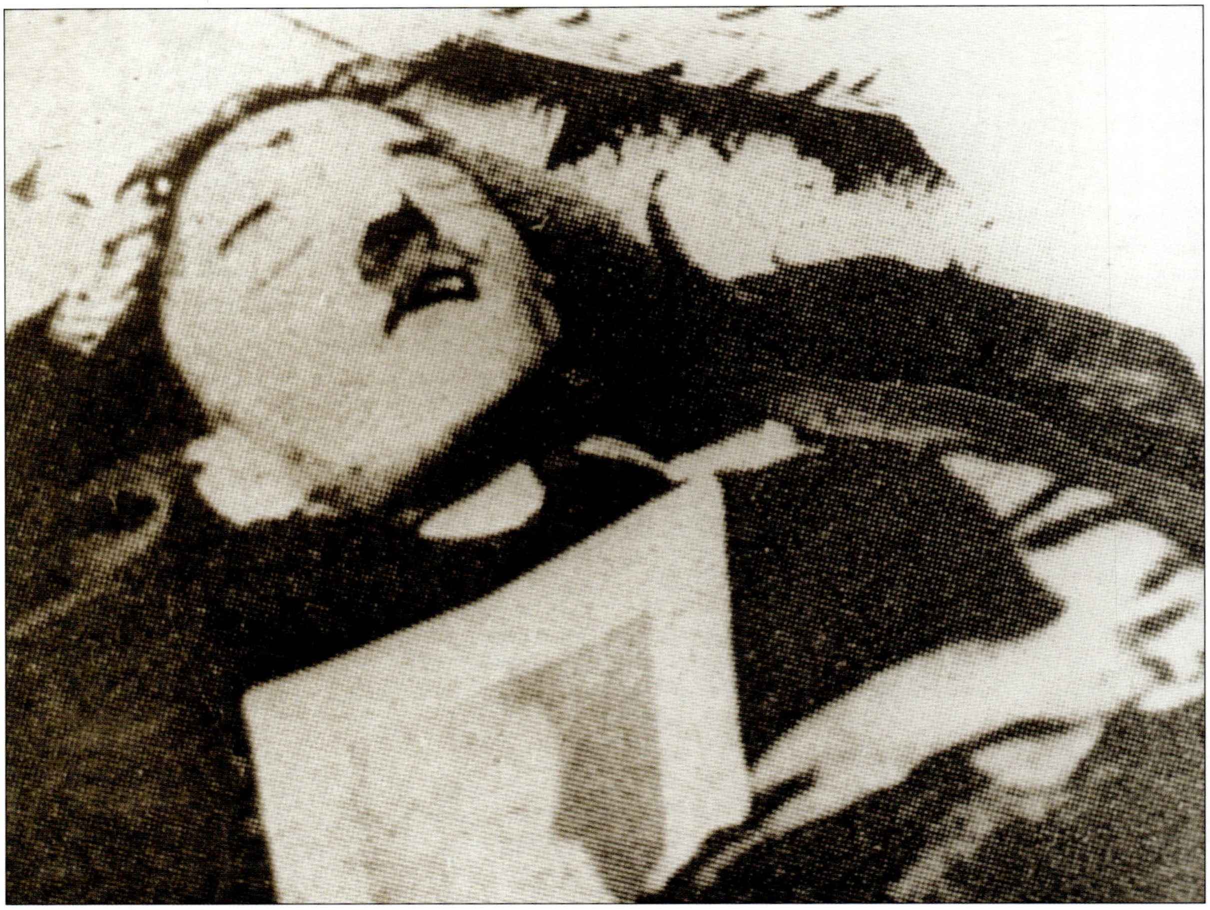

Est-ce vraiment le corps d'Hitler ? Il s'agirait d'une photo du « Führer » prise avant que son corps soit arrosé d'essence.

Des soldats soviétiques montrent les bidons d'essence utilisés pour brûler les corps d'Adolf Hitler et d'Eva Braun.

L'URSS ne veut pas négocier avec Berlin

Berlin, 1er mai
Goebbels et Bormann ont tenté de négocier leur départ de Berlin avec les Soviétiques, mais ils ont échoué. Ils ont envoyé le général Krebs, le chef de l'état-major de l'armée, un russophone, pour prendre contact avec le général Joukov, qui est à la tête des forces soviétiques à Berlin. Krebs a fait remarquer à Joukov que le 1er Mai était une grande fête dans leurs deux pays. Intraitable, le général russe a refusé de négocier et a simplement exigé la capitulation de toutes les forces allemandes dans la ville et la reddition des occupants du bunker où se trouvent Hitler et ses plus proches conseillers.

Bormann a disparu dans Berlin

Berlin, 2 mai
La nuit dernière, alors que les corps de Josef Goebbels et de son épouse Magda brûlaient toujours dans le jardin du bunker, cinq cents SS et des proches d'Hitler ont tenté de franchir les lignes soviétiques pour se réfugier loin de la capitale. Dans le groupe, il y avait Martin Bormann et le chef des Jeunesses hitlériennes, Artur Axmann. Ce dernier a réussi à passer, tout comme le chauffeur d'Adolf Hitler, Kempka. Bormann a disparu. Erich Kempka pense qu'il a été tué lorsque le char allemand que Bormann suivait a été touché par un obus.

Les Soviétiques sont dans la chancellerie

Berlin, 2 mai
Le général Weidling, commandant des défenses de Berlin, s'est rendu à l'Armée rouge ce matin à 6 h. Les armes se sont alors tues dans la ville et des soldats soviétiques sont entrés dans les ruines de la chancellerie et dans le bunker du *Führer*, incendié la nuit dernière. Les Soviétiques ont ensuite fouillé le bunker, cherchant les dépouilles d'Hitler et de Josef Goebbels. Le cadavre calciné de ce dernier a vite été découvert, mais les recherches pour tenter de retrouver le corps d'Hitler se poursuivent.

Une mort atroce pour la famille Goebbels

Berlin, 1er mai
Josef Goebbels, une des éminences grises du régime nazi, a réservé un sort terrible à sa famille, peu après avoir échoué dans sa tentative de négocier un sauf-conduit avec les Soviétiques. Ses six enfants, Helga, 12 ans, Hilda, 11 ans, Helmut, 9 ans, Holde, 7 ans, Hedda, 5 ans, et la petite Heide, 3 ans, ont tous été empoisonnés. Les enfants adoraient jouer ensemble dans le jardin du bunker, où ils sont arrivés il y a une semaine. Après ce drame, sa femme Magda s'est mise à jouer aux cartes et à boire. Peu après 20 h, elle est sortie avec son mari dans le jardin et ils ont ordonné à un SS de leur tirer une balle dans la tête. Les corps ont ensuite été brûlés, comme l'ont été ceux d'Eva Braun et d'Adolf Hitler, hier après-midi.

L'armée allemande a cessé de se battre

Berlin, 3 mai
La redoutable machine de guerre mise en route par Hitler s'écroule à vue d'œil. Partout en Europe, des unités de la Wehrmacht déposent les armes et se rendent. Les hommes ont perdu leur motivation depuis la mort du *Führer*. Ils ne veulent plus affronter les troupes soviétiques à l'Est et leurs alliés américains ou britanniques à l'Ouest. En Italie, le général Wolff a signé la reddition des armées allemandes le 29 avril. Berlin est aux mains des Soviétiques. Hambourg vient de se rendre aux Anglais. Les troupes américaines, qui ont fait la jonction avec les Russes sur l'Elbe, progressent vers Linz. Il n'y a plus qu'à Prague que l'armée allemande se bat encore. Là, le général Vlassov, après s'être battu avec son armée aux côtés des nazis, vient de se joindre à l'insurrection qui a été déclenchée par les patriotes tchèques. Les Allemands souhaitent surtout rentrer à la maison.

Le monde apprend la mort du Führer

Hambourg, 1er mai
Radio-Hambourg a interrompu ses émissions, de la musique de Wagner et d'Anton Bruckner, à 22 h pour annoncer qu'Adolf Hitler était mort en « héros » : « Notre *Führer*, qui aura lutté jusqu'à la fin contre le bolchevisme, est mort pour le Reich à son poste de commandement de la chancellerie, cet après-midi. » La radio n'a pas donné la bonne date pour le décès d'Hitler et elle a laissé entendre qu'Adolf Hitler était mort en combattant. L'amiral Dönitz, le nouveau *Führer*, a ensuite rassuré la population, déclarant : « Dieu ne va pas nous abandonner après tant de souffrances et de sacrifices. »

Dissensions entre les dirigeants alliés

Londres, 4 mai
Les rivalités entre les leaders alliés, sur lesquelles Hitler comptait pour sauver le Reich, ont commencé à se faire sentir maintenant que le *Führer* est mort. Churchill tient absolument à ce que le Président Truman libère Prague avant que les Soviétiques y arrivent. Truman s'y oppose et le chef de l'état-major américain, le général George Marshall, a déclaré à Eisenhower qu'il « ne souhaite pas risquer des vies américaines pour un tel objectif politique ». Churchill a également protesté auprès de Staline contre la mainmise de l'URSS sur la Pologne, mais en vain.

Goering s'est rendu aux Américains

Fischorn, 8 mai
Hermann Goering, détenu par des SS, a été libéré par des hommes de la Luftwaffe. Il a alors fait ses valises et est parti avec sa femme se rendre aux Américains. Sur le chemin, les soldats allemands qui l'ont reconnu dans sa voiture ont tiré des coups de feu en l'air pour le saluer. Drogué, Goering maintenait péniblement la voiture sur la route. Ils sont tombés sur un lieutenant américain qui les a conduits auprès du général Robert Stack. Ce soir, Goering, soulagé, a dîné avec le général américain.

L'Allemagne signe la capitulation sans conditions

Au QG d'Eisenhower à Reims, les Allemands signent l'acte de capitulation.

A Berlin, le maréchal Keitel va signer la capitulation une deuxième fois.

Berlin, 8 mai

Le maréchal Keitel, officier prussien de la vieille école, a signé l'acte de capitulation du Reich aux environs de minuit, au grand quartier général soviétique de Karlshorst, au nord-est de Berlin. Cela n'a pas été sans peine puisque Keitel a dû attendre pendant douze heures que les Alliés aient terminé de se quereller pour savoir qui signerait. De plus, le Reich capitule une seconde fois. Hier, à 2 h 45, dans une des salles du collège de garçons de Reims, le général Alfred Jodl avait signé l'acte de reddition des forces terrestres navales et aériennes qui sont sous contrôle allemand. L'acte a été signé par les généraux Bedell Smith (Etats-Unis), Soslouparov (URSS), Robb et Strong (Royaume-Uni) et enfin François Sevez pour la France. Le général Jodl a ensuite demandé la parole pour dire : « Cette signature livre le peuple et l'armée allemande aux mains des vainqueurs. Je ne puis que souhaiter que les vainqueurs les traiteront avec générosité, car ce peuple et ses soldats ont sans doute souffert plus qu'aucun autre peuple dans le monde. » Eisenhower a alors envoyé un message aux chefs d'état-major : « Le 7 mai 1945, la mission de la force alliée a été accomplie à 2 h 41. Signé Dwight Eisenhower. » Le cessez-le-feu, qui concerne les fronts Est et Ouest, prendra effet le 8 mai à 23 h 01 GMT. Le fait qu'un général soviétique ait signé à Reims n'a pas empêché Joseph Staline de soupçonner les Occidentaux d'avoir conclu une paix séparée. Il a donc exigé qu'une seconde capitulation soit signée, cette fois à Berlin et par Joukov, le conquérant de la capitale du Reich. Dwight Eisenhower a été obligé d'accepter cette requête. Elle a semé une grande confusion dans le monde où chacun attendait une proclamation de paix. Finalement, Keitel, Joukov et le maréchal de l'air britannique Tedder ont signé en tant que parties contractantes alors que les généraux Spaatz (Etats-Unis) et Jean-Marie de Lattre de Tassigny ont signé comme témoins.

Les ruines de la propriété du Berghof, au-dessus du village de Berchtesgaden, détruite par les bombes de six tonnes larguées par les Lancaster de la RAF.

Les nazis dans le box des accusés à Nuremberg

Nuremberg, 1er octobre 1946
A l'exception d'Hitler, de Goebbels, Himmler et Ley, qui se sont tous suicidés, et de Martin Bormann, qui a disparu, les anciens responsables nazis se sont retrouvés dans le box des accusés. Le procès du siècle s'est ouvert il y a près d'un an devant le tribunal militaire international qui siège au palais de justice de la ville de Nuremberg. Ils sont accusés de crimes contre l'humanité, de plans concertés ou complots, de crimes contre la paix et de crimes de guerre. Nuremberg, une ville qui a subi de nombreux bombardements alliés, a été choisie car elle est un symbole. Ici, les nazis avaient fait l'étalage de leur « gloire » et de leur force. Le ton du procès a été bien donné par le procureur principal, l'Américain Robert Jackson : « Les crimes que nous cherchons à condamner et à punir ont été tellement prémédités, tellement effroyables et dévastateurs que la civilisation ne saurait tolérer qu'ils soient ignorés. » Les quatre premiers mois de ce procès ont été consacrés à l'audition de témoins, au visionnage de films et à l'examen de documents. Les images tournées dans les camps de concentration ont au départ profondément choqué. Mais, au fil des jours et des scènes d'horreur, les spectateurs étaient comme anesthésiés. Ce ne sera que lorsque Hermann Goering, moins gros et sans être sous l'emprise de la drogue, a fait sa déposition qu'un courant électrique fut ressenti dans la salle. Goering s'est défendu du mieux qu'il pouvait le faire. Il a été jusqu'à affirmer qu'il avait essayé d'aider les Juifs, bien qu'en restant fidèle au *Führer*, et qu'il était opposé à la guerre contre l'URSS. Un des juges anglais, sir Norman Birkett, a alors ricané : *« Goering is a capable man. »* De leur côté, Keitel et bien d'autres ont utilisé l'argument selon lequel ils ne faisaient qu'obéir aux ordres. Rosenberg et Streicher, eux, étaient convaincus que ce tribunal était rempli de Juifs ! Le procès de Nuremberg s'est achevé le 31 août dernier. Les verdicts, attendus dans le monde entier, doivent enfin être annoncés aujourd'hui.

Les coupables et les peines prononcées

Maréchal *Hermann Goering* : la mort (échappe à la pendaison en prenant du poison la veille de son exécution).

Joachim von Ribbentrop : la mort.

Maréchal *Wilhelm Keitel* : la mort.

Alfred Rosenberg : la mort.

Julius Streicher : la mort.

Ernst Kaltenbrunner : la mort.

Général *Alfred Jodl* : la mort.

Hans Frank : la mort.

Wilhelm Frick : la mort.

Fritz Sauckel : la mort.

Arthur Seyss-Inquart : la mort.

Martin Bormann : la mort (par contumace).

Rudolf Hess : prison à perpétuité.

Amiral *Erich Raeder* : prison à perpétuité.

Walther Funk : prison à perpétuité.

Albert Speer : 20 ans de prison.

Baldur von Schirach : 20 ans de prison.

Constantin von Neurath : 15 ans de prison.

Amiral Karl Dönitz : 10 ans de prison.

Hans Fritzsche : acquitté.

Franz von Papen : acquitté.

Hjalmar Schacht : acquitté.

Index général

A

B

IJ

K

S

UV

WXYZ

Crédits photographiques

Malgré toute l'attention qui a été apportée à cet index, des erreurs ont pu se glisser. Dans ce cas, nous demandons aux agences de bien vouloir nous en excuser et de nous notifier la correction aux fins de rectifications. La position des images est indiquée par des lettres : h = haut, b = bas, g = gauche, d = droite, m = milieu, pp = pleine page.

1re de couverture – AKG-Images

II – mg : Nana Productions/Sipa – bg : Nana Productions/Sipa
III – hd : Jens Kalaene/EPA/Sipa - bd : AKG-Images
IV – hd : AKG-Images – bg : AKG-Images
V – hd : Nana Productions/Sipa – bg : Nana Productions/Sipa
VI – h : Weber Anita/Sipa
VII – hg : Sipa – bd : Niviere/Nebinger/Aslan/Sipa
VIII – hg : Goess/Sipa – mg : Lapi/Roger Viollet
IX – hd : Lapi/Roger Viollet
X – hg : DR – mg : Waechter/Caro Fotos/Sipa
XI – hd : Interfoto USA/Sipa – bd : DR

6 – hm, hd : Bildarchiv – bm : Hulton Deutsch
7 – b : Ed. Chronique – hg, hd : Hulton Deutsch
8 – hg : Bildarchiv – bd : Hulton Deutsch
9 – bd : Bildarchiv – bg : Hulton Deutsch – hm, md : Roger Viollet
10 – hd, bd : Hulton Deutsch
11 – mm : Roger Viollet
12 – hd : Ed. Chronique
13 – hm, bd : Hulton Deutsch
14 – md, bd : Hulton Deutsch
15 – hd, bm : Hulton Deutsch
16 – pp : Bildarchiv
17 – pp : Ed. Chronique
18 – hd : Hulton Deutsch – bd : Roger Viollet
19 – hm : Hulton Deutsch – bg : Bildarchiv
20 – hg, b : Bildarchiv
21 – pp : Bildarchiv
22 – hd, bd : Hulton Deutsch
23 – bm : Hulton Deutsch – hm : L'Illustration/Sygma
24 – hd : Bildarchiv – bm : Hulton Deutsch
25 – hm, bm : Bildarchiv
26 – hd, mg : Bildarchiv – bd : DR/JLSA
27 – hg : Bildarchiv – hd, md : Hulton Deutsch
28 – pp : Ed. Chronique
29 – pp : Ed. Chronique
30 – hd, mg : Hulton Deutsch – bm : Roger Viollet
31 – mg : Bildarchiv – hmd : Ed. Chronique – hmg, md : L'Illustration/Sygma
32 – b : Ed. Chronique – hd : L'Illustration/Sygma
33 – bm : Bildarchiv – hm : L'Illustration/Sygma
34 – hm : Bildarchiv – md : Hulton Deutsch
35 – hm : Bildarchiv – bg, bm : Hulton Deutsch – md : Roger Viollet
36 – hd, mm : Bildarchiv
37 – hg, bd : Bildarchiv – hd, bg : DR/JLSA
38 – hd : Bildarchiv – bd : DR/JLSA – bg : Hulton Deutsch – hg : Roger Viollet
39 – hd : Hulton Deutsch – bd : Roger Viollet
40 – hd, bm : Bildarchiv
41 – bg, md : Hulton Deutsch
42 – hd : Bildarchiv – bm : Hulton Deutsch
43 – hd : Bildarchiv – bg, md : Hulton Deutsch – hg : Roger Viollet
44 – mm : Hulton Deutsch
45 – bg, hd, bd : Bildarchiv – hg : Hulton Deutsch
46 – bd : Hulton Deutsch – hd : Roger Viollet
47 – hg, md, bg : Hulton Deutsch
48 – hd : Bildarchiv – bd : DR/JLSA
49 – hd : Hulton Deutsch – bm : Roger Viollet
50 – bd : Hulton Deutsch – hd : Süddeutscher Verlag
51 – hd : Bildarchiv – hg, mm, bm : Hulton Deutsch
52 – bm : Hulton Deutsch – hd : Süddeutscher Verlag
53 – md, bg : Hulton Deutsch – hd : Popperfoto – mg : Roger Viollet
54 – hm, md : Bildarchiv – bm : Roger Viollet
55 – hg, bg : Hulton Deutsch – md, bd : Roger Viollet
56 – hd : Bildarchiv – bg, bd : Hulton Deutsch
57 – hg : Bildarchiv – md, bm : Hulton Deutsch
58 – hg : Bildarchiv – md : DR/JLSA – bd : Hulton Deutsch
59 – hm : Ed. Chronique – bd : Hulton Deutsch – bg : Roger Viollet
60 – hg, hd : Hulton Deutsch – bm : Roger Viollet
61 – mg : Bildarchiv – md, bd : Hulton Deutsch
62 – bd : Hulton Deutsch – hg : Roger Viollet
63 – hg, md, bg, bd : Hulton Deutsch
64 – hm : Roger Viollet – bm : Süddeutscher Verlag
65 – hg, bg : Bildarchiv – bd : Hulton Deutsch – md : Roger Viollet
66 – hd, bg : Bildarchiv – hg : Hulton Deutsch
67 – md, bd : Bildarchiv – bg : Hulton Deutsch – hg : Popperfoto – hd : Roger Viollet
68 – hm : Roger Viollet
69 – bm : Bildarchiv – hg : Roger Viollet
70 – b : Bildarchiv
71 – hg, bg, md, bd : Bildarchiv – hd : Hulton Deutsch – hm : New York Times
72 – hg, hd, bd : Bildarchiv – bg : Hulton Deutsch
73 – hg : Hulton Deutsch – hd, bm : Roger Viollet
74 – bd : Ed. Chronique – bg : Hulton Deutsch – hg, hd : Roger Viollet
75 – hg, bd : Bildarchiv – hd, bg : Roger Viollet
76 – hd : Bildarchiv – hg, bm : Hulton Deutsch
77 – hd : Bildarchiv – bm : Hulton Deutsch
78 – hd : Bildarchiv – bm : Hulton Deutsch
79 – bg, mg : Bildarchiv – hd, bm, bd : Hulton Deutsch
80 – hd, bg : Bildarchiv – hg, mm : Hulton Deutsch
81 – hg, hd : Bildarchiv – md, bg : Roger Viollet
82 – hd, bd : DR/JLSA
83 – hg, bd : Bildarchiv – bg : Hulton Deutsch – hd, md : Roger Viollet
84 – hg, bg, bd : Hulton Deutsch – hd : Bildarchiv
85 – hg, hd : Bildarchiv – bd : Hulton Deutsch – mg : Roger Viollet
86 – hd : Hulton Deutsch
87 – md : Bildarchiv – hg, mg, bm, bd : Hulton Deutsch – hd, mm, bg : Roger Viollet
88 – hg, hd : Bildarchiv – bm : Roger Viollet
89 – hg, hd : Hulton Deutsch – bm : Roger Viollet
90 – hd : Bildarchiv – hg, mg : Hulton Deutsch
91 – bd : Hulton Deutsch – hd : Roger Viollet
92 – hg : DR/JLSA – hd, md, bd, bg : Hulton Deutsch
93 – mm : L'Illustration/Sygma
94 – pp : Hulton Deutsch
95 – pp : Hulton Deutsch
96 – hg : Bildarchiv – bg, bd, hd : Hulton Deutsch
97 – hg, bd : Bildarchiv – bg : Hulton Deutsch
98 – hm, bd, bm : Bildarchiv – bg : Ed. Chronique
99 – hg, bg, hd, md, bd : Bildarchiv
100 – hd, md, bd : Hulton Deutsch – mg : Roger Viollet
101 – hd : Ed. Chronique – hg, bg : Hulton Deutsch
102 – hg : Bildarchiv – hd, bg : Hulton Deutsch – bd : Roger Viollet
103 – hd, bm : Hulton Deutsch – hg : Roger Viollet
104 – hd, mm : Hulton Deutsch – bg : Roger Viollet
105 – bg : Bildarchiv – bd : Ed. Chronique – hm : Keystone/Sygma
106 – hm, mm : Hulton Deutsch – bd : Roger Viollet
107 – hd : Hulton Deutsch – bg, bd : Roger Viollet
108 – bm : Bildarchiv – hd : Hulton Deutsch – mg : Roger Viollet
109 – hg : Bildarchiv – hd, mm, bg : Hulton Deutsch
110 – hm : Bildarchiv – bg : Hulton Deutsch – bd : Roger Viollet
111 – md, bm : Hulton Deutsch – hg, hd, bg, bd : Roger Viollet
112 – hd : Hulton Deutsch – hg, bg, bd : Roger Viollet
113 – hg : Hulton Deutsch – hd, md : Roger Viollet
114 – hd, md, bd : Roger Viollet
115 – hm : DR/JLSA – bg, bd : Hulton Deutsch
116 – bd : Bildarchiv – bg : Ed. Chronique – hg, hd : Hulton Deutsch
117 – hg, hd, bg, bd : Roger Viollet
118 – hg, hd, bd : Bildarchiv – bg : Hulton Deutsch
119 – hd : Bildarchiv – hg, bm : Roger Viollet
120 – hg, hm, hd : Bildarchiv – bd : Ed. Chronique
121 – hg : Bildarchiv – hm, bg : DR/JLSA – d : Ed. Chronique
122 – hd, hg : Bildarchiv – m : Hulton Deutsch – bg : Roger Viollet
123 – hg, hd : Hulton Deutsch – md, bg : Roger Viollet
124 – bd, bm, hm : Bildarchiv
125 – hd : Bildarchiv – hg : DR/JLSA – bg, bd : Roger Viollet
126 – hm : Bildarchiv – hd, bd : Hulton Deutsch – bg : Roger Viollet
127 – bg : Bildarchiv – hm, bm : Roger Viollet
128 – bm : Bildarchiv – hd : Hulton Deutsch
129 – bg : Bildarchiv – h, bd : Hulton Deutsch
130 – hg, hd, bg, bd : Hulton Deutsch
131 – mg, mm, md, bd : Bildarchiv – hd : DR/JLSA – hg : Roger Viollet
132 – hm, bm : Bildarchiv – bg : Roger Viollet
133 – bd : Bildarchiv – hd : Hulton Deutsch
134 – hg, hd, bg : Bildarchiv – bd : Hulton Deutsch
135 – hg : Bildarchiv – bm : DR/JLSA – hd : Hulton Deutsch
136 – hd, bm : Bildarchiv
137 – hm, bd : Bildarchiv
138 – hd, bd : Hulton Deutsch
139 – mm : Hulton Deutsch
140 – hg, hd : Bildarchiv – b : Roger Viollet
141 – h : Bildarchiv